HOLTSTIEGE:
ERZIEHUNG – EMANZIPATION – SOZIALISATION

ERZIEHUNG - EMANZIPATION SOZIALISATION

Perspektiven zum Problem einer Erziehung zur Mündigkeit

von

Hildegard Holtstiege

1974

VERLAG JULIUS KLINKHARDT · BAD HEILBRUNN/OBB.

1973. 12. Khg. Alle Rechte vorbehalten
Gesamtherstellung: Graphischer Großbetrieb Friedrich Pustet, Regensburg
Printed in Germany 1973
ISBN 3 7815 0202 3

Vorwort

Das vorliegende Buch befaßt sich perspektivisch mit dem Problem einer Erziehung zur Mündigkeit im Spannungsfeld von Emanzipation und Sozialisation unter Berücksichtigung entwicklungspsychologischer und entwicklungspädagogischer Aspekte. Der gleichzeitig vorgelegte erste Umriß einer möglichen Theorie bleibt Gegenstand weiterer Überlegungen und Untersuchungen, für die ich mir Hilfe aus der Zusammenarbeit mit Kollegen und mit Studierenden in entsprechenden Lehrveranstaltungen erhoffe.

An dieser Stelle möchte ich heute für die bisher erfahrene Hilfe danken meinem Kollegen, Herrn Prof. Dr. F. W. Kron, mit dem ich die inhaltliche und formale Problematik der Arbeit kritisch durchgesprochen habe. Ein besonderer Dank gilt Herrn A. Ebel M. A. Seiner Mitarbeit verdanke ich wertvolle Anregungen. Er hat insbesondere bei der kritischen Durchsicht und der technischen Erstellung der vorliegenden Arbeit geholfen und freundlicherweise das Lesen der Korrekturen und Erstellen der Register übernommen.

In den Arbeiten aus dem Jahre 1972 fanden Diskussionsbeiträge von Teilnehmern an einschlägigen Lehrveranstaltungen, die ich 1971/72 in Worms (EWH) durchgeführt habe, ihren Niederschlag. Auch für diese Hilfe möchte ich ein Wort des Dankes sagen.

Zum Schluß sei noch dem Verlag Klinkhardt gedankt für seine gute Beratung in der Zeit der endgültigen Erstellung des Buchmanuskriptes für die Veröffentlichung.

Mainz, 11. Juni 1973   Hildegard Holtstiege

Inhalt

I. *Perspektiven zum Problem einer Erziehung zur Mündigkeit* 11

    1. Zum Titel und Inhalt des Buches 11
    1.1 Allgemeine Vorbemerkungen 11
    1.2 Zu den grundlegenden Arbeiten aus den Jahren 1961/62 und 1965 (vgl. II. u. III.) 12
    1.3 Zu den drei Vorträgen aus dem Jahre 1972 (vgl. IV. V. u. VI.) 15
    2. Umriß und Aspekte einer möglichen Theorie 16
    2.1 Die Frage nach den sozial-anthropologischen Gegebenheiten – anthropologische Dimension 16
    2.2 Die Frage nach den sozial-strukturellen Gegebenheiten in Interaktionssituationen – soziologische Dimension 31
    2.3 Die pädagogische Relevanz der festgestellten anthropogenen und soziogenen Gegebenheiten – Ansatz zu einer Theorie der Erziehung zur Mündigkeit im Spannungsfeld von Emanzipation und Sozialisation 33
    3. Anmerkungen 42
    4. Literaturangaben 44

II. *Untersuchungen über Identifikation und Distanz bei 16jährigen Mädchen* ... 46

    1. Anlaß zur Beschäftigung mit dem Problem der Identifizierung 46
    1.1 Der Roman von Goethe »Die Wahlverwandtschaften« 46
    1.2 Der große Erfolg der Wirtschafts- und Verkaufswerbung 46
    1.3 Der Einfluß der Filmstars 47
    2. Literatur zum Thema Identifizierung 48
    2.1 Literatur, in der die Identifizierung der Sache nach behandelt wird .. 48
    2.2 Literatur, in der ausdrücklich der Vorgang der Identifizierung behandelt wird 50
    3. Fragestellung 54
    4. Methode 55
    4.1 Wahl der Methode und Zusammenstellung des Untersuchungsbogens 55
    4.2 Die untersuchten Gruppen 57
    4.3 Der Untersuchungsvorgang 57
    4.4 Der Bewertungsvorgang 58
    5. Auswertung – Ergebnisse – Versuch einer ersten Interpretation 58
    5.1 Das Gesamtergebnis der Bewertungen (ohne individuelle Unterschiede) 58

5.2	Auswertungsvorgang zur Feststellung der Übereinstimmung bzw. Distanz	59
5.3	Ermittlung des endgültigen Ergebnisses evtl. bestehender Identifizierungen oder Distanzierungen	65
6.	Ergebnis der Untersuchung mit der »Saarbrücker Liste«	70
7.	Zusammenfassung	72
8.	Anhang	73
9.	Anmerkungen	90
10.	Literaturangaben	92

III. Identifikation und Distanz in pädagogischer Sicht ... 94

1.	Vorbemerkung	94
2.	Die psychologische Bedeutung der Identifikation	97
2.1	Die Identifizierung als Mechanismus der Gefühlsbindung	97
2.2	Die konstruktive Bedeutung der Identifikation für das Ich	101
2.3	Das Verständnis des Begriffes der Identifikation im Rahmen dieser Arbeit	102
3.	Die pädagogische Bedeutung der Identifikation und der Distanz	103
3.1	Allgemeinpädagogische Sicht	103
3.1.1	Die Bildung des Menschen	103
3.1.2	Der erzieherische Bezug	104
3.1.3	Die Bildungsbewegung	108
3.2	Ontogenetische Sicht	113
3.2.1	Die frühe Kindheit	114
3.2.2	Die mittlere und reife Kindheit	119
3.2.3	Die Reifezeit	128
3.2.4	Das Erwachsenenalter	131
4.	Anmerkungen	132
5.	Literaturangaben	145

IV. Entwicklungspädagogische Aspekte frühkindlicher Emanzipations- und Sozialisationsprozesse ... 149

1.	Einleitung	149
2.	Begriff einer Entwicklungspädagogik und ihr Ziel	150
3.	Phasenlehren der frühen Kindheit auf dem Hintergrund der Trieb- und Affektentwicklung unter besonderer Beachtung der Emanzipations- und Sozialisationstendenzen	153
4.	Entwicklungspädagogische Aufgaben bei Emanzipations- und Sozialisationsprozessen in der frühen Kindheit	162

5.	Thesenartige Zusammenfassung	164
6.	Anmerkungen	165
7.	Literaturangaben	167

V. *Erziehung zur Mündigkeit? Ein Gespräch mit Eltern von Kindern bis zu 10 Jahren* ... 168

1.	Begriff – Umschreibung dessen, was hier mit Mündigkeit gemeint ist	168
2.	Abgrenzung – Erziehung zur Mündigkeit innerhalb der Kindheitsphasen	168
3.	Akzentuierung – Bedeutung der Eltern als Partner des Kindes im Prozeß einer Erziehung zur Mündigkeit	169
4.	Zusammenfassung der Überlegungen in Form von Thesen als Gesprächshilfe	176
5.	Anmerkungen	179
6.	Literaturangaben	179

VI. *Der Lehrer vor dem Anspruch einer Erziehung zu Sozialkompetenz und sozialer Mündigkeit* ... 180

1.	Einleitende Vorbemerkungen	180
2.	Der Anspruch einer Erziehung zu sozialer Mündigkeit	180
2.1	Zum Begriff der Sozialkompetenz	181
2.2	Dimensionen, in denen sich Sozialkompetenz entwickeln kann	183
3.	Erziehung zu sozialer Mündigkeit als Aufgabe des Lehrers	187
3.1	Schule als Institution, in der sich Sozialkompetenz entwickeln kann	187
3.2	Aufgaben des Lehrers bei der Erweckung von Sozialeinsicht, Sozialintelligenz und Sozialkompetenz	188
4.	Konsequenzen des Anspruchs einer Erziehung zu sozialer Mündigkeit für den Lehrenden und seine Ausbildung	190
4.1	Anforderungen dieses Anspruchs an die Sozialkompetenz des Lehrers	190
4.2	Rückwirkungen des Anspruchs einer Erziehung zu sozialer Mündigkeit auf das pädagogische Verständnis der Lehrerrolle	194
4.3	Konsequenzen der pädagogischen Lehrerrolle für die Lehrerbildung	195
5.	Thesenartige Zusammenfassung	196
6.	Anmerkungen	199
7.	Literaturangaben	200

Personenregister ... 201

Sachregister ... 203

I. Perspektiven zum Problem einer Erziehung zur Mündigkeit

1. Zum Titel und Inhalt des Buches

1.1 Allgemeine Vorbemerkungen

Der stichwortartige Titel – Erziehung, Emanzipation, Sozialisation – und der Untertitel – Perspektiven zum Problem einer Erziehung zur Mündigkeit – deuten an, daß die hiermit vorgelegte Arbeit keine geschlossene Theorie zu dem obigen Problemkreis darstellen will. Es handelt sich um die Veröffentlichung von Arbeiten, die in den vergangenen 10 Jahren entstanden sind. In ihnen werden Untersuchungen und Überlegungen hinsichtlich der durch die Stichworte umschriebenen Problematik angestellt. Die in größeren zeitlichen Abständen aufeinander folgenden Arbeiten stehen jedoch in einem inneren Zusammenhang. Kontinuierlich hat die jeweilige gedankliche Auseinandersetzung, die ihrerseits mit der zur Thematik gefundenen zeitgenössischen Literatur erfolgte, die weiteren Überlegungen beeinflußt. Aus diesem Grund habe ich die beiden frühen und grundlegenden Arbeiten unverändert in dieses Buch aufgenommen.

Die Arbeit »Untersuchungen über Identifikation und Distanz bei 16jährigen Mädchen« legt das Ergebnis einer empirischen psychologischen Untersuchung vor, die in den Jahren 1961/62 fertiggestellt und als schriftliche Arbeit für das Vordiplom durch das Psychologische Institut der Johannes-Gutenberg-Universität Mainz angenommen wurde.

Die zweite Arbeit »Identifikation und Distanz in pädagogischer Sicht«, in der ich das Problem hermeneutisch in pädagogischer Perspektive weiterverfolgt habe, wurde 1965 als schriftliche Magisterarbeit im Fach Pädagogik in der Philosophischen Fakultät der gleichen Universität angenommen.

Wenn ich auch heute hinsichtlich der Behandlung der Probleme und ihrer Darstellung Vorbehalte habe, so muß ich dennoch sagen, daß die zentralen Befunde: anthropologische Gegebenheiten, Struktur und gestaltende Faktoren, Genese des Sozialkontaktes in ihrer psychologischen und pädagogischen Perspektive durch die Sozialisationsforschung bestätigt und erhärtet worden sind. Diese zentralen Erkenntnisse haben mir Zugang zu den Sozialisationsphänomenen, -grundlagen und -theorien eröffnet. Sie sind auch die Basis weiterer Überlegungen in drei Arbeiten aus dem Jahre 1972 – ein Gespräch mit Eltern und zwei Gastvorlesungen an Pädagogischen Hochschulen –, die ihrerseits bereits Ergebnisse von Lehrveranstaltungen über die Problematik von Emanzipations- und Sozialisationsprozessen in ihrer pädagogischen Relevanz darstellen.

In den genannten Arbeiten handelt es sich um tastende Versuche, an eine anfangs nur vermutete Problematik heranzukommen: Strukturen, Faktoren und

Genese der sozial-anthropologischen Dimension der Erziehungswirklichkeit sowie ihre pädagogische Relevanz genauer zu erfassen.

Im Verlaufe der Auseinandersetzung mit der umschriebenen Thematik zeichneten sich Umrisse einer möglichen Theorie allmählich ab; auf sie werde ich im 2. Punkt eingehen. Zunächst möchte ich den jeweiligen Stellenwert und Beitrag der einzelnen hier vorgelegten Arbeiten erörtern.

1.2 Zu den beiden grundlegenden Arbeiten aus den Jahren 1961/62 und 1965

1.2.1 »Untersuchungen über Identifikation und Distanz bei 16jährigen Mädchen«

Es handelt sich um eine experimentelle Untersuchung im Bereich der pädagogischen Psychologie bzw. der Sozialpsychologie. Das Ergebnis dieser Untersuchung und seine Interpretation führte zu der Annahme, daß

● die festgestellten Phänomene der Identifikation und Distanz fördernde oder hemmende Faktoren in der menschlichen Entwicklung darstellen, insbesondere hinsichtlich des Erwerbs von Freiheit und Selbständigkeit (Emanzipation) (vgl. II.7,6.).

● Identifizierung und Distanzierung in einem wechselwirkenden Verhältnis zueinander stehen, einander bedingen und fordern (vgl. II.7,6). Daraus ergibt sich die Annahme einer dialektischen Strukturierung zwischenmenschlicher Bezüge.

● Identifikation und Distanz eine große Bedeutung haben für den Aufbau der menschlichen Person, ihrer Einstellungen, Werthaltungen und Zukunftserwartungen, insbesondere hinsichtlich des Prozesses der Bildung von Idealen und Leitbildern. Hier wird die heutige Problematik der Internalisation von Normen und Rollen bzw. die Normierung menschlichen Verhaltens angesprochen.

● die Bedeutung der Eltern im Entwicklungsprozeß des Jugendalters (sowohl des Emanzipations- als auch des Sozialisationsprozesses) zwar unmerklicher, aber nichtweniger wichtig ist (vgl. II.7,6).

● auf Grund des sozial-kulturellen Milieus die beiden untersuchten Hauptgruppen Unterschiede im Grad der erworbenen Distanz aufwiesen. Die in II.7,5 vorgenommene Interpretation der festgestellten Fakten läßt sich heute auf Grund der Ergebnisse der Sozialisationsforschung weiterführen.

1.2.2 »Identifikation und Distanz in pädagogischer Sicht«

Die empirische Arbeit, in der das Faktum ablaufender Identifizierungs- und Distanzierungsprozesse im Sozialkontakt festgestellt wurde, sowie die Ergebnisse der in pädagogischer Perspektive vorgenommenen Interpretation dieses Faktums gaben den Anstoß zu weiteren Überlegungen. Sie fanden ihren Niederschlag in der genannten zweiten Arbeit. Aus ihr lassen sich vier Fragenkomplexe eliminieren, die für die heutige Dikussion von Bedeutung sein dürften:

a) der anthropologische Ansatz,
b) die entsprechenden ontogenetischen Folgen,
c) die Struktur des menschlichen Kontaktes und seine prägenden und gestaltenden Faktoren,
d) die Orientierungsfunktion der drei Problembereiche für pädagogische Einwirkungen.

Die anthropologischen Voraussetzungen basieren auf einem biologischen Denkansatz, der durch Phänomenanalyse philosophisch-hermeneutisch weitergeführt wird.

Grundlegend ist die Auffassung A. Portmanns, daß die biologische Verfaßtheit des Menschen eine von den höheren Säugern unterschiedene Daseinsart erkennen läßt: eine geistige Daseinsform. Das »Geistige« ist dabei nicht als ein Epiphänomen zu verstehen, sondern als »Ausdruck von Geschehnissen, die das gesamte Dasein des Menchen in seinem Werdegang wie in seiner Reifeform gestalten« (vgl. III.2. Anm. 73). Für die menschliche Daseinsart und ihre Entwicklung ist der Sozialkontakt konstitutiv. Er ermöglicht Individuation und Sozialisation, Vorgänge, die sich gegenseitig bedingen und fordern, und die jene dialektische Spannung bilden, in der Menschwerdung sich vollzieht. Der Lebensäußerung menschlicher Daseinsform wird unter energetisch-dynamischem Aspekt nachgegangen. Ausgangspunkt bilden die Trieblehren der hormistischen Psychologie – M. Montessori (P. Nunn, McDougal) – sowie der Tiefenpsychologie – Freud, Spitz –.

Die phänomenologische Erhellung dieses biologischen Ansatzes erfolgt auf dem Hintergrund der Arbeiten von Th. Ballauff, F. J. J. Buytendijk, M. Buber und M. Scheler.

Die dem biologisch-phänomenologischen Ansatz entsprechende ontogenetische Perspektive befaßt sich mit der Tatsache, daß der Mensch durch eine lange Kindheit hindurch in das Menschsein hineinwachsen muß, d. h. er muß lernen, Menschsein in allen Stadien zu verwirklichen. In diesem Zusammenhang geht es um das »Wie des Prozesses der Menschwerdung« (F. J. J. Buytendijk, vgl. III. 3.1.3) oder nach Th. Ballauff um die »Grundweise, in der sich der Mensch in seine Menschlichkeit einfügen läßt bzw. einfügt« (vgl. III,3.1.3.1.).

Der geistigen Daseinsform des Menschen entspricht es, durch zunehmende Einsicht in die menschliche Verfaßtheit und in seine Situation in der ihn umgebenden Welt die ihm daraus erwachsende Verantwortung zu übernehmen. Das bedeutet: sich in seine Menschlichkeit fügen zu lernen, die charakterisiert ist durch ein bestimmtes Maß an relativer Freiheit und die es zu bejahen gilt. Dieses Ja zur menschlichen Wirklichkeit erstreckt sich sowohl auf die Bejahung der darin gegebenen ursprünglichen menschlichen Situation: sich unter Seiendem zu befinden und zu ihm in Beziehung gesetzt wissen, als auch auf die »Grundweise«, in der der Mensch sein Wesen verwirklicht: dem Rhythmus von Bindung und Lösung, von Identifikation und Distanz. Der genannte Rhythmus von Bindung und Lösung enthält bereits einen Hinweis auf Struktur und Faktoren menschlicher Beziehungen.

Das Erlernen des Menschseins, in dessen Dienst die lange Kindheit steht, kann nur am Modell verwirklichten Menschseins erfolgen. Der Sozialkontakt zwischen Mensch und Mensch ist hier eine unerläßliche Bedingung (M. Buber, vgl. III,3.1.2; M. Montessori, vgl. III,1); er enthält das Risiko, Hilfe und Gefahr zugleich sein zu können.

Struktur und Faktoren menschlicher Kontakte

Der Mensch ist auf Grund seiner geistigen Daseinsform in der Lage, zu Menschen und Dingen in Beziehung treten zu können. Diese Beziehungsstruktur sowie ihre gestaltenden Faktoren interessieren in diesem Zusammenhang, bei dem jedoch der Akzent auf den Sozialkontakt, der Beziehung zwischen Mensch und Mensch, gelegt wird.

Als Modell aller zwischenmenschlichen Bezüge gilt das früheste Mutter-Kind-Verhältnis. Bei der Untersuchung der Struktur dieses Verhältnisses sowie der Verlaufsform aktivierter Bezüge in diesem Verhältnis erwiesen sich Identifizierungs- und Distanzierungsvorgänge als gestaltende und prägende Faktoren (Tiefenpsychologie – Freud, Spitz –, vgl. III. 2). Sie dienen dem Aufbau eines starken Ich, stehen also im Dienste der Individuation, in deren Verlauf der Mensch seine Selbständigkeit erwirbt. Die fortschreitende Individuation bewirkt gleichzeitig einen Wandel im sozialen Kontakt, der – anthropologisch vom Kind her betrachtet – anfänglich durch ein Übergewicht des erwachsenen Partners charakterisiert ist. Stimmigkeit in dieses Verhältnis zu bringen (das Anliegen M. Montessoris, vgl. III,1) bewirkt gleichzeitig einen Wandel im Sozialkontakt – also Sozialisation in einer kritischen Bedeutung. Individuation läßt sich in diesem Zusammenhang verstehen als Emanzipation.

Identifizierungs- und Distanzierungsvorgänge sind jene gestaltenden Faktoren, in denen das Gefüge (die Struktur) zwischenmenschlicher Bezüge zum Vorschein kommt: ein Rhythmus von Bindung und Lösung, der – nach Buber – »kontrapunktisch« verläuft (vgl. III,3.2.3.1). Identifizierungs- und Distanzierungsprozesse als strukturierende Faktoren zwischenmenschlicher Bezüge lassen sich auch verstehen als sich einander bedingende und fordernde Emanzipations- und Sozialisationsprozesse, in denen die vitale Anpassung des Menschen sich vollzieht. Auf die Bedeutung dieses hier vorweggenommenen Anpassungsbegriffes gehe ich später ein.

Die Orientierungsfunktion der drei Problembereiche für pädagogische Einwirkungen stellte das zentrale Anliegen der Magisterarbeit dar. Es ging dabei um die pädagogische Relevanz der anthropologischen Phänomene. Die biologischen Gegebenheiten und ihre philosophisch-phänomenologische Erhellung wiesen den Weg für helfendes Einwirken in Richtung auf Verwirklichung des Menschseins (vgl. III. 3.1.1). Dabei verlagerte sich der Akzent

- aktualgenetisch betrachtet auf die Untersuchung der Struktur des Bildungsprozesses und seine Verlaufsform (vgl. III,3.1.3)
- ontogenetisch betrachtet auf die mögliche erzieherische Hilfe im Individuations- oder Emanzipationsprozeß (vgl. III,3.2). Entwicklungspädagogische Aufgaben wurden insbesondere im Anschluß an M. Montessori herausgearbeitet. Vernachlässigt – weil in ihrer Bedeutung noch nicht erkannt – wurde in diesem Zusammenhang die angemessene Berücksichtigung der Sozialisationsprozesse als notwendiges Korrelat der Individuations- oder Emanzipationsprozesse. Der Sache nach steckt diese Problematik jedoch ansatzweise in der aufgefundenen dialektischen Verschränkung von Identifizierungs- und Distanzierungsprozessen als gestaltende Faktoren zwischenmenschlicher Bezüge. Die von Buber so benannte »Kontrapunktik« in der »existentiellen Kommunikation« wird als pädagogischer Aufgabenbereich in der Reifezeit behandelt (vgl. III,3.2.3). Es handelt sich dabei um jenen Sachverhalt, den K. Mollenhauer als »Experimentiergemeinschaft« bezeichnet. In dem nur andeutungsweise behandelten Prozeß der Idealbildung (vgl. III.2.2.2 und III.3.2.3.4) wird die Rollenproblematik tangiert.

Aus meinen Arbeiten und Überlegungen zu der Problematik des Verhältnisses von Erziehung, Emanzipation und Sozialisation entstanden folgende Thesen:

a) Identifizierungs- und Distanzierungsprozesse intendieren Emanzipation und Sozialisation, die Strukturelemente einer dynamisch verstandenen Mündigkeit sind.

b) Diese Strukturelemente stehen in einem dialektischen Spannungsgefüge zueinander.

c) Sie verlaufen als Prozesse kontrapunktisch.

d) Aufgabe der Erziehung ist es, die durch die genannten Prozesse charakterisierte Perspektive menschlicher Entwicklung einsichtig werden zu lassen und sie bejahen und übernehmen zu helfen.

e) Diese Aufgabe setzt ein bereits erworbenes entsprechendes Selbstverständnis der Helfenden voraus, d. h. intendierte Mündigkeit aktiviert die eigene.

1.3 Zu den drei Vorträgen aus dem Jahre 1972

1.3.1 Die beiden Vorträge »Entwicklungspädagogische Aspekte frühkindlicher Emanzipations- und Sozialisationsprozesse« und »Erziehung zur Mündigkeit? Ein Gespräch mit Eltern von Kindern bis zu 10 Jahren« gehören inhaltlich zusammen. Während der erste Vortrag theoretischer Natur ist, werden in dem zweiten konkrete Folgerungen im Hinblick auf die elterliche Erziehungssituation gezogen.

Beide Vorträge befassen sich mit der Erarbeitung »entwicklungspädagogischer Aufgaben« (im Sinne H. Roths) auf Grund der pädagogischen Relevanz der Emanzipations- und Sozialisationsprozesse (vgl. IV,1.2). Zu Grunde liegen also die aus der Arbeit »Identifikation und Distanz in pädagogischer Sicht« entwickelten und dort vorgelegten Thesen.

1.3.2 Der Vortrag »Der Lehrer vor dem Anspruch einer Erziehung zu Sozialkompetenz und sozialer Mündigkeit« ist ebenfalls auf dem gedanklichen Fundament der genannten Thesen erarbeitet. Hier liegt jedoch von der Thematik her der Schwerpunkt auf der Befragung der Sozialisationsprozesse auf ihre pädagogische Relevanz und entsprechenden entwicklungspädagogischen Aufgaben für den Lehrer. Die dialektische Verschränkung mit den kontrapunktisch verlaufenden Emanzipationsprozessen wird auch hier erkennbar.

Für das Verständnis der unter 1.3 besprochenen Vorträge und ihrer implizierten theoretischen Grundlage ist die Kenntnis der in den beiden 1.2 besprochenen Arbeiten und der in ihnen entwickelten Gedanken erforderlich. Aus diesem Grund kann auf ihre Veröffentlichung an dieser Stelle nicht verzichtet werden.

2. Umriß und Aspekte einer möglichen Theorie

Im Verlaufe der empirischen Untersuchung sowie der gedanklichen und literarischen Auseinandersetzung mit Fragen der Erziehung zur Mündigkeit unter dem Aspekt feststellbarer Emanzipations- und Sozialisationsprozesse, ihres Verhältnisses zueinander sowie ihrer pädagogischen Relevanz gelangte ich zu einem Ansatz einer möglichen Theorie. Dieser Ansatz läßt sich unter drei Aspekten im Umriß wie folgt skizzieren.

2.1 Die Frage nach sozial-anthropologischen Gegebenheiten – anthropologische Dimension

Die Lektüre zeitgenössischer pädagogischer Literatur läßt hinsichtlich ihrer anthropologischen Dimension den Einfluß der Arbeiten von A. Portmann (sei es explizit, sei es implizit) erkennen. Es ist

2.1.1 das Ziel A. Portmanns, »die menschliche Sonderart durch biologische Mittel herauszuheben.«[1] Bei dieser biologischen Erforschung menschlicher Daseinsweise geht er von der Voraussetzung aus, daß auch das biologisch Faßbare mitbestimmt wird von jenen Seiten des Menschen, die mit den experimentellen Mitteln der Biologie nicht erforscht werden können: Die erforschte Eigenart des menschlichen Geburtszustandes – »eine Art ›physiologischer‹, d. h. normalisierter Frühgeburt«[2] – und die Bedeutung des ersten Lebensjahres – das »extrauterine Frühjahr« mit seinen drei kennzeichnenden Ereignissen (»der Erwerb der aufrechten Körperhaltung, das Erlernen der eigentlichen Wortsprache und der Eintritt in die Sphäre des technischen Denkens und Handelns«[3]) – gelten Portmann als Phänomene spezifisch menschlicher Daseinsart, die vom Geburtsmoment an geschichtlichen und sozialen Gesetzen unterliegt[4].

Die feststellbare verfrühte Geburt wird im Vergleich mit der embryonalen und physiologischen Entwicklung der Säugetiere von der Organisationshöhe des Menschen auf ihren Zusammenhang mit Besonderheiten menschlicher Daseinsart befragt. Im Gegensatz zu der vom tierischen Verhalten abgeleiteten Daseinsform: umweltgebunden und instinktgesichert – wird die menschliche Daseinsform, abgeleitet vom menschlichen Verhalten, charakterisiert als weltoffen und entscheidungsfrei[5]. Der Stufenvergleich im Bereich der fötalen Entwicklung führt zu der Annahme, daß »Menschliches« vom Beginn des Werdens an vorhanden ist, vorgegeben in einem arteigenen Bauplan des Menschen, durch den auch der zeitliche Geburtsmoment bestimmt wird[6]. Dieses Faktum des Geburtsmoments und der Geburtszustand des Menschen lassen erkennen, daß den biologischen Faktoren in der Embryonalentwicklung geistige und soziale Faktoren an die Seite treten; von ihrem Vorhandensein und ihrer Beschaffenheit hängt die weitere spezifisch menschliche Entwicklung ab.

Die verfrühte Geburt sieht Portmann in der Wesensform des Menschlichen begründet. Die Ausprägung menschlicher Eigenart kann nur im Sozialkontakt richtig geschehen. Die entscheidende Phase für dieses erlernende Reifen menschlicher Verhaltensweisen »ist genau das Jahr, um das wir – mit Säugetieren verglichen – zu früh aus dem Mutterleib entlassen werden. Nicht zu früh für die Aufgabe des Menschseins! In der Zeit bis zu unserer eigentlichen Geburt am Ende des ersten Jahres muß die Familie die Rolle eines neuen mütterlichen Schoßes übernehmen. Wir müssen von einem Sonderjahr im sozialen Mutterschoße sprechen«[7].

Es entspricht dem weltoffenen Wesen und Verhalten des Menschen der frühe Kontakt mit der Welt, der durch und über die Sozialumgebung ermöglicht wird. Diese Sozialwelt ist – ebenfalls entsprechend der Tatsache des weltoffenen Wesens und Verhaltens nicht erblich gegeben. Sie muß sich durch die ererbten Anlagen und Kontakte mit der Wirklichkeit in jedem Menschen neu gestalten[8].

Diese Gestaltung vollzieht sich als Lernen durch eine lange Kindheit hindurch sehr langsam, bedingt durch die physiologische Tatsache der länger dauernden Gehirnentwicklung. Bei abnehmender Instinktorganisation – wie das beim Menschen der Fall ist – nimmt die Cerebralisation zu. In der größeren Instinktunsicherheit des Menschen liegt positiv gesehen seine größere Lernfähigkeit mit all ihren Möglichkeiten und Risiken, die die gegebene Individual- und Soziallage bergen.

Das »mahnt uns bereits daran, daß unser Geburtszustand nicht einfach ›hilflos‹ ist, sondern auch bedeutungsvolle Freiheiten für sich hat«[9].

Diese Freiheiten sind von Anfang an aufgrund ihrer Abhängigkeit von Individual- und Soziallage beschränkt, d. h. relativ.

Zusammenfassend läßt sich im Anschluß an Portmann sagen, daß der Mensch in biologischer Perspektive als weltoffen und entscheidungsfrei charakterisiert werden kann.

Die biologischen Tatsachen des extrauterinen Frühjahrs stellen pädagogisch relevante sozial-anthropologische Grundgegebenheiten dar:
● Spezifisch menschliche Verhaltensweisen müssen und können erlernt werden.

Die Bildungsfähigkeit und -bedürftigkeit des Menschen wird darin ausgedrückt.
- Die menschliche Weiterentwicklung nach der Geburt ist auf eine Sozialumgebung angewiesen. Dieser Sozialkontakt stellt – pädagogisch gesprochen – den erzieherischen Urbezug dar.
- Neben eigenem Streben und spontanem Drang geschieht von Anfang an schicksalhafte Hilfe und Eingrenzung durch die Sozialumgebung. Das Faktum der Geschichte beginnt, das Leben des Kindes zu bestimmen.

Die Verantwortung der kindlichen Partner (Erzieher) wird durch die Frage nach der Beschaffenheit des Sozialkontaktes, in den das Kind hineingeboren wird und in dem es leben muß, aktiviert.

Die Langsamkeit der kindlichen Entwicklung – die lange Kindheit – bedeutet auch Schutz im Bereich der Individuation. Sie ist ihrerseits jedoch gebunden an gleichzeitige Sozialisation. Beide einander bedingende und fordernde Prozesse im Gleichgewicht zu halten durch eine permanent abwägende Hilfe wäre Gegenstand der erzieherischen Verantwortung.

Das biologisch Faßbare des Menschen sieht Portmann mitbestimmt von jenen Seiten des Menschen, die mit den experimentellen Mitteln der Biologie nicht erfaßt werden können wie z. B. seine Geschichtlichkeit und Soziabilität. Die biologische Perspektive bedarf also der Ergänzung. Dazu soll gewählt werden

2.1.2 *M. J. Langevelds Phänomenanalyse der psychischen Entwicklung*

A. Portmanns Auffassungen finden in Langevelds anthropologischen Überlegungen bereits ihren Niederschlag[10]. Er rechnet sie zu den Vorläufern seines Versuches einer Anthropologie der Kindheit und Jugend.

Langevelds Begriff Anthropologie meint »grundsätzlich den ganzen Menschen mit ausdrücklicher Berücksichtigung der konstituierenden Grundbestimmung in Entwicklung, Erziehung und Selbstbildung, wobei die Wertbezogenheit dieser Prozesse selbstverständlich mit vorausgesetzt ist.«[11] Das Kindsein gilt ihm als ein Modus des Menschen. Seine Aussagen stützen sich – methodisch betrachtet – auf die Analyse und Deutung gegebener Phänomene in der psychophysischen Entwicklung des heranwachsenden Menschen. Drei feststellbare Tatsachen werden befragt: 1. die Tatsache, daß der Mensch sein Leben klein anfängt. Mit dem Moment des »Kleinen« ist das des »Großen« verbunden[12]. Großsein, Erwachsenheit (die phänomenologisch zu erhellen ist), ist das richtunggebende Ziel für die kindliche Entwicklung, die Langeveld in anthropologisch-phänomenologischer Perspektive als Änderung »in Richtung auf mehr Erwachsenheit hin« definiert[13]. 2. der Prozeß der Entwicklung vom »Kleinsein« zum »Großsein« (zur Erwachsenheit). Er wird als »Großwerden« umschrieben. Positiv bedeutet dieses Großwerden anerkannt werden, etwas tun dürfen, unabhängig und stark werden[14]. Entwicklung ist damit ein äußerlich und innerlich erfahrbares und beobachtbares Geschehen. Das Sichändern kann erfahren werden als Fortschritt und beurteilt werden als Erfolg oder Scheitern; in ihm ist auch eine Erfahrung des Entwicklungssinnes gegeben »als Beziehung zu einem zukünftigen, das ›Größersein‹ bedeutet.«[15]

Im Kleinsein liegt also die Erfahrung des Bezuges zum Erwachsensein – im Großwerden die Erfahrung körperlich-geistigen Wachstums in Richtung auf Erwachsenheit – Erwachsensein der kindlichen Partner wird erfahren als Maß und Modell für den Verlauf des Großwerdens. Diese drei Erfahrungsbereiche kennzeichnen die anthropologische Grundsituation des Kindes: sein Angewiesensein auf menschliches »Mit-einander-sein«. 3. die psychische Dynamik des Kindes. Bei ihrer Beobachtung und Beschreibung stellt Langeveld vier Grundgegebenheiten fest:
- das biologische Moment. Der kleine Mensch ist ein lebendes Wesen mit einem biologischen Manko.
- das Prinzip der Hilflosigkeit. Das mit einem biologischen Manko behaftete kleine Menschenwesen ist hilfsbedürftiger als irgend ein anderes Lebenwesen. Diese Hilfsbedürftigkeit ruft die zu ihm gehörenden Menschen an.
- das Prinzp der Geborgenheit. Die Hilflosigkeit ruft nach Sicherheit und Geborgenheit.
- das Prinzip der Exploration. In einer gewährten Sicherheit und Geborgenheit erstarkt die Neigung, weg zu wollen, sich in die Welt hineinzuwagen und Neues und Unbekanntes auszuprobieren.

Diese vier Grundgegebenenheiten verweisen ebenfalls auf die genannte kindliche Grundsituation des Mit-einander-seins. Das Kind wird in der Welt, in der es mit anderen zusammenlebt, bestimmt von diesem Miteinandersein. Dieses Miteinandersein steuert das Verhalten aller Miteinanderseienden, in ihm liegen Richtung und Beschränkung[17].

In Langevelds Umriß einer Anthropologie der Kindheit und Jugend, der eine Überbetonung der sozialen bzw. sozial-ökonomischen Perspektive als zu einseitig zurückweist[18], wird dennoch die sozial-anthropologische Strukturiertheit des Großwerdens deutlich. Die Feststellung der steuernden, Richtung gebenden und beschränkenden Funktion des Miteinanderseins sowie der »Konstituanten des Menschseins und Menschwerdens im kindlichen Sein«: »Bindung und Freiheit, Sicherheit und Offenheit der Expoloration«[19] verweisen auf ein sozial-anthropologisches Verständnis des kindlichen Seinsmodus, in dem soziale und anthropogene Faktoren in einer dialektischen Spannung von Individuations- bzw. Emanzipations- und Sozialisationsprozessen die Entwicklung als Änderung in Richtung auf mehr Erwachsenheit bewirken. Noch hervorzuheben wäre an Langevelds Konzeption das von ihm beschriebene Individuations- oder Emanzipationsprinzip »selbst jemand zu werden«.[20] Er spricht von einer anthropologischen »Fundamentalkategorie«, in der zum Ausdruck gebracht wird, daß das Kind »sich selbst« schafft[21]. Diese Kreativität des Kindes hat neben anthropogenen auch soziale Faktoren zur Bedingung: mit Menschen zusammen zu sein[22].

Pädagogisch bedeutsam ist in diesem Zusammenhang die Tatsache, daß die kindliche Kreativität (Personwerden als ein zukunftgerichtetes Geschehen in konstruktivem Sinne[23]) abhängig ist von einem Sozialkontakt bestimmter Qualität und Quantität: Ein Miteinandersein, das Sicherheit und Geborgenheit bietet und darin die Neigung zu Exploration und Emanzipation fördert und unterstützt. Dazu ist ein Lebensraum für das Kind erforderlich, der nicht nur mit Nachsicht gelassen, sondern aktiv geschaffen wird.

Aus Langevelds Umriß entsteht so die Gestalt eines erzieherischen Bezuges von sozial-anthropologischer Struktur und einer ihm innewohnenden Dynamik, die – strukturimmanent – als dialektische Spannung von Bindungs- und Lösungsprozessen auf Grund gegebener Emanzipations- und Sozialisationstendenzen verstanden werden kann. Für diese auf Grund der bisherigen Befunde gemachte Aussage lassen sich begründend und weiterführend heranziehen

2.1.3 Die sozialpsychologischen Untersuchungen der Genese frühkindlicher Sozialbeziehungen von R. A. Spitz

Spitz' Untersuchungsergebnisse gelten in der zeitgenössischen Literatur bisher als verifiziert. Seine Arbeiten gehören zur Grundlagen-Literatur der Sozialisationsforschung.

Auf Grund des psychoanalytisch-klinischen Forschungsansatzes wird auf dem Hintergrund der Freudschen Trieb- und Affektlehre die Entstehungsgeschichte der ersten Objektbeziehungen in der Beziehung zwischen Mutter und Kind verfolgt.

»Man könnte auch sagen, daß es sich um eine Untersuchung von sozialen Beziehungen handelt ...«[24]

Diese Beziehungen lassen sich nach Spitz in ihrer Entwicklung in der Mutter-Kind-Beziehung gleichsam in statu nascendi beobachten.

»Das Besondere daran ist, daß sich vor unseren Augen die körperliche Zusammengehörigkeit von Mutter und Kind aus dem jeder sozialen Relation baren Physiologischen schrittweise in die erste soziale Beziehung des Individuums entwickelt.«[25]

Die Entwicklung der sozialen Beziehung verfolgt Spitz im Verlauf der ersten beiden Lebensjahre. Er spricht von einem affektiv-unbewußten Lernvorgang, der sich in drei Schritten vollzieht[26]. Auf dem Hintergrund der Triebentwicklung von der Triebvermischung (undifferenziertes Nebeneinander von Libido und Aggression) über die Triebdifferenzierung (Erfahrung von Lust = Gewährung und Unlust = Versagung) zur Triebreintegration und -mischung (des Nebeneinanderbestehenkönnens der differenzierten Libido und Aggression) vollzieht sich nach Spitz in drei Stadien die Ich- und Objektbildung als ein komplementär verlaufender Prozeß.

Die ichlose Stufe bzw. die Vorstufe des Ich (das erste halbe Lebensjahr) ist gleichzeitig die objektlose Stufe, gekennzeichnet durch Konfliktlosigkeit[27]. – Die verschiedenen Stufen erkennt Spitz an dem Auftreten bestimmter »Organisatoren«, ein Begriff aus der Embryologie. Darunter werden Strukturen verstanden, die sich an einem Punkt bilden, an dem sich verschiedene Entwicklungslinien vereinigen und die das Niveau von Funktionen ändern[28]. Der erste Organisator ist nach Spitz das Lächeln, das Ausdruck der Erinnerung und des Wiedererkennens in der sozialen Kommunikation ist. Das erste Lächeln gilt als Gestaltkeim von Ich und Objekt, entwickelt durch Lernen im Wahrnehmungsbereich durch taktile und optische Sozialkontakte.

Die zweite Hälfte des ersten Lebensjahres ist die Zeit der Ich-Konstituierung durch den zweiten Organisator: der Entwicklung der Urteilsfunktion. Ihr Symptom ist die Achtmonatsangst, die Spitz als Ausdruck für Vergleich und Urteil (vertraut und fremd) im Sozialkontakt gilt. Damit ist gleichzeitig die Objektfindung im optischen und affektiven Bereich gegeben[29]. Das Kind ist fähig, seine Liebesgefühle auf eine bestimmte Person zu richten. Es handelt sich dabei um ein »Lernen durch Einsicht mit Hilfe der Denkvorgänge einerseits, der Identifizierung andererseits«[30].

Die Identifizierung ist nach Spitz eine »Verarbeitung affektiver Beziehungen im Unbewußten, durch welche eine Ich-Veränderung stattfindet«[31]. Durch die mit der Identifizierung gegebene Nachahmung der Handlungen der Mutter macht sich das Kind fortschreitend von ihr unabhängig. Es gewinnt schrittweise »einen wachsenden Grad von Gesichertheit in Anlehnung an die Haltung und das affektive Klima seiner Mutter«[32].

Den dritten großen Schritt in der Entwicklung des Sozialkontaktes »vollführt das Kind im zweiten Lebensjahre mit Hilfe des Mechanismus der Identifizierung. Dieser Schritt ist der Spracherwerb ...«, der dem Kind die »Tore der menschlichen Gesellschaft eröffnet«[33]. Das Erlernen der Sprache erfolgt durch komplexe Identifikationen, die als dritter Organisator gelten. Das dritte Stadium in der Entwicklung des Sozialkontaktes ist nach Spitz gekennzeichnet durch Ichintegration und die Fähigkeit zur Objektbeziehung[34]. Diese Zeit gilt als konfliktgeladen. Über Identifikationsprozesse lernt das Kind unterscheiden zwischen »Affekt für mich« und »Affekt gegen mich«. Es erlernt damit die Fähigkeit, Konflikte zu bewältigen, Gebote und Verbote zu verstehen. Die semantische Verständigung (Gestik von Ja und Nein) erfolgt ebenfalls auf dem Wege über Identifikationen. Sie gilt als Symptom der Konstituierung des dritten Organisators. Mit seinem Auftreten wird Distanzverständigung möglich, die ihrerseits Distanzierung, Abgrenzung und Absetzung der eigenen Person im Sozialkontakt fördert. Durch das Erlernen der Sprache (und ebenfalls des Gehens) nimmt die Distanzverständigung im Sozialkontakt zu, der dadurch selbst einen Wandel erfährt. Das Kind, das sich als Subjekt einem Objekt gegenüber findet, hat sich von diesem durch Identifizierungen distanziert und gewinnt seine eigene Selbständigkeit und Unabhängigkeit.

Spitz' Untersuchungen der Sozialbeziehungen in statu nascendi vermitteln Einblick in die Struktur des Sozialkontaktes, der als eine der Bedingungen für das Erlernen des Menschseins (A. Portmann) gilt. Der Sozialkontakt zeigt sich strukturiert durch einander bedingende und fordernde Identifizierungs- und Distanzierungsprozesse. In ihnen dürfte eine Tendenz in Richtung nehmender Individuation und Sozialisation erkennbar werden. Von pädagogischer Bedeutung ist die von Spitz betonte Forderung nach einem Sozialkontakt von ganz bestimmter Qualität und Quantität. Diese Forderung richtet sich an die Mutter oder jene sie vertretende Person, die die elementaren kindlichen Bedürfnisse befriedigt, da im frühkindlichen Sozialkontakt der ewachsene Partner dominiert und seine organisiertere und differenziertere Persönlichkeitsstruktur als Modell menschlichen Verhaltens (M. J. Langeveld) hemmend oder fördernd die Organisation der kindlichen Persönlichkeit beeinflußt.

Die anthropologische Fundamentalkategorie der Kreativität des Kindes im Sinne des Sich-selber-Schaffens (M. J. Langeveld) mit ihrer unverzichtbaren Voraussetzung des Miteinanderseins von Menschen enthält in ihrer Beschreibung Hinweise auf das Zusammenwirken von anthropogenen und sozialen Faktoren. Bindung und Freiheit, Sicherheit und Offenheit werden als Konstitutiva menschlichen Seins und Werdens genannt. Der Mensch als weltoffenes und entscheidungsfreies Wesen (A. Portmann) schafft sich selbst in einem dialektischen Rhythmus: das modellvermittelnde – also Richtung gebende – sowie steuernde und beschränkende Miteinander ist die Bedingung für Individuierung und Sozialisierung, die gleichgewichtig verlaufend als lebenslang einander sich fordernde Prozesse jene von Th. Adorno so genannte Mündigkeit des Menschen als einer »dynamische(n) Kategorie« ausmachen[35].

Unter dem bisher verwandten und vielfach belasteten Begriff der Emanzipation der hinsichtlich der feststellbaren Individuationstendenz – selber jemand zu werden (M. J. Langeveld) – gewählt wurde, wird die Entwicklung des Menschen in Richtung zunehmender Freiheit und Selbstbestimmung (Mündigkeit im Sinne einsichtigen und verantwortlichen Handelns) verstanden.

Der bisher verwandte und ebenfalls vieldeutige Begriff der Sozialisation wird im weitesten Sinne verstanden als die Schaffung eines sozialen Wesens durch die vielfältigen an diesem Prozeß beteiligten Faktoren anthropogener, gesellschaftspolitischer, ökonomischer, ökologischer und pädagogischer Art.

2.1.4 Der festgestellte dialektische Rhythmus des menschlichen Kreationsvorganges durch Emanzipation und Sozialisation läßt sich heuristisch getrennt verfolgen. Zum

2.1.4.1 Aspekt der Emanzipation trägt F. J. J. Buytendijks psychologisch-phänomenologische Untersuchung der Entwicklung des Freiheitsbewußtseins beim Kinde bei.

Buytendijk setzt an bei dem wesentlichen Charakter kindlicher Existenz, in der »man auch dem auf nichts anderes zurückzubeziehenden Phänomen der begrenzten Freiheit begegnet. Von dem Augenblick an, da das Gewissen erwacht, gibt es eine Auswahl der Welt, einen Weltentwurf.«[36] Die konkrete kindliche Existenz konstituiert sich »durch autonome Tätigkeit, die Initiative des Geistes«[37]. In dieser spontanen Aktivität gehorcht das Kind nicht blind Naturgesetzen, sondern es repräsentiert darin ein normgebendes und daher sittliches Bewußtsein, das jedoch eine Entwicklung in Richtung zunehmender Bewußtheit durchläuft. Diese Entwicklung empfängt ihren Hauptantrieb aus dem spontanen Leben, von Buytendijk Dynamismus genannt. Er unterscheidet zwei

Grundtypen dieser vitalen Spontaneität: den expansiven und den adaptiven Dynamismus.

»Der expansiven Bewegung begegnet die Welt als ein Hindernis, die adaptive Bewegung dagegen führt zur Entdeckung einer Welt von Eigenschaften, Formen und Werten.«[38]

In beiden vitalen Bewegungen auf die Welt zu steckt bereits eine Intentionalität, die zwar einen physiologischen Ursprung hat, deren feststellbare unterschiedliche Intentionalität nur psychologisch-phänomenologisch zu erhellen ist als Äußerung der Initiative und Autonomie des Geistes mit Hilfe physiologischer Ausdrucksmöglichkeiten.

Freiheit als Kennzeichen des Geistes ist konstitutiver Bestandteil kindlicher Aktivität. Sie ist damit auch von Anfang an gelebte Freiheit. (Buytendijk verweist in diesem Zusammenhang auf Montessoris Begriff »absorbent mind«, mit dem sie die Tätigkeit der unbewußten kindlichen Intelligenz umschreibt[39].

Entwicklung des kindlichen Freiheitsbewußtseins von der gelebten Freiheit zur sittlichen Freiheit ist »nicht die natürliche Umwandlung der vitalen Spontaneität in normatives Betragen«[40], sondern die Entwicklung eines Norm gebenden und daher sittlichen Bewußtseins durch Einsicht und Übernahme von Verantwortung.

Die Entwicklung der gelebten Freiheit zur sittlichen Freiheit vollzieht sich nach Buytendijk in vier Phasen:

1. die Phase der primären und primitiven Freiheit.
Sie ist gekennzeichnet durch einen expansiven Dynamismus, für den die Welt nur als Hindernis existiert. Diese erste Phase der gelebten Freiheit stützt sich auf den Dynamismus der Leidenschaft, durch das das Auf-Hindernisse-Stoßen eine Verstärkung des expansiven Dynamismus bewirkt.

Zwei Perspektiven formen sich dabei im Kind:

a) der Entwurf einer Welt der Weigerung.
Auf diese Welt sich einlassen und ihr sich unterwerfen »bedeutet die Wahl einer primitiv gelebten Freiheit«[41]. Buytendijk definiert sie als eine Freiheit der Willkür und Revolte. »Wir stellen dabei fest, daß die gelebte Freiheit sich nur durch die Opposition gegen die von der Welt, d. h. von den Dingen und den Menschen ausgehende Forderung, entfalten kann.«[42]

b) eine erworbene Freiheit durch erfahrende Befreiung.
Die Kenntnis der autonomen Hinderniswelt aufgrund der expansiven Dynamik führt zu einer Ordnung der gefühlsmäßigen Vitalität. »In diesem Erwachen begegnet es Dingen in ihrer augenscheinlichen Autonomie, ihrer Massivität, ihrer Gewichtigkeit, ihrer Gefühlslosigkeit, ihrer Form, ihren Bewegungsmöglichkeiten.«[43] Im Kind erwacht damit das Bewußtsein des Sieges und Siegers, der dieser autonomen Hinderniswelt nicht mehr einfach hilflos gegenüber steht. Damit beginnt

2. die Phase der Freiheit in der Erfahrung des subjektiven Widerstandes. Hier sieht Buytendijk die erste Beziehung zur sittlichen Freiheit entstehen. In diesem Stadium setzt das Kind selbst Akte, es erfährt seine Existenz als Macht und die Welt als etwas, das die Mühe lohnt, als einen verhältnismäßig positiven Wert. Die Erfahrung der kind-

lichen Eigenmacht wird relativiert durch die Situation seines Vermögens. Durch die Freiheit seines Sieges erobert das Kind eine relative Freiheit. »Eine relative Freiheit annehmen ist identisch mit der Annahme der Weltwirklichkeit in ihrem Selbstwert für uns. Durch diese Annahme hat das Kind die Erfahrung eines neuen Charakters seiner Freiheit. Es fühlt sich nur frei in seiner eigenen Welt, in der Welt, die angenommen und entworfen wurde als die seine. Die Dinge in dieser Welt sind nicht mehr zufällige Hindernisse und autonome Sachen im Hinblick auf eine blinde Expansivität. Sie sind nicht mehr gänzlich der Erfassung durch die Initiative preisgegeben.«[44]

3. die Phase der Konstituierung der Wahlfreiheit auf der Basis des adaptiven Dynamismus. Sie ist der Vorläufer der Freiheit der Bindung. Während der expansive Dynamismus auf die Welt zugeht und blind ist für ihren Eigenwert, begegnet das Kind durch adaptive Bewegungen, d. h. durch die Sensibilität der Sinne der Welt in ihren Qualitäten und Formen und damit ihren sinnlichen Werten[45]. Der adaptive Dynamismus bewirkt eine Haltung mit einer »doppelten und doppelsinnigen Neigung, sich vereinigen und Abstand zu halten«[46]. Beide Tendenzen drücken sich aus in einer Haltung der Erwartung und Aufmerksamkeit. »Diese Haltung des Zögerns ist die Disposition, welche zu den Haltungen des Erstaunens, der Bewunderung und der Ehrfurcht führt. Sie sind die natürliche Folge des adaptiven Dynamismus, und sie sind die Bedingung, die erfüllt sein muß, um das Bewußtsein der relativen Freiheit zu wecken. – Dieses ist mit Wahlfreiheit identisch, welche das Vorspiel der wirklichen Freiheit ist, der sittlichen Freiheit oder der Freiheit der Bindung (la liberté d'engagement; G. Marcel). Sie offenbart sich beim Kinde durch die Wahl und die Kenntnis der Werte, durch das Staunen und die Bewunderung, die wahre Bedeutung des ›absorbent mind‹.«[47] In dieser bewundernden Ehrfurcht geben sich die Dinge dem Kinde dar wie sie sind und veranlassen das Kind zu einer Wertung, die Grundlage der Wahlfreiheit ist.

4. die Phase der Freiheit der Bindung. Sie entspringt der Haltung »der Bewunderung und der Ehrfurcht, in welcher die sittliche Freiheit entsteht, in der Form einer Annahme der Verpflichtung, die durch die konkrete Eigenwelt des Kindes gestellt wird«[48]. In dieser Begegnung mit der Welt stellt sich das Bewertete als eine verpflichtende Wirklichkeit dar. Das Kind wird angerufen und es kann und muß nun antworten. »Nur die verpflichtenden Situationen können die Sittlichkeit erwecken. Aber eine Situation kann nur verpflichtenden Charakter haben für solch ein Wesen, das schon im Prinzp ein normatives Bewußtsein besitzt.«[49]

Die Umwandlung der primitiven, d. h. ungeordnet gelebten Freiheit in eine sittliche Freiheit wird gefördert durch die Erfahrung der Verpflichtung gegen die ganze Wirklichkeit seiner Umgebung.

Hinsichtlich der pädagogischen Relevanz dieser Entwicklung des Freiheitsbewußtseins beim Kinde ist es nach Ansicht Buytendijks

»eine der wichtigsten Entdeckungen Montessoris, Situationen von einer höchst verpflichtenden Art erfunden zu haben. Durch diese pädagogische Methode hängt die Entwicklung der sittlichen Freiheit nicht mehr von den individuellen Anordnungen des Lehrers ab, sondern sie ist einer Welt anvertraut, die sich dem Kinde als eine konkrete darstellt. – Die Entdeckung von Montessori beruht auf dem vollen Vertrauen in den Wert und die Intelligibilität der Wirklichkeit. Diese Wirklichkeit appelliert an den spontanen Dynamismus des Kindes.«[50]

2.1.4.2 Der Aspekt der Sozialisation läßt sich erhellen an E. H. Eriksons Untersuchung der psycho-sozialen Entwicklung des Menschen.

Eriksons Arbeiten dürfen ebenfalls zur Grundlagen-Literatur der Sozialisationsforschung gerechnet werden, da letztere seine beiden wichtigsten Forschungsperspektiven (die Frage nach den Wurzeln des Ich in der Gesellschaft und das Problem der Identität) aufgegriffen hat. Die Frage nach der Beziehung des Ich zur Gesellschaft erfolgt unter psychoanalytischem und ethnologischem, d. h. kulturanthropologischem Gesichtspunkt.

1. Die Frage nach den Wurzeln des Ich in der Gesellschaft
Diese Frage wird behandelt auf dem Hintergrund der psycho-sozialen Entwicklung des Individuums. Eriksons neuer theoretischer Ansatz besteht in der Erweiterung der Freudschen psychosexuellen Phasen (orale, anale, genitale) durch psycho-soziale Phasen.
Eine »Relativität in der menschlichen Existenz«[51] sieht Erikson anthropologisch gesehen dadurch gegeben, daß das menschliche Wesen in jedem Augenblick Organismus, Ich und Mitglied einer Gesellschaft ist. Der im Grunde einheitliche menschliche Lebensprozeß läßt sich unter drei Einzelaspekten beobachten. Erikson spricht von drei Organisationsprinzipien, denen drei Organisationsprozesse entspringen: (1) das somatische Prinzip der Organisation: Die homöostatischen Prozesse des Organismus (das sind chemisch-physiologische Vorgänge zur Konstanzerhaltung des inneren Milieus der Zellen – biologisches Gleichgewicht) sind Gegenstand des primären physiologischen Organisationsprozesses. (2) das psychische Prinzip der Organisation: Die Organisation der Erfahrung im individuellen Ich bildet der Inhalt des sekundären Organisationsprozesses. (3) das soziale Prinzip der Organisation: die Rolle, durch die sich der soziologische Organisationsprozeß vollzieht[52].
In der Gesamtlebenssituation des Menschen verlaufen alle drei Organisationsprozesse (die aus heuristischen Gründen einzeln unter biologischem, psychologischem und soziologischem Aspekt beobachtet werden können) in ständiger Wechselwirkung und Abhängigkeit voneinander.
Die biologischen Grundlagen bespricht Erikson auf der Basis der psychoanalytischen Theorie Freuds. Dabei geht es um den zeitlichen Ablauf der libidinösen Entwicklung und um die Herstellung des Bezuges zu dem, was wir bis jetzt über das Ich und die Gesellschaft wissen.
Das »Dilemma im gesellschaftsbildenden Prozeß« wird auf Grund ethnologisch-kulturanthropologischer Beobachtung der Erziehung von Indianerkindern behandelt, »besonders soweit er die zeitlichen Abläufe der frühen Kindheit und deren Bedeutung für die Entwicklung grundlegender sozialer Modalitäten betrifft.«[53]
Die Ich-Psychologie führt Erikson durch Untersuchungen der Pathologie des Ichs und der normalen kindlichen Spielakte zur Feststellung von psycho-sozia-

len Phasen des Ich, »die sich in der Mitte zwischen körperlichen Phasen und sozialen Institutionen abspielen.«⁵⁴

Freuds Theorie der infantilen Sexualität wird von Erikson auf ihre soziologische Relevanz hin betrachtet und erweitert. Er nennt die den Freud'schen psycho-sexuellen Phasen zugrunde liegenden erogenen Körperzonen den »zonalen Aspekt« (= anatomisches Modell) und ordnet diesem den »modalen Aspekt« (= grundlegende Daseinsweise menschlicher Existenz auf Grund der Wirkung gegenseitiger Regulierung) zu⁵⁵.

Zonaler und modaler Aspekt stehen in einer inneren Beziehung zueinander. Erikson nimmt an, daß das Erleben im Grundplan des Körpers verankert ist⁵⁶. Das bedeutet seiner Auffassung nach, daß jeder erogenen Körperzone und ihrer Annäherungsweise Modalitäten sozialen Lebens entsprechen. Soziale Modalitäten entstehen also aus Wechselbeziehungen, die auf Grund der Weisen körperlicher Annäherungen ausgeprägt und institutionalisiert wurden durch die Tradition. Die Wirkung dieser gegenseitigen Regulierung drückt sich nach Erikson in den einzelnen Phasen wie folgt aus:

orale Phase: Bekommen und empfangen, nehmen und festhalten prägen soziale Modalitäten, durch die Vertrauen oder Mißtrauen begründet wird.

anale Phase: Hergeben und festhalten sind zentrale Themen im sozialen Austausch, durch den Autonomie sich konstituiert.

genitale Phase: Machen und heranmachen werden Ausdruck sozialer Annäherung und führen zur Entwicklung der Initiative⁵⁷.

Erikson sieht also die Libidoentwicklung unter dem Aspekt der Aufeinanderfolge von bedeutsamen Wechselbeziehungen und -wirkungen des Individuums mit seiner sozialen Umwelt.

Für die psycho-soziale Entwicklung des Kindes ist es von entscheidender Bedeutung, welcher soziale Modus im zeitlichen Entwicklungsablauf durch Tradition, Kultur und Erziehung in einer Gesellschaft betont verstärkt wird und so zu einer ganz bestimmten charakterlichen Ausprägung führt. Auf Grund seiner ethnologischen Beobachtungen fand Erikson die Sioux-Indianer (Jäger über der Prärie) oral fixiert und die Yurok-Indianer (Fischer am Lachsfluß) anal fixiert⁵⁸. Diese Fixierung war das Ergebnis spezifischer Erziehungsstile, die ihrerseits den Existenzbedürfnissen des jeweiligen Stammes entsprangen.

Von pädagogischer Bedeutung ist in diesem Zusammenhang die Beobachtung einer Abhängigkeit der Erziehungsstile von ganz spezifischen gesellschaftlichen Interessen und die Möglichkeit einer Zuordnung zu Stadien der Kindheitsentwicklung, die spezifische Fixierungen plausibel macht. Für Erikson ergibt sich aus seinen Untersuchungen eine pädagogische Konsequenz:

»... die Menschheit muß sich heute entscheiden, ob sie es sich leisten kann, die Ausnutzung der Kindheit als Arsenal irrationaler Ängste fortzusetzen, oder ob die Beziehung zwischen Erwachsenem und Kind – wie andere Ungleichheiten – zur Position einer Partnerschaft innerhalb einer vernünftigen Ordnung der Dinge erhoben werden kann.«⁵⁹

Hinsichtlich der Erziehung ergeben sich also zwei Forderungen: die Kindheit nicht für individuelle oder gesellschaftliche Zwecke auszunutzen und die Beziehung zwischen Kind und Erwachsenem in ein besseres Verhältnis zu bringen. Die dritte Forderung, die sich aus Eriksons Einsichten in Möglichkeiten und Gefahren der psycho-sozialen Entwicklung ergibt, bezieht sich auf die Bildung eines starken Ich durch psycho-soziale Austauschprozesse. Mit diesem starken Ich meint er

»einen individuellen Kern, der fest und elastisch genug ist, um die notwendigen Widersprüche in jeder menschlichen Organisation auszugleichen, individuelle Unterschiede zu integrieren und vor allem, um aus einer langen und unvermeidlich furchterfüllten Kindheit mit einem Gefühl der Identität und einer Vorstellung von Integrität hervorzugehen.«[60]

Damit wird Eriksons zweite Forschungsperspektive berührt:

2. Das Problem der Identität

Unter dieser Fragestellung wird die Beziehung von Ich und Gesellschaft von einer anderen Seite angegangen. Entgegen der anthropologischen Grundtatsache – die Relativität in der menschlichen Existenz – wird »das individuelle Ich einmal als scheinbarer Maßstab aller sozialen Dinge« genommen, der somatischen wie der sozialen und zwar »vom formlosen Anfang bis zu der formulierten Bewußtheit seiner selbst.«[61]

Mit der einschränkenden Bemerkung, das individuelle Ich als scheinbaren Maßstab zu nehmen bringt Erikson die Schwierigkeiten einer isolierten Betrachtung der Ich-Entwicklung zum Ausdruck angesichts der wachsenden Erkenntnis, »daß ein Kind und selbst ein Säugling – vielleicht sogar schon der Fötus – auf höchst sensible Weise das Milieu reflektieren, in welchem sie aufwachsen.«[62] Diese Schwierigkeit spiegelt sich in der Untersuchung der Ich-Entwicklung unter dem Aspekt der Identität. Unter dem Gesichtspunkt des Ineinandergreifens der psychosexuellen und psychosozialen Entwicklung besteht nach Erikson die Funktion des Ich darin, beide Aspekte einer bestimmten Phase »zu integrieren und zu gleicher Zeit die Verbindung der neu erworbenen Identitätselemente mit der schon bestehenden herzustellen.«[63]

Der Begriff Identität meint eine wechselseitige Beziehung: ein dauerndes inneres Sich-Selbst-Gleichsein und ein dauerndes Teilhaben an bestimmten gruppenspezifischen Charakterzügen[64]. Identität wird also sozial-anthropologisch verstanden auf dem erkennbaren Hintergrund einer funktional denkenden Sozialisationstheorie.

Hinsichtlich der Ich-Identität (im Sinne des Sich-Selbst-Gleichseins) wird gesagt, daß sie sich aus einer stufenweisen Integration aller Identifikationen entwickelt. Diese Identität ist mehr als die Summe der Kindheitsidentifikationen. »Jene endgültige Identität also, die am Ende der Adoleszenz ersteht, ist jeder einzelnen Identifikation mit den Beziehungspersonen der Vergangenheit durchaus übergeordnet; sie schließt wohl alle wichtigen Identifikationen ein, aber verändert sie auch, um aus ihnen ein einzigartiges und einigermaßen zusammenhängendes Ganzes zu machen.«[65] Diese Ich-Identität berührt gleichzeitig die soziale Realität insofern sie eine fortlaufende Integration der kindlichen Identifikationen darstellt.

Das wird besonders deutlich unter dem genetischen Aspekt. Der Prozeß der Identitätsbildung zeigt sich hier »als eine sich entfaltende Konfiguration, die im Laufe der Kindheit durch sukzessive Ich-Synthesen und Umkristallisierungen allmählich aufgebaut wird; es ist eine Konfiguration, in die nacheinander die konstitutionellen Anlagen, die Eigentümlichkeiten libidinöser Bedürfnisse, bevorzugte Fähigkeiten, bedeutsame Identifikationen, wirkungsvolle Abwehrmechanismen, erfolgreiche Sublimierungen und sich verwirklichende Rollen integriert worden sind«[66].

Die sich entfaltende Konfiguration durch Ich-Synthesen impliziert die soziale Realität. Das wird deutlich an Eriksons psycho-sozialem Entwicklungsschema für den Identitätsprozeß.

Durch drei Mechanismen entwickelt das Kind seine Identität im Umgang mit der Identität von Modellpersonen:

- Introjektion und Projektion legen den Grund für Identifikationen. Ihre Integration hängt ab von einer befriedigenden Beziehung zwischen dem betreuenden Erwachsenen und dem betreuten Kind. Allein auf der Basis dieser Gegenseitigkeit gewinnt das Kind »den sicheren Pol des Selbstgefühls von dem aus es zu dem anderen Pol, den ersten Liebes-›Objekten‹ hinüberreichen kann«[67].
- Kindheitsidentifikationen setzen ein befriedigendes Wechselspiel mit einer bekannten und sinnvollen Hierarchie von Rollen in der Familie voraus. Das Schicksal dieser Identifikationen hängt ab von der Qualität der gelebten Rollen.
- Die Identitätsbildung beginnt dort, wo »die Brauchbarkeit der Identifikationen endet. Sie entsteht dadurch, daß die Kindheitsidentifikationen teils aufgegeben, teils einander angeglichen und in einer neuen Konfiguration absorbiert werden. Dieser Prozeß hängt dann davon ab, wie eine Gesellschaft (oft mittels Untergesellschaften) den jungen Menschen identifiziert, indem sie ihn als jemanden annimmt und anerkennt, der so werden mußte, wie er ist«[68].

Erikson zeichnet hier die Entstehung eines Ich, das mit sich identisch, also »fest« ist. An dieser Entstehung eines festen Ich erweist sich die Sozialumgebung des Kindes elementar beteiligt. Die Ich-Synthesen verweisen jedoch auf eine kreative Fähigkeit des Ich zu Konfigurationen, bei denen es nicht zwingend an erlebte soziale Realitäten gebunden sein dürfte. Die allmählich entstehende Ich-Identität gilt Erikson als

»das einzige Bollwerk gegen die Anarchie der Triebe wie gegen die Autokratie des Gewissens, d. h. der grausamen Gewissensstrenge, die der innere Rest eines früheren, unausgeglichenen Kräfteverhältnisses von Kind und Eltern ist«[69].

Hier wird unter sozialisationstheoretischem Aspekt pädagogisch relevant die Aussage, daß auf dem Wege der Ich-Identität der Zirkel sozialer Selbstreproduktionen unterbrochen werden kann.

Der zweite Hinweis auf eine kreative Fähigkeit des Ich liegt in der Forderung nach einem »elastischen Ich«[70]. Hier greift Erikson auf einen anthropogenen Faktor in der biologischen Grundausstattung des Menschen zurück: seine Anpassungsanlage. Sie gehört zu den Dimensionen menschlicher Ökologie als Fähigkeit zu nie ruhender natürlicher, geschichtlicher und technologischer Neuanpassung. Diese so genannte biologische Anpassung des Menschen spielt sich in Lebenszyklen ab, die in die veränderliche Geschichte seiner Gesellschaft eingebettet sind[71].

Am Ende dieser Ausführungen über Eriksons psycho-soziale Entwicklungsphasen und deren Ziel der Bildung eines festen und elastischen Ich, durch das der Mensch mit sich und seiner Gruppe identisch wird bzw. Widersprüche aushalten und integrieren kann, läßt sich wiederum auf die Strukturiertheit solcher Entwicklungsvorgänge durch sich einander bedingende und fordernde Emanzipations- und Sozialisationsprozesse verweisen. Ihnen gegenüber zeichnet sich auch die positive oder negative Funktion der Erziehung ab durch ihre unreflektierte oder reflektierte Abhängigkeit von individuellen und gesellschaftlichen Interessen. Die Möglichkeit des Durchbrechens von Sozialisationszirkeln durch die Förderung einer elastischen Ich-Identität wird ebenfalls erkennbar.

Emanzipations- und Sozialisationsprozesse strukturieren die Entwicklung der Ich-Identität, die im Hinblick auf die gesellschaftliche Entstehung und Verflochtenheit des Individuums zugleich eines festen und elastischen Charakters bedarf. Durch Ich-Synthesen werden die Ergebnisse aus den kontrapunktisch verlaufenden Emanzipations- und Sozialisationsprozessen kreativ konfiguriert, d. h. die zunehmende Identität wird strukturiert. Diese Konfiguration hat einen dynamischen Charakter. Sie kann aufgrund der Elastizität des Ich modifiziert werden.

In diesem Zusammenhang taucht nun die Frage auf, was mit der von Erikson angenommenen Elastizität möglicherweise gemeint sein kann. Einen Hinweis dürfte sein Rückgriff auf die biologische Grundausstattung des Menschen, seine Anpassungsanlage, enthalten. Damit tritt eine weitere anthropologische Gegebenheit ins Blickfeld.

2.1.5 Den anthropogenen Faktor der biologischen Anpassung des Menschen in seiner elastisch-synthetisierenden Funktion hat J. Piaget unter dem Aspekt der Entwicklung menschlicher Intelligenz gründlich untersucht. Seine Ergebnisse dürften hinsichtlich der Frage nach der Synthese von Emanzipations- und Sozialisationsvorgängen einen Weg weisen.

In seiner Untersuchung über das Wesen der Intelligenz befaßt sich Piaget mit dem Verhältnis von Intelligenz und biologischer Anpassung. Er zieht dabei insbesondere die Erkenntnisse der französischen Verhaltenspsychologie, der Gestalttheorie der Berliner Schule sowie der Embryologie zu Rate.

Biologisch betrachtet, bezieht sich die Anpassung auf die Wechsel- oder Austauschbeziehungen zwischen einem lebendigen Organismus und seiner Umwelt. Sie hat in diesem Zusammenhang eine zentrale existentielle Bedeutung für das Lebewesen.

Im biologischen Anpassungsprozeß geht es um die Erhaltung oder Wiederherstellung des Gleichgewichts zwischen Organismus und Umwelt. Diesen Anpassungsvorgang definiert Piaget als Intelligenz.

»Als beweglichste und gleichzeitig dauerhafteste Gleichgewichtsstruktur des Verhaltens ist die Intelligenz ein System von lebendigen und aktiven Operationen. Sie ist die höchste Form der geistigen Anpassung an die Umwelt...«[72]

Die Anpassung wird definiert als »ein Gleichgewicht zwischen den Wirkungen des Organismus auf die Umwelt und den Wirkungen der Umwelt auf den Organismus«[73]. Dabei wird die Tätigkeit und die Wirkung des Subjekts auf die Umwelt als Assimilation und die umgekehrte Wirkung als Akkomodation bezeichnet.

»Man kann also nun die Anpassung als ein Gleichgewicht zwischen der Assimilation und der Akkomodation definieren, was nichts anderes bedeutet als ein Gleichgewicht der Austauschprozesse zwischen Subjekt und Umwelt.«[74]

Piaget geht bei seiner Betrachtung der Wechselwirkung zwischen einem mit Intelligenz ausgestatteten Organismus und seiner Umgebung von der doppelten Natur des intelligenten Verhaltens aus: der biologischen und der logischen.

Intelligentes Verhalten als Wiederherstellung des Gleichgewichts (= Anpassung) in diesem Austauschprozeß hat nach ihm einen affektiven und kognitiven Aspekt. Damit erfaßt er einerseits die Dimension der Energetik, die das Verhalten antreibt, andererseits die der Intentionalität, die Ziel- und Wertgerichtetheit des Verhaltens. Das Gefühl bestimmt das Verhalten, indem es die für das Handeln notwendigen Energien liefert, während das Erkennen ihnen eine Struktur (= Ordnungsgefüge) gibt.

Intelligentes Verhalten im Sinne einer Anpassung, die der Erhaltung oder Wiederherstellung des Gleichgewichts zwischen Organismus und Umwelt dient, umfaßt also nach Piaget alle Funktionsbereiche eines mit schöpferischer Intelligenz ausgestatteten Organismus, also den affektiven, kognitiven und sozialen Bereich[75]. Intelligenz als eine Form der Anpassung wird verstanden als »beweglichste und gleichzeitig dauerhafteste Gleichgewichtsstruktur des Verhaltens«. Die affektive, kognitive und soziale Anpassung des menschlichen Individuums besteht in der Wiederherstellung eines organischen, affektiven, kognitiven oder sozialen Gleichgewichts auf Grund von »Störungen«. Diese Anpassung erfolgt durch energetische und logische Operationen, die sich auf die Bewältigung der Wirkungen des Organismus auf die Umwelt (Assimilation) und der Wirkungen der Umwelt auf den Organismus (Akkomodation) beziehen. Sie stellen in der Verarbeitung durch Assimilation und Akkomodation sowie der Synthetisierung ihrer Ergebnisse die Bewirkung des Gleichgewichts dar.

Intelligenz als Gleichgewichtsform ist ein Ziel, zu dem alle senso-motorischen, vorstellungsmäßigen und sozialen Funktionen hinstreben[76]. Sie ist nach Piaget aufgrund ihrer biologischen Einbettung formschöpfend. »... von diesem Standpunkt aus sind die Assimilationsschemata, die die Entwicklung der Intelligenz bestimmen, den ›Organisatoren‹ vergleichbar, die in der Entwicklung des Embryos wirksam sind.«[77]

Assimilationsschemata sind bereits entwickelte Verhaltensstrukturen, in die nachfolgend entwickelte Strukturen durch aktive Mitwirkung des Subjekts assimiliert, d. h. nach biologischer Analogie »einverleibt« werden. So sieht Piaget z. B. in der Sozialisierung des Individuums »eine Strukturierung, zu der das Individuum ebensoviel beiträgt wie es erhält«[78].

Der Sozialisationsprozeß zeigt also assimilierende und akkomodierende Verlaufsformen mit einer synthetisierenden Tendenz. Auf solche Weise formschöpfend, d. h. konfigurierend, erweist sich der Sozialisationsvortrag als Entwicklung intelligenten Verhaltens im inter-individuellen Bereich durch dialektische Rhythmen emanzipatorischer und sozialisatorischer Tendenzen.

Intelligenz als eine Form der Anpassung gilt Piaget als eine allmählich sich entwickelnde Gleichgewichtsform von zugleich dauerhafter und beweglicher Struktur. Die menschliche Anpassungsanlage läßt sich also verstehen als die Fähigkeit zur Entwicklung eines intelligenten Verhaltens im Bereich affektiver, kognitiver und sozialer Funktionen. Dieses zugleich dauerhaft feste und elastische Verhalten läßt Neuanpassungen zu. Sie sind Ausdruck einer weltoffenen Daseinsform, die auf Grund bereits entworfener Einstellungen und Verhaltensweisen Modifizierungen und Umorientierungen vornehmen kann.

2.2 Die Frage nach den sozial-strukturellen Gegebenheiten in Interaktionssituationen – soziologische Dimension

Aus soziologischer Perspektive hat L. Krappmann auf der Basis überwiegend amerikanischer sozialisationstheoretischer und sozialpsychologischer Untersuchungen Interaktionsprozesse analysiert.

Bei ausdrücklicher Betonung des soziologischen Untersuchungsaspektes wird auch in dieser Dimension die sozial-anthropologische Verflochtenheit der Fragestellung deutlich: »Aus letztlich anthropologischen Gründen können Menschen nur als Mitglieder sozialer Systeme leben und sind daher auf Interaktion angewiesen.«[79]

Die Analyse der sozialen Interaktionen geschieht mit Hilfe soziologischer Interaktionstheorien. Der Schwerpunkt liegt auf der Untersuchung der Identität als einem »Element sozialer Interaktion«[80].

Identität ist die Leistung, »die das Individuum als Bedingung der Möglichkeit seiner Beteiligung an Kommunikations- und Interaktionsprozessen zu erbringen hat«[81]. Diese Identität ist eine Leistung, die aus den strukturellen Erfordernissen des Interaktionsprozesses hervorgeht. Sie wird von Krappmann einerseits ausdrücklich nicht verstanden als innerpsychisches Organisationsprinzip im Sinne einer »anthropologischen Naturkonstante«[82], andererseits jedoch den strukturellen Elementen der Interaktionsprozesse zugerechnet[83].

Soziale Identität (im Gegensatz zur persönlichen Identität im Sinne einer Ich-Identität) geht »aus der Auseinandersetzung mit sozialen Erwartungen aufgrund ›eigener‹ Erwartungen hervor«[84]. Auch die eigenen Bedürfnisse sind durch die durchlaufenen Sozialisationsprozesse bereits sozial überformt. Dadurch gehen sowohl über die Erwartungen der anderen als auch über die ›eigenen‹ Erwartungen, die das soziale System bestimmenden Erwartungen als konstitutive Bestandteile in die Identitätsbildung ein.

Soziale Identität ist nach Krappmann das Ergebnis fortwährender Auseinandersetzungen mit eigenen und fremden Erwartungen in Interaktionsprozessen und wird deshalb dynamisch verstanden. Den Theorien stabiler Identitätsbildungen wird damit eine Auffassung von dynamischer Identität entgegengesetzt. Diese Dynamik bezieht sich sowohl auf die horizontal als auch auf die vertikal (im Längsschnitt des Zeitablaufes) aufeinander folgenden Interaktionen.

Die Dynamik sozialer Identität besteht in einem kreativen Akt balancierender Vermittlung zwischen divergierenden Normen und widersprüchlichen Erwartungen[85]. Krappmann will diese Fähigkeit zur Identitätsbalance im Sinne von spontaner und kreativer Aktivität der Interagierenden verstanden wissen als eine Folge struktureller Notwendigkeiten des Interaktionsprozesses.

»Ein spontanes und kreatives Ich wird also nicht sozialen Verhältnissen gegenübergestellt, sondern in seiner Funktion als Bestandteil diese Verhältnisse beschrieben. Es ist zweifellos etwas anderes, Spontaneität und Kreativität als autonome persönliche Kräfte der Abwehr sozialer Determinierung zu postulieren oder sie als Ich-Leistungen zu interpretieren, die der soziale Prozeß selbst für seinen Fortbestand verlangt.«[86]

Auf diese Weise wird der Versuch unternommen, »das Ich in die Gesellschaft zurückzuholen«[87].

In der balancierenden Identität geschieht nach Krappmann die kritische Interpretation widersprüchlicher Erwartungen und Anforderungen im Interaktionsprozeß sowie die damit verbundene jeweilige Neuformulierung der Identität[88]. Diese Interpretationen setzen ihrerseits bereits eine Orientierungsfähigkeit sowie einen Orientierungshorizont voraus.

Das Individuum balanciert in zwei Dimensionen: im Bereich der Ich-Identität (= persönliche Identität im Sinne der Einzigartigkeit des Individuums) und im Bereich der sozialen Identität (dem sozial-normativen Bereich der Interaktionssituationen)[89].

Die balancierende Identität wird einerseits – als eine der sozial-strukturellen Bedingungen – in ihren gesellschaftlichen Zusammenhängen analysiert.

Andererseits nennt Krappmann die kognitiven und motivationalen Bedürfnisdispositionen, die Gegenstand psychologischer Untersuchungen sind, strukturelle Elemente der Interaktionsprozesse.

Die sozial-anthropologische Verflochtenheit auch der sozialen Identität wird damit deutlich. Wenn Identitätsbalance auch als Folge oder Produkt des Sozialisationsprozesses verstanden werden kann, so muß doch notwendig eine entsprechend gerüstete psychische Instanz vorhanden sein, die im Sinne einer elastischen Anpassung (vgl. Erikson und Piaget) sich den Notwendigkeiten des Interaktionsprozesses »stellt«. Die soziale Identität – ausgedrückt in der Identitätsbalance – korrespondiert also mit der Ich-Identität. Beide gleichgewichtig heranzubilden wäre eine Aufgabe der Erziehung, die nach Krappmann eine weitere »strukturelle Bedingung für den Fortgang der in einer Gesellschaft notwendigen Interaktionsprozesse« ist[90]. Dieser geforderte Bildungsprozeß artikuliert sich in folgenden Grundqualifikationen für kommunikatives Handeln:

1. Rollendistanz. Sie ist die erste Voraussetzung für die Errichtung und Wahrung der Identität. Rollendistanz besteht darin, daß das Individuum sich Normen gegenüber trotz ihrer Internalisierung reflektierend und interpretierend verhalten und sie unter Berücksichtigung von hinzutretenden Umständen modifiziert anwenden kann[91]. Rollendistanz gilt in diesem Zusammenhang als Korrelat der Bemühung um Ich-Identität, in der durchlaufene Sozialisationsprozesse reflektiert und modifiziert bzw. korrigiert werden können.

2. Empathie. Es handelt sich um den Vorgang der Einfühlung in dem Verständnis, daß sowohl affektiv-motivationale als auch kognitive Strukturen an ihm beteiligt sind. Durch Empathie wird die Erfassung der Bedürfnisstruktur sowie der Interessenlage des Interaktionspartners ermöglicht und die Wirkung im Balanceprozeß erfaßt.

3. Ambiguitätstoleranz. Darunter läßt sich eine tolerante Haltung gegenüber soziologischen Ambivalenzen verstehen. Durch sie wird das Akzeptieren und Aushalten von Widersprüchlichkeiten und Schwankungen »in der Struktur einer Rollenbeziehung, welche von ›Normen‹ und ›Gegennormen‹ zugleich bestimmt wird, ermöglicht«[92].

4. Identitätsdarstellung und das diese Fähigkeit tragende Sprachvermögen. »Die Fähigkeit, Identität in Interaktionen einzubringen, entspricht jener Phase der Identitätsbehauptung, in der das Individuum auf der Basis zunächst übernommener Erwartungen versuchen muß, seine persönliche Ich-Identität den anderen vorzutragen. Sie wird sich vor allem zeigen, wo Normen nachgiebig genug sind, um dem Individuum Gelegenheit zu geben, seine Ich-Identität zu artikulieren.«[93]

Die Entwicklung der Fähigkeit, Identität zu repräsentieren, d. h. den Interaktionspartnern gegenüber zum Ausdruck zu bringen, hängt sehr stark von der sprachlichen Entwicklung als einem Medium der Darstellung ab.

Der vorstehende Umriß von Grundqualifikationen, die nach Krappmann für Interaktionen zu erwerben sind, verweist seinerseits zurück auf das Sozialisationsfeld, d. h. auf die sozialen Verhältnisse als den sozialstrukturellen Hintergründen der strukturellen Bedingung der Erziehung.

2.3 Die pädagogische Relevanz der festgestellten anthropogenen und soziogenen Gegebenheiten – Ansatz zu einer Theorie der Erziehung zur Mündigkeit im Spannungsfeld von Emanzipation und Sozialisation

2.3.1 Als Basis für die weiteren Überlegungen soll gewählt werden Langevelds anthropologische Fundamentalkategorie der Kreativität des Kindes im Sinne des Sich-selber-Schaffens.

Dieses Sich-selber-Schaffen (Ausdruck der Individuations- oder Emanzipationstendenz) geschieht durch Aktivitäten des Kindes auf Grund der Wechselwirkung anthropogener und soziogener Faktoren. Zu ihnen gehören spezifisch menschliche Grundausstattungen, insbesondere die Fähigkeit des Menschen, eine elastische Anpassung – im Sinne intelligenten Verhaltens – aufzubauen (Erikson, Piaget). In dieser elastischen Anpassungsfähigkeit (Intelligenz als zugleich dauerhafteste und beweglichste Gleichgewichtsform menschlichen Verhaltens) wird die Kreativität gesehen, deren Aktivität ausgelöst wird durch dingliche und soziale Realitäten. Dingliche und soziale Realitäten in ihrer Eigenständigkeit auf Grund bestimmter sie auszeichnender Merkmale werden Orientierungselemente für den Aufbau kindlichen Welt- und Menschenverständnisses.

Das Vorhandensein dinglicher und insbesondere sozialer Realität, d. h. einer Sozialumgebung, ist für die Kreation des Menschen durch das Kind existenznotwendig (Portmann, Spitz). Kreation in dem beschriebenen Sinne wird ermöglicht durch kontrapunktisch verlaufende Emanzipations- und Sozialisationsprozesse.

Die frühkindliche Sozialumgebung in Gestalt des für das Kind sorgenden Erwachsenen bietet zugleich das Modell des vom Kind zu schaffenden Erwachsenen (Langeveld). Das Kind entnimmt diesem Erwachsenenmodell (der spezifisch ausgeprägten Persönlichkeitsstruktur, die ihrerseits den Niederschlag der von ihrem Aufbau beteiligten Kulturtradition und Sozialschicht enthält) Orientierungselemente für den Aufbau menschlichen Verhaltens (Spitz, Erikson). Qualität und Quantität dieses Modelleinflusses bestimmen Richtung und Dominanz der notwendigen Beteiligung sozialer Realitäten am kindlichen Kreationsvorgang.

Modelle für Erwachsenheit bestimmen auf Grund der notwendigen Beteiligung sozialer Partner am kindlichen Kreationsvorgang durch die Qualität des Angebotes und die Quantität der aktiven Beteiligung Richtung und Dominanz der Modellorientierung des Kindes. M. a. W.: In seiner Sozialumgebung werden dem Kind soziale Modelle angeboten, die auf Grund ihres jeweiligen Grades an Qualität das Ausmaß an Orientierung für menschliches Verhalten mitbestimmen. Die Quantität, d. h. die Häufigkeit, mit der spezifische Orientierungspunkte betont und damit richtunggebend werden, bestimmen die Richtung des kindlichen Kreationsvorganges mit. Hier liegt der Bereich für pädagogische Einwirkung und Verantwortung. Qualität und Quantität der Einwirkung sowie der soziokulturelle Hintergrund, dem sie entspringen, sind zu bedenken. Diese Überlegungen müssen ausgehen von der anthropologischen Voraussetzung, daß das Kind sich selber schafft durch kontrapunktisch verlaufende Prozesse der Emanzipation und Sozialisation mit ihren Tendenzen der Verwirklichung von Ich-Identität (Erikson) und Sozial-Identität (Krappmann). In der ständigen (soziologisch verstandenen) Identitätsbalance (Krappmann) – dem Korrelat der anthropologisch verstandenen elastischen Anpassung – dürfte sich der Prozeß der Verwirklichung dynamisch verstandener Mündigkeit (Adorno) ausdrücken.

Das Kind schafft den mündigen Menschen, der sich auszeichnet durch die

Bereitschaft, sich lebenslänglich im Spannungsfeld der Dialektik von Emanzipation und Sozialisation zu bewegen. Das hat zur Voraussetzung: ständige Auseinandersetzung mit eigenen und fremden Erwartungen und Normen, also eine balancierende Identität oder eine elastische Anpassung. Mündigwerden bedeutet ein Hineinwachsen in die gegebene dialektische Spannung und sie mit Bereitschaft aufzunehmen und ein Leben lang auszuhalten. Aufgabe der Erziehung ist, dem Kinde dabei zu helfen.

Die anfängliche Hilflosigkeit sowie die existentielle Angewiesenheit des Menschen auf eine Sozialumgebung (Portmann) ruft den erwachsenen Menschen an zur Unterstützung in diesem Kreationsvorgang (Langeveld).

Die Hilfe muß sich orientieren an dem Ziel der zur intendierenden Mündigkeit als einem dynamischen Gleichgewicht von Ich- und Sozial-Identität. Das setzt ein Wissen um die gegebenen Emanzipations- und Sozialisationsprozesse sowie Einsicht in ihre Verlaufsform und Kenntnis der sie bedingenden Faktoren (wie z. B. eigene Wert- und Normvorstellungen auf Grund des sozialkulturellen Milieus und der entsprechend verlaufenen Sozialisation) voraus.

Die Tatsache, daß die eigentliche Kreation durch das Kind geschieht, fordert vom erwachsenen Beteiligten die entsprechende Abstimmung seiner eigenen Aktivität in dieser Beteiligung. M. a. W.: Das Verhältnis zwischen Kind und Erwachsenen muß sich entsprechend ändern.

Im Hinblick auf die zu intendierende dynamische Mündigkeit als dem Gleichgewicht von Ich- und Sozial-Identität muß die Modellorientierungsfunktion des Erwachsenen sowohl auf die Orientierungselemente hin – hier der Normen und Werte – als auch auf ihren Vermittlungscharakter hin – Angebot oder Forderung zur Übernahme – bedacht werden. Nur so wird eine elastische Anpassung (die Kreation des Menschen durch das Kind) ermöglicht.

2.3.2 Hinsichtlich der beiden Hauptprobleme, die sich für die erzieherische Mitwirkung ergeben: die im Erwachsenenmodell ausgeprägten und richtungweisenden Normen und Werte und die Frage nach dem Charakter ihrer Vermittlung (Angebot oder Forderung nach Übernahme) lassen sich Lösungsversuche und weiterführende Hinweise bei M. Mead und M. Montessori finden. Sie sollen im Folgenden kurz skizziert werden.

2.3.2.1 M. Mead fordert im Hinblick auf die Freigabe kindlicher Kreativität für die Schaffung eines Menschen, der den gegenwärtigen wie zukünftigen Aufgaben gewachsen ist, gleichzeitig die Durchbrechung des Sozialisationszirkels, in dem fortlaufende soziale Selbstreproduktionen auf Grund bestimmter Kulturtradierungsformen vorgenommen werden.

In ihrem Buch »Der Konflikt der Generationen« stellt M. Mead die zentrale Frage für den heranwachsenden Menschen heraus: »Welchem Gesetz soll ich mein Leben verpflichten?«[94] Es geht ihr um die Frage nach den Grundlagen der Bindung an Werte, Normen oder Verhaltensmuster und der Entscheidung für welche.

Unter kulturanthropologischem Gesichtspunkt unterscheidet M. Mead zunächst drei Kategorien von Kulturen und fragt im Anschluß daran, welche dieser drei Arten von Kulturtradition die optimalsten Bedingungen für die gegenwärtige und zukünftige Erziehung enthält. Darin steckt die Frage nach der Durchbrechung des Sozialisationszirkels mit der impliziten Frage nach der Freigabe des Autonomiestrebens.

M. Mead unterscheidet folgende drei Kategorien von Kultur:

1. die postfigurative Kultur, in der Kinder primär von ihren Vorfahren lernen. Sie beruht auf der Gegenwart von drei Generationen. Dabei stellt die Kultur der älteren Generation das durch die Kindergeneration bedingungslos zu übernehmende Orientierungs- und Verhaltensmodell dar. Die Kulturtradition beruht auf Konformität und Reproduktion und läßt keinen Raum für spontane kindliche Kreativität[95].

2. die konfigurative Kultur, in der sowohl Kinder wie Erwachsene von Ebenbürtigen lernen. In ihr leben nur zwei Generationen miteinander. Maßgebend sind zeitgenössische Verhaltensformen. Die Stärke dieser Kulturtradition liegt in der geringeren Normierung des Verhaltens der Kindergeneration, das damit für ein Hinauswachsen über die elterliche Kulturtradition offen ist. Die Schwäche liegt gleichzeitig in der damit verbundenen größeren Labilität der Orientierungshilfe durch die Verhaltensmuster der Elterngeneration sowie in dem Ausfallen der rollenkritischen Funktion des großelterlichen Generationsmusters (Rollenerfahrung)[96].

3. die präfigurative Kultur, in der Erwachsene auch von ihren Kindern lernen. Diesen Kulturstil sieht Mead auf Grund der kulturellen Wandlungen unserer Zeit im Entstehen begriffen. Die Erwachsenen tappen sozusagen im Dunkeln und bieten in ihren Verhaltensmustern keine Antwort auf die veränderte kulturelle Lage. Dadurch entsteht eine Situation, durch die die Erwachsenengeneration ihre pädagogische Funktion nicht mehr richtig erfüllen kann.

Auf Grund der komplexen Anpassungsvorgänge hält Mead die heranwachsende Generation an die veränderte Lage für bereits besser angepaßt. Sie spricht davon, daß die Erwachsenen Einwanderer in eine Zeit seien, in die die Kinder bereits hineingeboren sind und der sie deshalb näherstehen. Das Dilemma besteht nun darin, daß der Erwachsene keine den gegenwärtigen und zukünftigen Anforderungen angemessene Verhaltensmuster anzubieten hat, das Kind aber aufgrund seiner anthropologischen Situation auf die Hilfe des Erwachsenen angewiesen ist.

»Wir müssen, darauf läuft es hinaus, für uns selbst in Erfahrung bringen, wie sich das Erwachsenenverhalten so ändern läßt, daß wir postfigurative Erziehung mit ihren geduldeten konfigurativen Elementen aufgeben und neue präfigurative Lehr- und Lernmethoden entwickeln können, die die Zukunft offenhalten. Wir müssen neue Vorbilder für Erwachsene schaffen, die fähig sind, ihre Kinder nicht das Was, sondern das Wie des Lernens, nicht eine Bindung an etwas Bestimmtes, sondern den Wert einr Bindung zu lehren.«[97]

Die Jugend weist hier den Weg zu einer Umgestaltung des Denkens der Erwachsenengeneration, deren Bereitschaft zur Bildung und Wandlung vorausgesetzt werden muß. Die Entwicklung präfigurativer Kulturen, in denen Erwachsene auch vom Kinde lernen, hängt nach Mead ab von dem Zustandekommen eines kontinuierlichen Dialogs,

> »in dessen Verlauf die Jungen Eigeninitiative in vollem Umfang entfalten und den Älteren den Weg ins Unbekannte weisen können. Dadurch wird der älteren Generation der Zugang zu dem neuen Erfahrungswissen eröffnet, ohne das sinnvolle Planung unmöglich ist. Eine lebensfähige Zukunft können wir nur bauen, wenn wir die über dieses Wissen verfügenden jungen Menschen direkt beteiligen«[98].

Zu Meads Forderung, präfigurative Verhaltensmuster zu schaffen, durch die Kindern nicht eine Bindung an etwas Bestimmtes, sondern der Wert von Bindungen gelehrt wird, scheint M. Montessori bereits einen didaktischen Weg gefunden zu haben.

2.3.2.2 Die Analyse der Begriffe Anpassung, Ordnung und Gehorsam in M. Montessoris Konzeption ergibt (bei allen bestehenden Widersprüchlichkeiten) eine Grundintention: Das Kind den Wert und nicht die Inhalte der Bindungen zu lehren. Diese Bindungen werden dabei als notwendiger Pol für die zu verwirklichende Freiheit gesehen.

Die folgenden Darlegungen sind das Ergebnis von Arbeiten zum obigen Thema, die ich noch zu veröffentlichen gedenke. Aus diesem Grunde wird an dieser Stelle auf die Belegung der Aussagen mit Quellen verzichtet. Vorwegnehmend läßt sich sagen, daß die genannten drei Begriffe unter jeweils anderem Akzent sich mit der Aufgabe der Erziehung befassen, dem Kind zu einer verbindlichen Welt- und Lebensorientierung im präfigurativen Sinne zu verhelfen. In der Linie dieser Intention muß Montessoris Entwicklung des didaktischen Materials verstanden werden, durch das sie konkrete Hilfe anbietet.

2.3.2.2.1 Anpassung

Die Notwendigkeit sich anzupassen, ist – biologisch verstanden – eine anthropologische Gegebenheit, von der Montessori ausgeht. Darauf baut sie ihr Studium des Menschen sowie ihre Bildungskonzeption auf.

Anpassungsvorgänge haben eine elementare Funktion im Prozeß der Menschwerdung. Die ersten sechs Lebensjahre nennt Montessori die Anpassungsperiode. Das Kind hat die vitale Aufgabe, den Menschen an seine Umgebung anzupassen – klimatisch, geographisch, sprachlich, kulturell, sozial. An Stelle des ererbten tierischen Verhaltens hat es durch die Anpassung typische Modelle menschlichen Verhaltens zu bilden: frei in seiner Umgebung zu handeln und Einfluß auf sie zu nehmen.

Anpassungsvorgänge sind Lernvorgänge komplexer Art. Es handelt sich im Kern um den Aufbau und Ausbau der dynamisch verstandenen menschlichen Intelligenz (im Sinne der französischen Verhaltenspsychologie) durch Vorgänge der Assimilation und Akkomodation zwischen Individuum und Umgebung. Polarisation der Aufmerksamkeit nennt Montessori diese Phänomene. Die Anpassungsfähigkeit des Menschen erweist sich also als identisch mit seiner Bildsamkeit. Der Kern der Bildsamkeit wird heute in der Lernfähigkeit des Menschen gesehen.

Objekte der Anpassungsvorgänge sind der eigene Organismus, das eigene Ich sowie die umgebende Welt: Menschen und Dinge in ihr.

Die Unterstützung der Anpassung ist eine Aufgabe der Erziehung. Sie erstreckt sich auf die ganze Lebenszeit des Menschen, hat aber eine vordringliche und entscheidende Bedeutung in der kindlichen Anpassungsperiode:

1. Erziehung darf Anpassungsbedürfnisse nur unterstützen, indem sie freibleibende Angebote für Anpassungsvorgänge macht in Form der vorbereiteten Umgebung und ihrer Forderungen: Freiheit für Initiative, Wahl und Bewegung sowie Rücknahme der Aktivität des Erwachsenen, der den kindlichen Anpassungsbemühungen folgt und ihnen nicht vorschreibend vorausgeht.

2. Erziehung darf Anpassung nicht erzwingen. Erzwungene Anpassung ist eine Folge der Unterwerfung in einer kämpferischen Auseinandersetzung zwischen Kind und Erwachsenen. Sie verhindert eine echte und elastische Anpassungsfähigkeit.

3. Der zunehmende Widerstand, dem die menschliche Anpassung in den gewandelten und sich ständig wandelnden Verhältnissen heute erfährt, macht eine Anpassungshilfe zur Bewahrung und Erweiterung des inneren Gleichgewichts und Orientierungsvermögens auch für den erwachsenen Menschen notwendig.

Anpassung in dem umschriebenen Verständnis und Erziehung widersprechen einander nicht, sondern fordern sich auf Grund der anthropologischen Grundtatsache, daß der Mensch im Gegensatz zum Tier all das erlernen muß, was er zum Überleben und zu einem Leben als Mensch braucht.

2.3.2.2.2 Ordnung

Montessori unterscheidet in doppelter Weise das Verständnis von Ordnung:

1. Kind und Erwachsener unterscheiden sich in ihrem Ordnungsbegriff: Für den Erwachsenen bezieht sich die Ordnungsvorstellung auf Äußerlichkeiten. Das kindliche Ordnungsbedürfnis hat eine vitale Bedeutung im Sinne der Entwicklung einer Orientierungsfähigkeit in der Welt und steht damit im Dienste der vitalen kindlichen Anpassung.

Die Entwicklung der kindlichen Orientierungsfähigkeit, d. h. der Geordnetheit, stellt eine Seite dar im Aufbau intelligenten menschlichen Verhaltens.

2. Hinsichtlich des kindlichen Ordnungsverständnisses unterscheidet Montessori zwei Aspekte: einen inneren und einen äußeren.

Der innere Ordnungs- oder Orientierungssinn wird physiologisch verstanden: Er bezieht sich auf die Empfindung der Lokalisierung körperlicher Funktionen, durch die die grundlegende Bewegungskoordination erlernt wird. Sie ist die Grundlage für die psychisch-geistige Konzentrationsfähigkeit des Menschen überhaupt. Sie ist damit die elementare Grundlage für die Ordnung und das heißt für den Aufbau menschlicher Intelligenz und Personalität.

Der Sinn für äußere Ordnung bezieht sich nach Montessori auf die Beziehungen zwischen den Bestandteilen der Umwelt. Dadurch wird das Erfassen von Bedeutung und Zusammenhang der Umwelt, der Aufbau von Weltverständnis möglich.

Das Kind bedarf für die Entwicklung seines Ordnungsbedürfnisses einer angemessenen Hilfe. Die pädagogisch-didaktische Funktion der Ordnung besteht nach Montessori darin, daß dem Kind durch eine vorbereitete Umgebung, d. h. durch begrenzte, überschaubare und geordnete Bilder und Reize Orientierungselemente angeboten werden, die es sich selbst erarbeiten kann. Mit ihrer Hilfe wird das Kind in die Lage versetzt, sein anfängliches geistiges Chaos, das durch das unablässige Absorbieren der umgebenden Welt entsteht, zu ordnen, sich hindurchzufinden. Im Verlaufe dieses Prozesses wird das Kind unabhängiger von den Umwelteindrücken, die es zu verarbeiten lernt. Es gewinnt Selbständigkeit und Sicherheit. Montessoris Ordnungsbegriff muß also im Sinne der Entwicklung einer Welt- und Lebensorientierung verstanden werden, mit deren Hilfe der heranwachsende Mensch zunehmend unabhängiger und selbständiger wird.

Das gründliche und genaue Kennenlernen der Welt durch Orientierungselemente geschieht nach Montessori durch Vorgänge der Konzentration, in denen das Kind seine Aufmerksamkeit auf Gegenstände der realen Welt polarisiert. Graduelle Geordnetheit ist Folge solcher Konzentrationsvorgänge, in denen das Kind seine Aufmerksamkeit an wirkliche Gegenstände bindet.

In ihrem didaktischen Material bietet Montessori elementare Eigenschaften realer Dinge isoliert an. Darin wird die Welt überschaubar vorgeordnet und damit werden zentrale Orientierungselemente angeboten, die einen gangbaren Weg durch das verwirrende Chaos des kindlichen Geistes weisen.

Nach Montessori vollzieht sich die ganzheitliche Ordnung der kindlichen Persönlichkeit durch drei Faktoren:

1. Die Ordnung der willkürlichen kindlichen Bewegungen. Ihr Gegenstand ist die grundlegende Bewegungskoordination, die die Voraussetzung für inneres Gleichgewicht und Konzentrationsfähigkeit ist.

Als Hilfe hat Montessori die diversen Bewegungsübungen entwickelt. Die intendierte motorische und psychische Ordnung der kindlichen Persönlichkeit bewirkt das Entstehen des zweiten Ordnungsfaktors:

2. Die Konzentration der Aufmerksamkeit. In ihr wird die Unbeständigkeit und Flüchtigkeit des kindlichen Geistes in seinen Kontakten mit der Welt überwunden. Durch das Zustandekommen eines festen und dauerhaften Kontaktes kann die Welt Einfluß auf den kindlichen Geist nehmen. Dieser wird durch die Härte der erfahrenen Realität sozusagen gezwungen, sich mit ihr auseinanderzusetzen. Die Verarbeitung dieser Eindrücke und die Wiederherstellung des inneren Gleichgewichts zwischen Kind und Umwelt sind der zentrale Lernvorgang in diesem Prozeß, in dem sich die Intelligenz entwickelt. Entwicklung von Ordnungssinn ist hier gleichbedeutend mit lernen.

Den beiden ersten Faktoren ist ein dritter gleichzeitig zugeordnet:

3. Die Ordnung des Sozialkontaktes. Die durch Konzentrationsvorgänge zunehmend wachsende Sicherheit des Kindes in der Begegnung mit der Welt machen es auch selbständiger im Umgang mit Menschen. Die in den beiden ersten Jahren normale Nach-

ahmungsneigung geht zurück. Das Kind entwickelt ein eigenes Verhalten auf Grund der motorischen und psychischen Ordnung seiner Persönlichkeit und es vermag dadurch in Distanz zu fremdem Verhalten zu treten.

Der zunehmenden kindlichen Selbständigkeit im Sozialkontakt entspricht der Abbau von Autoritätsangewiesenheit. Die Angewiesenheit auf Bestätigung seiner Arbeitsereignisse und Ermunterung zu neuen Arbeiten durch die Autorität des Erziehers verliert sich mit zunehmendem Sicherwerden in dieser Arbeit. Damit wandelt sich die erzieherische Struktur dieses Sozialkontaktes zu einer partnerschaftlich-mitmenschlichen.

Der Ordnungsbegriff in Montessoris Konzeption läßt sich – auf eine Formel gebracht – verstehen als die pädagogisch-didaktische Perspektive des vitalen menschlichen Anpassungsvorganges in dem behandelten Sinne.

2.3.2.2.3 Gehorsam

Montessori setzt sich in ihren Überlegungen auseinander mit der Auffassung der traditionellen Pädagogik, die den Gehorsam verstanden habe als eine Forderung an das Kind, den Willen des Erwachsenen zu übernehmen. Das führte zu einer Unterwerfung des Kindes unter den Willen des Erwachsenen, zu einer erzwungenen Anpassung, die ihrer Meinung nach einer Art von Sklaverei gleichkommt. Der Erwachsene macht das eigene Wollen und Handeln zum Maßstab für das Kind. Er beurteilt die Qualität des kindlichen Verhaltens nach seiner Beziehung zu ihm selbst.

Montessori kommt zu einem differenzierteren Verständnis von Gehorsam, das sie aus einem biologischen Ansatz entwickelt.

Der Gehorsam gilt ihr als Phänomen des Lebens überhaupt: der vitale Impuls (Horme) ist die treibende Kraft, der der Mensch zunächst gehorchen muß, um überhaupt leben zu können.

Den Gehorsam in einem höheren Sinne versteht Montessori als die Sublimierung eines individuellen Willens, d. h. als umgesetzte und vergeistigte Horme. Dieser Gehorsam besteht in der entwickelten Fähigkeit, in Übereinstimmung mit dem Willen einer anderen Person zu handeln. Als Faktoren in der Entwicklung der Gehorsamsfähigkeit nennt Montessori die Übung des Willens und die Kenntnis der zu vollbringenden Tat: Einsicht und Wollen.

Die Gehorsamsfähigkeit entwickelt sich in drei Perioden:

1. In der ersten Periode lassen sich zwei Phasen unterscheiden:
a) Bis zum dritten Lebensjahr kann das Kind nicht gehorchen, wenn eine Gehorsamsanforderung mit einem vitalen Impuls kollidiert. Es gehorcht der Horme.
b) Vom dritten Lebensjahr an kann das Kind bereits gehorchen, aber es gelingt nicht immer. Seine Fähigkeit dazu ist noch labil. Fortschritte in der Gehorsamsfähigkeit sind das Ergebnis der jeweils erreichten inneren Bildungsphase.

2. Die zweite Periode ist gekennzeichnet durch die Stabilisierung der Gehorsamsfähigkeit. Das Kind kann nun gehorchen, d. h. den Willen einer anderen Person aufnehmen und dementsprechend handeln. Im pädagogischen Bereich bleibt die Gehorsams-

bildung nach Montessoris Meinung im allgemeinen in dieser Periode stecken, da sie keine höheren Anforderungen stellt.

3. In der dritten Periode steht der Gehorsam des dazu ermunterten und freigegebenen Kindes in seiner eigenen Verfügbarkeit. Das Kind kann sich frei entschließen, dem Willen eines anderen zu folgen. Diesen Gehorsam nennt Montessori eine Art Huldigung und Anerkennung der Überlegenheit des Erziehers, dessen Verantwortung damit gleichzeitig herausgefordert wird.

Die Gehorsamsforderung des Erziehers, die dem Kind gegenüber zu verantworten ist, muß sich orientieren an dem Ziel des von dem Kind zu erwartenden Gehorsams.

Nach Montessori steht der Gehorsam des Kindes – Herr seiner selbst zu sein – im Dienste der Verwirklichung des Menschseins, das sich individuell und kollektiv auf dem Weg zur Vollkommenheit befindet, die von Montessori als Fortschritt der Menschheit definiert wird. Die Aufgabe des Kindes besteht darin, selbst eine sittliche Persönlichkeit aufzubauen, d. h. ein zum Fortschritt treibendes menschliches Verhalten in sich zu entwickeln, in dem sich menschliche Freiheit verwirklicht. Diese Freiheit bedeutet für Montessori: Meister seiner selbst sein.

Eine doppelte Forderung an den Erzieher ergibt sich: zu erkennen, daß es die Aufgabe des Kindes (und nicht des Erwachsenen ist), diese sittliche Persönlichkeit in sich zu bilden, und ferner seine bisherige Haltung dem Kind gegenüber zu ändern und eine soziale Beziehung zu schaffen, die dem Kind den Aufbau seiner sittlichen Persönlichkeit ermöglicht. Der geforderte Abbau moralischer Barrieren besteht im Umdenken hinsichtlich des bisherigen Gehorsamsverständnisses und seiner Praktizierung.

Die Unterstützung der kindlichen Gehorsamsentwicklung ist ein komplexer Vorgang. Diese Unterstützung kann nur eine indirekte sein, indem die Gehorsamsfähigkeit als Voraussetzung für den eigentlichen Gehorsam differenziert und gezielt gefördert wird.

1. Die diversen Bewegungsübungen stellen über die intendierte Bewegungskoordination und Selbstbeherrschung bzw. Selbstkontrolle eine methodische Willensübung dar. Ihr Ergebnis – das Hemmen der Impulse und die Kontrolle der Handlungen – sind jene entscheidenden und elementaren Fähigkeiten für den Aufbau einer Gehorsamshaltung. Der frei tätige und aktive Wille sowie die Einschränkung sind jener dialektische Spannungsbogen, in dem Montessoris Methode sich bewegt.

2. Durch die Sinnesübungen intendiert Montessori eine auf Vernunft aufgebaute Ordnung im kindlichen Geist, die sie auch als intellektuelles Gleichgewicht bezeichnet. Durch diese Ordnung erwirbt das Kind die Grundlagen, d. h. die Orientierung für einsichtiges Verhalten und Handeln, jene Kenntnis der zu vollbringenden Tat, die neben der Willensübung der zweite Faktor der Gehorsamsübung ist.

3. Die Konzentration der Aufmerksamkeit ist der zentrale Vorgang, in dem beide Faktoren – Einsicht und Wollen – verschmelzen und die Gehorsamsfähigkeit bewirken. Aus ihr, der methodischen Konzentration, wie Montessori sie nennt, entspringt das Gleichgewicht oder die Elastizität der Anpassung, durch die das Kind – Herr

oder Meister seiner selbst geworden und fähig, über sich zu verfügen – sich in Übereinstimmung mit dem Willen anderer bringen kann, ohne dabei umzufallen, d. h. sich selbst zu entgleiten.

Die erworbene echte Gehorsamshaltung wird erkennbar als Ausdruck erreichter innerer Selbständigkeit und Freiheit, die Montessori auch als eine Art geistiger Geschicklichkeit umschreibt, die zur Voraussetzung hat ein inneres Gleichgewicht oder auch eine elastische Anpassung

3. Anmerkungen

1 Portmann, A.: Biologische Fragmente zu einer Lehre vom Menschen. ³1969. S. 158, vgl. S. 6, 23, 24, 25
2 ebd. 58
3 ebd. 89
4 vgl. ebd. 24, 99, 101
5 vgl. ebd. 86
6 vgl. ebd. 67, 104
7 Portmann, A.: Die Menschengeburt im System der Biologie. In: Das Kind in unserer Zeit. Mit Beiträgen von ... S. 15, 16
8 vgl. ders.: Biologische Fragmente. S. 100, 101
9 ebd. 33
10 vgl. Langeveld, M. J.: Kind und Jugendlicher in anthropologischer Sicht. ³1968. S. 13, 16
11 ebd. 15
12 vgl. Langeveld, M. J.: Die Schule als Weg des Kindes. ⁴1968. S. 26, vgl. 41 vgl. ders.: Studien zur Anthropologie des Kindes. ²1964. S. 1, 8
13 ders.: Kind und Jugendlicher in anthropologischer Sicht. S. 10
14 vgl. ders.: Die Schule als Weg des Kindes. S. 26
15 ders.: Kind und Jugendlicher in anthropologischer Sicht. S. 11
17 vgl. Langeveld, M. J.: Studien zur Anthropologie des Kindes. S. 79, 80, 81
18 vgl. ders.: Kind und Jugendlicher in anthropologischer Sicht. S. 5
19 ebd. 18
20 ebd.
21 vgl. ebd. 16, 17
22 vgl. ebd. 17
23 vgl. ebd. 16
24 Spitz, R. A.: Die Entstehung der ersten Objektbeziehungen. ²1960. S. 14
25 vgl. ebd.
26 vgl. Spitz, R. A.: Die Bedeutung der ersten Lebensjahre. In: Das Kind in unserer Zeit. S. 35
27 vgl. Spitz, R. A.: Die Entstehung der ersten Objektbeziehungen. S. 20 f.
28 vgl. ebd. 36
29 vgl. dazu ebd. S. 50, 55

30 Spitz, R. A.: Die Bedeutung der ersten Lebensjahre, a.a.O., S. 35
31 Spitz, R. A.: Die Entstehung der ersten Objektbeziehungen. S. 66
32 ebd.
33 vgl. Spitz, R. A.: Die Bedeutung der ersten Lebensjahre, a.a.O., S. 33, 34
34 vgl. Spitz, R. A.: Die Entstehung der ersten Objektbeziehungen. S. 20, 67 f.
35 vgl. Adorno, Th.: Erziehung zur Mündigkeit. S. 151
36 Buytendijk, F. J. J.: Gelebte Freiheit und sittliche Freiheit im Bewußtsein des Kindes. In: Montessori (Hrsg. v. Schulz-Benesch) 1970. S. 285
37 ebd. 286
38 ebd. 291
39 vgl. ebd. 288
40 ebd. 302
41 ebd. 290
42 ebd. 292
43 ebd. 293
44 ebd. 294, 295
45 vgl. ebd. 295
46 ebd. 296
47 ebd.
48 ebd. 302
49 ebd.
50 ebd. 299
51 Erikson, E. H.: Kindheit und Gesellschaft. ^{4}1971. S. 31
52 vgl. ebd. 27, 28, 29
53 ebd. 40
54 ebd. 41
55 vgl. ebd. 45, 46, 66 f.
56 vgl. ebd. 102
57 vgl. ebd. 70, 79, 84
58 vgl. ebd. 150 f. und 176 f.
59 ebd. 41; (vgl. dazu: Wachstum und Krisen der Persönlichkeit. In: Psyche 2 (1953) S. 139)
60 ebd. 181
61 ebd. 181, 182
62 Erikson, E. H.: Wachstum und Krisen der Persönlichkeit, a.a.O., S. 138
63 ders.: Das Problem der Identität. In: Psyche. X. Jahrg. 1–3 (1956/57) 129
64 vgl. ebd. 115
65 ebd. 126, vgl. 114
66 ebd. 129
67 ebd. 126
68 ebd.
69 Erikson, E. H.: Wachstum und Krisen der Persönlichkeit. A.a.O., S. 133, vgl. ders.: Das Problem der Identität. A.a.O., S. 175
70 vgl. Anm. 60
71 vgl. Erikson, E. H.: Das Problem der Identität, a.a.O., S. 163, 164
72 Piaget, J.: Psychologie der Intelligenz. S. 10
73 ebd.

74 ebd. 11
75 vgl. Piaget, J./Inhelder, B.: Die Psychologie des Kindes. S. 158
76 vgl. ebd. 120; Piaget, J.: Psychologie der Intelligenz. S. 196
77 Piaget, J.: Psychologie der Intelligenz. S. 189
78 Piaget, J./Inhelder, B.: Die Psychologie des Kindes. S. 156
79 Krappmann, L: Soziologische Dimensionen der Identität. ²1972. S. 42
80 ebd. 24
81 ebd. 11, vgl. 207
82 vgl. ebd. 24, 11
83 vgl. ebd. 209
84 ebd. 11
85 vgl. ebd. 30, 52, 56, 70 f.
86 ebd. 68, 69
87 ebd. 11
88 vgl. ebd. 207, 208
89 vgl. ebd. 208
90 ebd. 210
91 vgl. ebd. 133, 139
92 ebd. 152
93 ebd. 169
94 Mead, M.: Der Konflikt der Generationen. S. 10
95 vgl. ebd. 27 f.
96 vgl. ebd. 61 f.
97 ebd. 126, vgl. S. 97 f.
98 ebd. 128

4. Literaturangaben

Adorno, Th.: Erziehung zur Mündigkeit. In: Erziehung zur Mündigkeit. Frankfurt: Suhrkamp 1970. S. 140–155
Buytendijk, F. J. J.: Gelebte Freiheit und sittliche Freiheit im Bewußtsein des Kindes (1952). In: Montessori. Hrsg. v. G. Schulz-Benesch. Darmstadt: Wissenschaftliche Buchgesellschaft 1970. S. 282–303 (Wege der Forschung. Bd. CC)
Erikson, E. H.: Kindheit und Gesellschaft. 4. Aufl., Stuttgart: Klett 1971
ders.: Wachstum und Krisen der Persönlichkeit. In: Psyche VII (1953/54) S. 1–31, 112–139
ders.: Das Problem der Identität. In: Psyche. X. Jahrg. 1–3 (1956/57) S. 114–176
Krappmann, L.: Soziologische Dimensionen der Identität. Strukturelle Bedingungen für die Teilnahme an Interaktionsprozessen. 2. Aufl. Stuttgart: Klett 1972
Langeveld, M. J.: Kind und Jugendlicher in anthropologischer Sicht. 3. Aufl. Heidelberg: Quelle & Meyer 1968 (Pädagogische Forschungen, 11)
ders.: Studien zur Anthropologie des Kindes. 3. Aufl. Tübingen: Niemeyer 1968 (Forschungen zur Pädagogik und Anthropologie, 1)
ders.: Die Schule als Weg des Kindes. 4. Aufl. Braunschweig: Westermann 1968
Mead, M.: Der Konflikt der Generationen. Jugend ohne Vorbild. 2. Aufl. Olten u. Freiburg: Walter 1971

Piaget, Jean: Psychologie der Intelligenz. 4. Aufl. Zürich. Stuttgart: Rascher 1972
Piaget, J./Inhelder, B.: Die Psychologie des Kindes. Olten u. Freiburg: Walter 1972
Portmann, A.: Biologische Fragmente zu einer Lehre vom Menschen. 3. Aufl., Basel, Stuttgart: Schwabe 1969
ders.: Die Menschengeburt im System der Biologie. In: Das Kind in unserer Zeit. Mit Beiträgen von... Stuttgart: Kröner 1964, S. 7–20 (Kröners Taschenausgabe, Bd. 262)

II. Untersuchungen über Identifikation und Distanz bei 16 jährigen Mädchen

1. Anlaß zur Beschäftigung mit dem Problem der Identifizierung

Anregung zur Untersuchung des Vorganges der Identifizierung gab u. a.

1.1 der Roman von Goethe »Die Wahlverwandtschaften«

In diesem Werk beschreibt Goethe den Prozeß der Identifizierung und seine Wirkungen, ohne die Bezeichnung dafür zu verwenden. Die Identifizierung wird für ihn zu einem Ausdruck der Liebe; die Liebe wiederum ist die Wurzel dieses Vorganges[1]. Charlotte und der Hauptmann erkennen Ottiliens Neigung zu Eduard daran, daß diese im Klavierspiel Eduards Mängel zu den ihrigen gemacht hat.

»So schien Ottilie... sie nur in dem Sinne eingelernt zu haben, wie jener sie begleitete. Sie hatte seine Mängel zu den ihrigen gemacht.«[2]

Auch Eduard erkennt durch einen ähnlichen Vorgang, daß Ottilie ihn liebt: Ottilie schreibt ein Schriftstück ab, das von Eduard stammt.

»Sie legte das Original und die Abschrift vor Eduard auf den Tisch... Er sah sie an, er besah die Abschrift. Die ersten Blätter waren mit der größten Sorgfalt, mit einer zarten weiblichen Hand geschrieben; dann schienen sich die Züge zu verändern, leichter und freier zu werden: aber wie erstaunt war er, als er die letzten Seiten mit den Augen überlief!... Das ist meine Hand!... besonders der Schluß war ganz, als wenn er ihn selbst geschrieben hätte.«[3]

Am stärksten verdichtet sich diese Thematik in dem Kinde, das zwar aus der Ehe zwischen Charlotte und Eduard hervorgeht, jedoch eine »doppelte Ähnlichkeit« mit den Geliebten – dem Hauptmann (Charlotte) und Ottilie (Eduard) – der Gatten zeigt.

»Den Gesichtszügen und der ganzen Form nach glich das Kind immer mehr dem Hauptmann, die Augen ließen sich immer weniger von Ottiliens Augen unterscheiden.«[4]

Der große Erfolg unserer Wirtschafts- und Verkaufswerbung führte zu weiteren Überlegungen.

1.2 Der große Erfolg der Wirtschafts- und Verkaufswerbung

Die Beobachtung der heutigen Methoden der Werbung und Reklame ergab, daß die Werbepsychologie vorwiegend mit Identifikations- und Projektionsreizen arbeitet.

»Die Verkaufswerbung benutzt die Tendenzen der Wirtschaftssubjekte zur Projektion in der gleichen Weise wie die zur Identifikation.«[5] »Wir identifizieren uns mit Einzelpersonen, die wir ... bewundern oder beneiden, und mit Gruppen, die einen sozial höheren Status haben. Die Verkaufswerbung macht sich diesen Umstand zunutze, indem sie Identifikationen provoziert.«[6]

Friedrichs führt als Beispiel für einen Identifikationsreiz eine Anzeige für Luxorseife an. Diese soll u. a. Identifikationen mit der Schönheit, dem »Glück« und dem Prestige eines Filmstars hervorrufen[7]. Die Anzeige hat folgenden Text:

»Muten Sie Ihrer Haut nicht mehr zu, was ihr schaden könnte, nehmen Sie Luxor. Sie verbürgt Reinheit und Milde, wie zarte Haut sie braucht. Das haben 9 von 10 Hollywood-Stars und Filmschauspielerinnen in aller Welt schon entdeckt. Darum bleiben sie, obgleich sie sich eine viel teurere Seife leisten könnten, bei der reinen, weißen Luxor. Wie beliebt diese Schönheitsseife ist, beweist am allerbesten ihr neuer Preis. Denn je mehr Luxortoilettenseife verlangt wird, desto preiswerter kann das einzelne Stück natürlich sein.«[8]

Neben diesem Text war eine Filmschauspielerin abgebildet. Friedrichs deutet das Inserat folgendermaßen:

»Diese Anzeige richtet sich an Frauen. ... Die Behauptung, nahezu alle Filmschauspielerinnen gebrauchen Luxor, soll bei weiblichen Wirtschaftssubjekten folgende Identifikation auslösen: ›Wenn ich Luxor gebrauche, handeln Filmstar genau so wie ich‹. ... Die Identifikation wird nicht nur auf das einem Filmstar adäquate Handeln beschränkt, sondern noch weitergetrieben: ›Filmstars sind schön durch Luxorseife – Wenn ich Luxor gebrauche, sind die Filmstars so schön wie ich‹.«[9]

Das genannte Beispiel wurde zur Illustration gewählt, weil Friedrichs daran den Sachverhalt der Identifizierung gut erklärt. Psychologisch ist jedoch nicht klar unterschieden zwischen Identifikation und Projektion. Mit seiner Definition scheint Friedrichs mehr einen Projektionsreiz zu meinen. Es müßte wohl richtiger heißen: »Wenn ich Luxor gebrauche, handele ich wie Filmstars« oder »Wenn ich Luxor gebrauche, bin ich so schön wie die Filmstars«.

1.3 Der Einfluß der Filmstars

Der große Einfluß, den Filmstars heute auf breite Schichten der Jugendlichen haben, lenkte ebenfalls die Aufmerksamkeit auf das Phänomen der Identifizierung. Man findet oft Mädchen und Jungen, die deutlich erkennbar einen ganz bestimmten Star kopieren.

»Wir begegnen im Kino nicht einem Du, sondern finden zumeist uns selbst in den Schatten auf der Leinwand wieder.«[10] »Film und Fernsehen machen nicht nur Bilder vor, sie machen zugleich Vorbilder, sie beeinflussen ... Die bekannte Tatsache der Identifizierung, der Einsfühlung mit dem Filmvorbild, ist für die Entwicklungsjahre besonders charakteristisch.«[11]

Gebärde und Bewegung, die Wahl der Kleidung und Frisur oder der Zigarettenmarke sind oft nur äußere Symptome dieses Identifizierungsvorganges. Beer weist daraufhin, daß bei häufigem und hingegebenem Kinobesuch sich »innere Umwertungsprozesse« vollziehen[12]. Das Bild bekommt eine existentielle Verbindlichkeit, »eine normative, gebietende Kraft«[13].

Die genannten Beobachtungen führten zu der Frage, ob die pädagogische Psychologie dem Phänomen der Identifizierung genügend Aufmerksamkeit zuwendet und ihre Bedeutung für die Entwicklung des Menschen genügend kennt.

2. Literatur zum Thema Identifizierung

Bei dem Studium psychologischer, philosophischer und pädagogischer Literatur tauchte wiederholt der Sachverhalt der Identifizierung auf.

2.1 Literatur, in der die Identifizierung der Sache nach behandelt wird

2.1.1 Augustinus sucht nach psychologischen Hilfen für die Unterweisung der Katechumenen. Er erkennt dabei die Bedeutung der Verbundenheit des Lehrers mit den Herzen seiner Schüler:

»Denn so groß ist die Gemütsbewegung eines teilnehmenden Herzens, daß wir, indem jene durch unsere Reden, wir aber durch ihr Lernen gerührt werden, gleichsam eines im anderen wohnen und daß jene das, was sie hören, gleichsam in uns sprechen, während wir das, was wir lehren, gewissermaßen in ihnen lernen.«[14]

2.1.2 Lavater behandelt in seinen physiognomischen Studien den Vorgang der Identifizierung.

»So wie die Gebärden unserer Freunde und Hausgenossen oft in unsere eigenen Gebärden übergehen, so auch die Mienen! Alles, was wir lieben, vereinigen wir gewissermaßen mit uns selbst; und was uns, im Kreise unserer Geliebtheit, nicht in sich verwandelt, das verwandeln wir soviel möglich in uns selbst.«[15]

Die Verähnlichung einer Physiognomie mit einer anderen (gegenwärtigen oder eingebildeten) Physiognomie wird durch das Gefühl bewirkt.

»... und unser Gesicht scheint ein Tableau zu sein von charakteristischen Zügen aller Dinge, die wir sehr lieben oder hassen.«[16] »Die Einbildungskraft wirkt auf unsere eigene Physiognomie. Sie verähnlicht unsere Physiognomie einigermaßen dem geliebten oder gehaßten Bilde, das uns lebendig, als nahe gegenwärtig vorschwebt... Lebhaftes Bild wirkt oft mehr als die Gegenwart selbst. Wir können uns oft leichter ans

Bild heften, und gleichsam mehr mit dem Bilde identifizieren, als mit dem geliebtesten Gegenstande.«[17] »Von der äußersten Wichtigkeit wär's, diese Einflüsse einer Physiognomie auf die andere, dies Übergehen eines Geistes in den anderen zu studieren.«[18]

2.1.3 Pestalozzi findet den Vorgang der Identifizierung durch das Wesen seiner Lehrart.

»Es geht ganz von dem Naturverhältnis aus, das zwischen dem Unmündigen und seiner Mutter stattthat.«[19] »Ich frage mich also: Wie komme ich dahin, Menschen zu lieben, Menschen zu trauen, Menschen zu danken, Menschen zu gehorsamen? – Wie kommen die Gefühle, auf denen Menschenliebe, Menschendank und Menschenvertrauen wesentlich ruhen, und die Fertigkeiten, durch welche sich der menschliche Gehorsam bildet, in meine Natur? – und ich finde, daß sie hauptsächlich von dem Verhältnis ausgehen, das zwischen dem Kinde und seiner Mutter stattthat.«[20]

Im Anschluß an diese Feststellung führt Pestalozzi nun im einzelnen aus, daß die Liebe der Mutter das Kind zum Lieben bewegt; ihre Treue und Verläßlichkeit in allen Bedürfnissen des Kindes und ihr Vertrauen zur Umgebung begründet sein Vertrauen:

»Es lächelt der Gestalt seiner Mutter, es lächelt der Menschengestalt; wer der Mutter lieb ist, der ist ihm auch lieb, wer der Mutter in die Arme fällt, dem fällt es auch in die Arme; wen die Mutter küßt, den küßt es auch.«[21]

Für Pestalozzi ist

»das erste Entkeimen der Liebe, des Dankes, des Vertrauens und Gehorsams eine bloße Folge des Zusammentreffens instinktartiger Gefühle zwischen Mutter und Kind«[22].

2.1.4 Spranger geht von der Annahme aus, »die jugendliche Erotik sei die Wurzel alles Idealisierens überhaupt«[23]. Diese jugendliche Erotik reift durch drei aufeinander aufbauende Beziehungen: Einfühlung – Verstehen – Sympathie. Im Zusammenhang mit dieser Arbeit interessiert besonders, was Spranger von der »Einfühlung in den Rhythmus, die Form und die totale Beseeltheit der Erscheinung«[24] sagt:

»Einfühlung ist ... ein ästhetischer Akt: Mitschwingen eines (hineingeschauten) Seelischen, eines Seelenrhythmus mit einer (lebendigen oder in der Phantasie belebten) sichtbar-anschaulichen Erscheinung.«[25]

Diesen Prozeß wendet er bei der Darstellung der »sittlichen Entwicklung des Jugendlichen« konkret an:

»Der Suchende und seiner selbst noch nicht Gewisse andererseits fühlt sich in den Reiferen empor: er wird, wenn dieser wirklich sein Idealmensch ist, für lange Zeit von ihm innerlich abhängig. Mit seinen Augen sieht er die Welt; ihn bildet er im kleinen wie im großen, bewußt und unbewußt in seinem ganzen Wesen nach. Das kann bis in leibliche Züge hineingehen: Kopfhaltung, Gang, Mienenspiel, Sprechweise.«[26] »Durch zeitweiliges Aufgehen in einer solchen Natur gewinnt man selbst Maß und Form.«[27]

2.2 Literatur, in der ausdrücklich der Vorgang der Identifizierung behandelt wird

2.2.1 Scheler verwendet den Begriff Identifizierung gleichbedeutend mit Einsfühlung und Verschmelzung[28]. Es ist charakteristisch für ihn, daß er für die Auseinandersetzung mit dem Problem der Identifizierung die Bezeichnung Einsfühlung wählt. »Letzte Wurzel aller Einsfühlung ist und bleibt der Eros.«[29]

»Echte Einsfühlung (resp. Einssetzung) des eigenen mit einem fremden individuellen Ich«

besteht darin, daß

»das fremde Ich geradezu (in allen seinen Grundhaltungen) mit dem eigenen Ich identifiziert wird... Hier ist die Identifikation ebenso unwillkürlich wie unbewußt.«[30]

Scheler sieht in der Einsfühlung die »phänomenale Ichdistanz« aufgehoben[31]. Drei Kriterien kennzeichnen die Einsfühlung:
a) ihr unterwachbewußter Vorgang,
b) ihr automatisches (unfreies) Erfolgen,
c) ihre subjektive und objektive Beschlossenheit in der Sphäre des Vitalbewußtseins[32].

Dem »Orte« der Einsfühlung widmet Scheler ein besonderes Interesse. Er findet ihn in der Vitalsphäre, in der Mitte zwischen dem Leibbewußtsein (Ort der Organempfindungen) und dem noetisch-geistigen Personsein (dem Personzentrum). Dieses Zwischenreich zwischen personalem Geist und Leib-Körper nennt der Autor auch das Vitalbewußtsein oder Vitalzentraum[33].

»Geistige Liebe zeigte nichts von Einsfühlung, Identifizierung, Verschmelzung.«[34]

Sie beruht ja auf der Ichdistanz. Trotzdem steht die Einsfühlung in Beziehung zu den geistigen Gefühlen: sie fundiert diese.

»Sowohl in der Ordnung der (zeitlosen) Fundierung der Funktionen als in der genetischen Entwicklungsordnung scheint mir die Einsfühlung die Nachfühlung zu ›fundieren‹.«[35] »Es ist daher ein Grundgesetz aller Gefühlsentwicklung sowohl vom Kinde zum Erwachsenen... als vom Primitiven zum Zivilisierten, daß wir im unentwickelteren Zustande noch Einsfühlung finden, wo wir in entwickelteren Zuständen Nachfühlung finden.«[36]

Nachfühlen, Mitgefühl und darüber hinaus jedes geistige Verstehen bauen auf der Fähigkeit zur Einsfühlung auf, eine Fähigkeit, die konstitutiv zu jedem Lebewesen gehört[37]. In diesem Zusammenhang unterscheidet Scheler eine

»*unspezifizierte Einsfühlung* für die Erfassung *jedes* Lebewesens« sowie »die Fähigkeit zu

spezifisierter Einsfühlung in die spezifizierte dynamische Gestalt eines fremden Lebensdranges«[38]. Diesen Sachverhalt bezeichnet er auch als

Daseins- und
Soseins- (= Wesens- und Gestalt-)identifizierung[39].
Mit der Daseinsidentifizierung ist die primitive Einsfühlung eines unentwikkelten Zustandes gemeint.
Wesens- und Gestaltidentifizierung (= Soseinsidentifizierung) ist ein ontischer Prozeß: ein »Werden, Umbilden und Einbilden der eigenen Personsubstanz« durch den »Akt der restlosen Einsetzung und Einsetzung der eigenen Person« für und in die andere Person, »die dann ohne weiteres auch Mit- und Nachvollzug« ihrer »realen Akte mit sich führt«. Diesen Vorgang nennt Scheler »geistig-praktische Selbstidentifizierung mit einer Person, volles Sichselbsteinsetzen für sie und in sie. Einssetzung der Personsubstanz hat Einsdenkung, Einswollung, Einsfühlung dann allererst im Gefolge – und damit Um- und Einsbildung des eigenen Selbst in Wesen und Gestalt des Meisters: eine dauernde dynamische Kette von immer neuen Gestaltreproduktionen der geistigen Gestalt des Meisters im Material der eigenen psychischen Gegebenheiten.«[40]

Selbstidentifizierung ist also ein »Einsgefühl – aber in Personliebe fundiert«;[41] es ist ein »Mit- und Nachvollziehen der geistigen Akte der Person selbst und ihrer Gesinnungshaltungen«[42].

An fremden Personen können wir nur dadurch
»wissenden Anteil gewinnen, daß wir ihre freien Akte nach- und mitvollziehen durch das, was ein armes Wort ›Gefolgschaft‹ nennt, oder durch jenes nur durch die Haltung der geistigen Liebe mögliche ›Verstehen‹, d. h. dadurch, daß wir uns mit dem Wollen, der Liebe einer Person – und dadurch mit ihr selbst – wie wir zu sagen pflegen – identifizieren«[43].

2.2.2 *Freud* nennt die Identifizierung die »früheste Äußerung einer Gefühlsbindung an eine andere Person«[44].

»Die Wirkungen der ersten, im frühesten Alter erfolgten Identifizierung werden allgemeine und nachhaltige sein.«[45]

Dagegen vermag »das erstarkte Ich sich späterhin gegen solche Identifizierungseinflüsse resistenter (zu) verhalten«[46]. Nach Freud hat die Identifizierung »einen großen Anteil an der Gestaltung des Ich« und trägt wesentlich dazu bei, »das herauszustellen, was man seinen Charakter heißt«[47].

»Die Identifizierung strebt danach, das eigene Ich ähnlich zu gestalten wie das andere zum ›Vorbild‹ genommene.«[48]

Das Ich nimmt durch diesen Vorgang die Eigenschaften des Objektes an sich, es bereichert sich mit ihnen. Freud ist ferner der Auffassung, daß »die Identifizierung eine partielle, höchst beschränkte ist«[49].

Von dem genannten Vorgang der Identifizierung unterscheidet Freud den Mechanismus der »Identifizierung aufgrund des sich in dieselbe Lage Versetzenkönnens oder Versetzenwollens«. Er meint damit eine Identifizierung durch das Symptom:

»Das eine Ich hat am anderen eine bedeutsame Analogie in einem Punkte wahrgenommen ... es bildet sich daraufhin eine Identifizierung in diesem Punkte.«[50]

Ferner hebt Freud noch den Vorgang der »Einfühlung« ab, »der den größten Teil an unserem Verständnis für das Ichfremde anderer Personen hat«[51]. Er nimmt an, daß ein Weg von der Identifizierung über die Nachahmung zur Einfühlung führt.

2.2.3 Spitz hat die Entstehung der ersten sozialen Beziehungen (= Objektbeziehungen) des Kindes untersucht. Dabei befaßt er sich mit der Identifizierung und ihrer fundamentalen Bedeutung für die Entwicklung des jungen Menschen. Spitz nennt die Identifizierung einen »affektgebundenen höheren Lernvorgang«[52], dessen Funktion darin besteht, »affektive Beziehungen im Unbewußten« zu verarbeiten und dadurch eine Ichveränderung herbeizuführen[53]. Eine Identifizierung ist nur möglich, wenn die Bildung von Objektbeziehungen vorangegangen ist[54]. Die früheste Beziehung ist die von Mutter und Kind. Die Mutter ist die Bestimmende in der Gestaltung dieser Beziehung.

»Es ist ihr anheimgegeben, die Rolle des ›guten‹ oder des ›schlechten‹ Objekts zu betonen.«[55]

Spitz weist daraufhin,

»wie wichtig der Einfluß der Mutter und der der affektiven Qualitäten, die sie dem Kinde zuführt, für die Entwicklung der Nachahmung und mehr noch der Identifizierung sein werden... Es ist das bewußte und unbewußte affektive Klima der Mutter, welches die Versuche des Kindes, ihre Tätigkeiten, Gesten, Laute und ihren Tonfall nachzuahmen, begünstigt oder hemmt«[56].

Mit diesem Vorgang vollzieht sich gleichzeitig eine charakterliche Angleichung an die Mutter, ein Prozeß, der aber auch in diesem Alter kein automatisches Kopieren darstellt. In seinen Ausführungen zeigt Spitz, daß das Kind »schrittweise einen wachsenden Grad von Gesichertheit« erwirbt, indem es sich »an die Haltung und an das affektive Klima seiner Mutter« anlehnt. Dabei sind von großer Bedeutung die Qualität, Konstanz, Gewißheit und Verläßlichkeit der mütterlichen affektiven Zuwendungen. Diese werden mehr von ihren unbewußten Einstellungen als von ihrem Verhalten bestimmt sein[57].

Spitz unterscheidet primäre und secundäre Identifizierungen. *Die primäre Identifizierung* vollzieht sich in den ersten Lebensmonaten. Für diesen Prozeß sind die taktilen Erfahrungen des Säuglings besonders wichtig. Diese elementarste Form der Identifizierung ist die des unmittelbar affektiven, physischen Kontaktes.

»Mit Hilfe dieser primären Identifizierungen und mit ihrer Überwindung durch die Entwicklung der Motorik lernt das Kind in der zweiten Hälfte des ersten Lebensjahres seine eigene Person von der der Mutter abzugrenzen und *die secundären Identifizierungen* zu bilden, durch die es von ihr unabhängig wird.«[59]

Eine besondere Aufmerksamkeit widmet Spitz der Bedeutung der Identifizierung für das Verständnis von Geboten und Verboten. Das heranwachsende kleine Kind wird in seiner Aktivität dadurch behindert, daß man ihm in manchen Dingen eine Versagung auferlegen muß. Das »Nein« der Mutter bedeutet eine affektive Versagung. Spitz nimmt an, daß das Kind zwei Affekte unterscheiden kann: »Affekt für mich« und »Affekt gegen mich«[59]. In einer Konfliktsituation kann sich das Kind nur helfen durch den Abwehrmechanismus der Identifizierung, nach Anna Freud: »Identifikation mit dem Angreifer«[60]. Identifiziert sich das Kind durch die Verneinungsgeste mit dem Angreifer, so »eignet es sich ... die Geste selbst an, zugleich mit dem Affekt ›gegen‹«[61].

»Wenn das Kind sich mit dem Liebesobjekt identifiziert, so folgt ... auf die Identifikation mit dem Angreifer ein Angriff auf die Außenwelt. Beim 15 Monate alten Kind nimmt dieser Angriff die Form des »Nein« (als Geste und später als Wort) an, welches das Kind sich vom Liebesobjekt angeeignet hat ... Es wendet das Nein gegen das Liebesobjekt an, von welchem es sich eben dieses Nein angeeignet hat.«[62]

2.2.4 Becker ist der Ansicht, daß zum »Inhalt des Begriffes der Identifizierung« auch die »Vorgänge einer verinnerlichenden Umwandlung« gehören[63]. Grundlage für diesen Prozeß ist die »Entfaltung der bestehenden Bindungsfähigkeit« sowie die »Bildung eines energetischen Beziehungsfeldes«. Den Vorgang einer verinnerlichenden Umwandlung stellt sich Becker so vor:

»Die Vorbilder, die sich in den Personen der frühesten Bindungen verkörpern und in ihren Geboten aussprechen, müssen in innere Abbilder, innere Gesetze verwandelt werden, in Idealmuster, die zur Angleichung an die Vorbilder auffordern ... Die Idealaufnahme umfaßt nicht nur die in der Erziehung vermittelten formulierten Gebote; die Identifizierungsprozesse erfassen auch das faktische Verhalten der erziehenden Personen und damit nicht nur die von ihnen propagierten, sondern auch die in ihrem Verhalten zueinander und zu dem Kinde selbst sich offenbarenden, wirksamen Muster«[64]

2.2.5 Erikson behandelt die Identifizierung in ihrer Bedeutung für die Identitätsbildung. Der Begriff Identität deutet nach Erikson einen »spezifischen Zuwachs an Persönlichkeitsreife« an, »den das menschliche Individuum am Ende seiner Adoleszenz der Fülle seiner Kindheitserfahrungen entnommen haben muß, um für die Aufgaben des Erwachsenenlebens gerüstet zu sein«[65]. Dieser Begriff schließt zwei Aspekte ein

1. »ein dauerndes inneres Sich-Selbst-Gleichsein«
2. »ein dauerndes Teilhaben an bestimmten gruppenspezifischen Charakterzügen«[66].

Von Bedeutung für eine gesunde und normale Entwicklung ist also einmal das harmonische Verhältnis der vielfachen Kindheitsidentifikationen untereinander, die wiederum zu einer ganzheitlichen Identifikation führen[67].

»Jene endgültige Identität also, die am Ende der Adoleszenz ersteht, ist jeder einzelnen Identifikation mit den Beziehungspersonen der Vergangenheit durchaus übergeordnet; sie schließt wohl alle wichtigen Identifikationen ein, aber verändert sie auch, um aus ihnen ein einzigartiges und einigermaßen zusammenhängendes Ganzes zu machen.«[68] »Der Prozeß der Adoleszenz ist jedoch nur dann wirklich abgeschlossen, wenn der einzelne junge Mensch seine Kindheitsidentifikationen einer neuen Form von Identifikation untergeordnet hat.«[69]

Von gleicher Wichtigkeit sind für Erikson die Gruppenidentifikationen, die schon durch Identifizierung mit den verschiedenen durch die Familie bereitgestellten sozialen Rollen beginnen.

»Das Schicksal der Kindheitsidentifikationen hängt wiederum davon ab, daß das Kind in ein befriedigendes Wechselspiel mit einer vertrauten und sinnvollen Hierarchie von Rollen kommt, wie sie ihm von den in der Familie zusammenlebenden Generationen vorgelebt werden.«[70]

Nach Erikson fundieren die Identifizierungen die Persönlichkeitsentfaltung und haben entscheidenden Anteil an dem Prozeß dieser Reifung. Die Identifikationen beziehen sich immer auf Teilaspekte des Menschen, »die, sei es in Wirklichkeit oder auf dem Wege der Phantasie, am stärksten auf es (ihn) einwirken«[71]. Erikson nimmt an, daß die Identitätsbildung dort beginnt,

»wo die Brauchbarkeit der Identifikationen endet[72] ... das heißt aber nicht, daß die Identitätsbildung mit der Adoleszenz beginnt oder endet: sie ist vielmehr eine lebenslange Entwicklung, die für das Individuum und seine Gesellschaft weitgehend unbewußt verläuft«[73].

In dieser Untersuchung geht es nicht um eine Auseinandersetzung mit dem Begriff der Identifikation. Wenn in den folgenden Ausführungen dieser Begriff verwendet wird, so ist damit immer die weiteste Bedeutung dieses Wortes gemeint: Übereinstimmung.

3. Fragestellung

Mit Herrn Dr. Ewert wurde überlegt, wie man mit einer experimentellen Methode an den psychischen Vorgang der Identifizierung herankommen könne. Es wurde beschlossen, 16jährige Mädchen sich einmal mit der Mutter und weiter mit dem Vater identifizieren zu lassen. Dazu wurden zwei verschiedene soziale Gruppen gewählt: Höhere Schülerinnen (= HS) und Berufsschülerinnen (= BS) aus dem Raume Mainz.

Folgende Fragen ergaben sich:
a) Stimmen die Wertungen 16jähriger Mädchen mit denen der Mutter und des Vaters überein oder besteht eine Distanz?
b) Bestehen in den sozialen Gruppen Unterschiede in dem Verhältnis der Mädchen zu ihren Eltern?

4. Methode

4.1 Im Psychologischen Institut in Mainz lag eine von Dr. Wendt zusammengestellte Wertungsskala vor. Diese wurde als Vorlage benutzt, die für diese Untersuchung geeigneten Bewertungen daraus ausgewählt und von Herrn Doktor Ewert mit weiteren Bewertungen bis auf 22 ergänzt. Hinter jeder Behauptung (= Bewertung) wurde eine Zahlreihe von 1–6 angefügt. So ergab sich ein zweiseitiger Untersuchungsbogen nach folgendem Muster:

Zur Einführung

Über die folgenden Feststellungen kann man ganz verschiedener Ansicht sein. »Richtige« oder »falsche« Antworten gibt es dabei nicht. Lesen Sie jeden Satz durch und entscheiden Sie rasch, wie Sie gefühlsmäßig dazu stehen.
Wichtig ist Ihr *erster* Eindruck!

Heutiges Datum: ....

Geburtstag: – Jahr .... Monat .... Tag ....

1. Keinem vernünftigen, normalen und anständigen Menschen würde es einfallen, einen guten Freund zu kränken.   1 2 3 4 5 6

2. Bei der derzeitigen Weltsituation lebt der kluge Mensch für das Heute und läßt das, was morgen ist, auf sich zukommen.   1 2 3 4 5 6

3. Es ist besser, etwas zu entbehren, als andere darum zu bitten.   1 2 3 4 5 6

4. Das negative Urteil anderer hält mich oft davon ab, ein Kino- oder Theaterstück anzusehen, das ich eigentlich besuchen wollte.   1 2 3 4 5 6

5. Für die Zukunft zu planen, macht nur unglücklich, weil sich unsere Pläne doch kaum verwirklichen.   1 2 3 4 5 6

6. Eine wirklich dauerhafte Freundschaft gibt es nicht; Freunde wechseln mit den Umständen.   1 2 3 4 5 6

7. Bekommt man schlechte Nachrichten, so zeigt man am besten nicht, was man fühlt und tut, als ob man sich nichts daraus machen würde.   1 2 3 4 5 6

8. Einigen Menschen, z. B. großen Künstlern und Musikern kann man es nachsehen, wenn sie keine Rücksicht auf andere nehmen, den Armen nicht helfen usw.   1 2 3 4 5 6

9. Es gibt kaum etwas Schändlicheres, als einen Menschen, der keine tiefe Liebe, Dankbarkeit und Achtung für seine Eltern empfindet.   1 2 3 4 5 6

10. Wenn ein Mensch zur Welt kommt, so ist es schon vorausbestimmt, was er einmal erreichen wird, so daß er sich am besten damit abfindet und sich nicht dagegen auflehnt.   1 2 3 4 5 6

11. Ein Mann mit Geld wird es nicht lernen, sich in guter Gesellschaft zu bewegen, wenn ihm die entsprechende Erziehung fehlt.   1 2 3 4 5 6

12. Einem älteren Manne schuldet man Achtung, ganz gleich, was für ein Mensch er ist.   1 2 3 4 5 6

13. Kein Glück bringt wahre Befriedigung, wenn einem der Gefährte fehlt.   1 2 3 4 5 6

14. Oft tue ich etwas nur, um mir zu beweisen, daß ich es kann.   1 2 3 4 5 6

15. Man sollte von einem Kinde nie etwas verlangen, ohne daß man ihm den Grund dafür sagt.   1 2 3 4 5 6

16. Ein Jugendlicher sollte in allen Lebensfragen seine Eltern um Rat bitten.   1 2 3 4 5 6

17. Jeder ist seines Glückes Schmied; die Eltern sollten sich nicht in die Berufspläne ihrer Kinder einmischen.   1 2 3 4 5 6

18. Richtige Eltern lassen es nicht zu, daß ihre Kinder Freundschaften knüpfen, von denen sie nichts wissen.   1 2 3 4 5 6

19. Über das, was junge Menschen tun und lassen, sind sie nur sich selbst Rechenschaft schuldig, weil sie auch für alle Folgen verantwortlich gemacht werden.   1 2 3 4 5 6

20. Eine richtige Familie gestaltet ihre Freizeit gemeinsam, gleichgültig wie alt die Kinder sind, die in der Familie leben.   1 2 3 4 5 6

21. Man sollte Eltern, Haus und Freundeskreis aufgeben,
wenn es das berufliche Fortkommen fördert. 1 2 3 4 5 6

22. Junge Menschen, die aus beruflichen Gründen erst sehr
spät heiraten können, sollten wenigstens einen festen
Freund haben. 1 2 3 4 5 6

4.2 Folgende Gruppen wurden untersucht:
In einer höheren Schule in Mainz
a) Die Untersekunda des neusprachlichen Gymnasiums – 19 Mädchen –
(in dieser Untersuchung U II S bezeichnet)
b) die Untersekunda der Frauenoberschule – 29 Mädchen –
(Bezeichnung: U II F)

In einer Berufsschule in Mainz
a) die Klasse der Schneiderinnen-Lehrlinge – 11 Mädchen –
(Bezeichnung: S L)
b) die Klasse der Metzgerei-Verkäuferinnen-Lehrlinge – 11 Mädchen –
(Bezeichnung: M V L)

Die erste Untersuchung in der Höheren Schule fand am 12. Juli 1961, die zweite Untersuchung am 1. September 1961 statt.

In der Berufsschule wurde die erste Erhebung am 20. Juli 1961, die zweite am 31. August 1961 vorgenommen.

4.3 Die Untersuchung war in zwei Abschnitten vorgesehen: In einem ersten Versuch wurde den Mädchen die Skala zur eigenen Bewertung vorgelegt. Das geschah im Juli 1961 vor Beginn der Sommerferien. Die zweite Untersuchung fand nach den Sommerferien Ende August 1961 statt. Den Mädchen wurde die gleiche Wertungsskala vorgelegt mit der Aufforderung, diese so zu beurteilen, wie es ihre Mutter tun würde. Diese Bitte wurde ganz selbstverständlich erfüllt. Anschließend erhielten die Schülerinnen die gleiche Skala mit der Bitte, eine Bewertung aus der Sicht des Vaters vorzunehmen. Das fanden die Mädchen durchweg schwierig.

Im Anschluß an die zweite Untersuchung wurde beiden sozialen Gruppen ein weiterer Fragebogen vorgelegt, der dazu diente, die Angstbereitschaft der untersuchten Mädchen zu testen. Bei diesem Versuch wurde die »Saarbrücker Liste«[74] verwendet (vgl. 8. Anhang).

Um einen Einblick in die soziale Lage der einzelnen Mädchen zu erhalten, wurden diese gebeten, auf einem gesonderten Bogen die nachstehend aufgeführten Fragen zu beantworten:

Beruf des Vaters: wo geboren?
                 wo beschäftigt?
                 als was?

Beruf der Mutter: wo geboren?
               Mutter berufstätig?
Lebt die Familie zusammen?
Leben die Eltern noch – Vater – Mutter?
Zahl der Geschwister:
Dein Geburtstag:
Wo geboren?
Konfession:
Beruf:

Auf Angabe der Namen wurde verzichtet; jedes Mädchen erhielt eine Nummer.

4.4 Die Bewertung der Skala (S. 15 f.) vollzog sich folgendermaßen:

Jeder der auf dem Untersuchungsbogen aufgeführten 22 Behauptungen war eine Zahlreihe von 1–6 angefügt. Die Mädchen hatten je nach dem Grad ihres Einverständnisses mit der jeweiligen Bewertung eine Zahl zu wählen und einzukreisen (z. B. 1 ② 3 4 5 6). Bei der Instruktion war darauf hingewiesen worden, daß die Zahlenreihe einen Übergang von Ja (= 1) zu Nein (= 6) darstellt. Hier sei gleich auf eine Fehlerquelle hingewiesen: Einige Mädchen beurteilten entgegengesetzt (Ja = 6; Nein = 1). Die Ursache war die für das Verständnis in diesem Alter z. T. zu komplizierte Formulierung der Behauptungen. Diese Feststellung wurde in beiden sozialen Gruppen gemacht.

Einige Mädchen wiesen darauf hin, daß Behauptung 6. und 17. je zwei verschiedene Wertungen enthalten, so daß eine eindeutige Bewertung schwierig sei.

5. *Auswertung – Ergebnisse – Versuch einer ersten Interpretation*

Zu den 22 Behauptungen der vorgelegten Skala bestanden je 6 Bewertungsmöglichkeiten. Jedes Mädchen hatte zu drei Skalen Stellung genommen. In einem ersten Auswertungsgang wurde

5.1 das Gesamtergebnis der Bewertungen

– ohne Berücksichtigung der individuellen Übereinstimmung bzw. Distanz zwischen den Mädchen und ihren Eltern – festgestellt. Tabelle I (vgl. 8. Anhang) zeigt das Ergebnis. Vertikal sind die Nummern der 22 vorgelegten Behauptungen aufgeführt, von denen hier das Gesamtergebnis der durch die Mädchen vorgenommenen Bewertungen wiedergegeben wird. Die 6 möglichen Bewertungsgrade sind horizontal vermerkt. Tabelle I zeigt in dieser Richtung das Gesamtergebnnis der differenzierten Bewertungen. Die Spalten der Wertungsgrade sind dreifach unterteilt: BK = Beurteilung durch das Kind (Mädchen); BM = Beurteilung aus der Sicht der Mutter; BV = Beurteilung aus der Sicht des Vaters.

Durch diese Unterteilung ergibt sich eine erste Gegenüberstellung der drei Urteile im Gesamtergebnis der durch die 70 Mädchen vorgenommenen Bewertungen. Es zeigen sich bereits Übereinstimmungen und Unterschiede.

Tabelle II (vgl. 8. Anhang) zeigt eine Rangskala derjenigen Bewertungen, die die höchsten Gesamtergebnisse erzielten. Dadurch wird eine gewisse Ordnung der Werte erkennbar, die für das Leben des jungen Mädchens Bedeutung haben. An erster Stelle steht die *Liebe und Dankbarkeit den Eltern gegenüber*. Tabelle II,9. zeigt einen hohen Annäherungsgrad des Werturteils der Mädchen an die ebenfalls durch die Schülerinnen beurteilte Werthaltung der Eltern (45–48–47). Auch in den übrigen Bewertungen, die diese Tabelle enthält, dominiert das Verhältnis der Mädchen zu ihren Eltern (18., 16., 21., 15.).

Den zweiten Rang in Tabelle II nimmt das Verhältnis zur Zukunft ein (II, 10.). Auch hier besteht eine hohe Übereinstimmung zwischen den drei Beurteilungen (43–42–43).

Die positive Haltung der eigenen Zukunft gegenüber – die Hoffnung – ist ein Merkmal des Jugendalters. Es »erwacht mit der für den Reifenden typischen Einstellung zur Zeit das Schicksalsgefühl der Hoffnung... Im eigentlichen Reifealter... wendet sich der Blick nach vorwärts. Je mehr die Seele die kindlichen Züge abstreift und reifere annimmt, desto mehr Leuchtkraft erhält die Zukunft als das Land der Erfüllung aller Wünsche und Sehnsüchte. Damit erwacht die Hoffnung als Form des Angemutetwerdens, ›in deren Horizont die Zukunft steht als das Feld der Verwirklichung von Bedeutungs- und Sinnwerten‹«[75].

In der positiven Haltung gegenüber der Zukunft ist wohl auch eine der Wurzeln der Idealbildung und des Idealerlebnisses zu suchen. Nach Schlesinger ist das Ideal »ein beliebiger Gegenstand, welcher in reiner Form als Wert emotional *mit der Tendenz auf seine Realisierung erlebt wird* und zwar mit Gültigkeitsdauer oder mit außergewöhnlicher Intensitätsstärke«[76]. Bei der Betrachtung der »inneren Einzelbedingungen des Idealerlebnisses« findet Schlesinger außer einem starken emotionalen Gepräge »dauerndere psychische Zustände, *zentrale Tendenzen*, tief wurzelnde Dispositionen des Subjekts«[77].

Den dritten Platz nimmt das *Verhältnis Mitmenschen und Freunden gegenüber* ein, das ebenfalls sehr positiv bewertet wird (8., 1., 21., 6.).

Der nächste Auswertungsgang diente

5.2 zur Feststellung der Übereinstimmung bzw. der Distanz

5.2.1 zwischen dem einzelnen Mädchen und seinen Eltern:

Wie bereits erwähnt, hatte jedes Mädchen dreimal (einmal aus eigener, einmal aus der Sicht der Eltern: Mutter, dann Vater) die gleiche Skala bewertet. Zu jeder der 22 Behauptungen bestanden also insgesamt 18 Möglichkeiten zu Bewertungen (6 Bewertungsgrade mal je 3 Urteile). Die durch die einzelnen

Mädchen vollzogenen Bewertungen mußten übersichtlich nebeneinander angeordnet werden, um eine Übereinstimmung bzw. Distanz feststellen zu können. Für jedes Mädchen wurde ein Auswertungsbogen angelegt, der als Muster in Tabelle III wiedergegeben ist. Die Beurteilung durch das Mädchen (= K) wurde in grün eingetragen, die Bewertung aus der Sicht der Mutter (= M) wurde rot vermerkt und die Stellungnahme aus der Sicht des Vater (= V) in blau. (Sechs Bewertungsgrade ließen eine Übereinstimmung mit beiden Eltern oder einem Elternteil sowie fünf verschiedene Distanzgrade mit beiden Eltern oder mit einem Elternteil zu.) So war es möglich, die Übereinstimmung bzw. den Distanzgrad in jeder der 22 Bewertungen in eigens dafür vorgesehene Spalten einzutragen (s. das im Muster der Tabelle III - vgl. 8. Anhang - eingetragene Beispiele - Spalte: ÜESti. = Übereinstimmung, Spalte: Dist.P. = Distanzpunkte).

Um das Gesamtergebnis der (individuell ermittelten) Übereinstimmung bzw. Distanz

5.2.2 zischen den 70 Mädchen und ihren Eltern zu errechnen, wurde für jede der 22 Behauptungen ein weiteres Auswertungsschema angelegt nach dem Muster von Tabelle IV (vgl. 8. Anhang). Das hatte außerdem den Vorteil, daß in jedem dieser 22 Schemata alle Versuchspersonen der Reihenfolge nach aufgeführt werden konnten. Die durch die Schemata nach Tabelle III ermittelten Übereinstimmungen bzw. Distanzen wurden nun in das jeweilige - für die 22 Bewertungen angelegte - Schema (Tabelle IV) übertragen. Tabelle IV zeigt ein eingetragenes Muster. Die Kreise bedeuten Übereinstimmung, die Kreuzchen Distanz. Durch Addition wurde dann das Gesamtergebnis zu jeder der 22 Behauptungen festgestellte und dieses wiederum in einer anderen Tabelle - zu einer Gesamtübersicht geordnet - wiedergegeben (s. Tabelle V - vgl. 8. Anhang -).

5.2.3 Die Gesamtergebnisse der einzelnen sozialen Gruppen (zwei Gruppen Höhere Schülerinnen und zwei Gruppen Berufsschülerinnen) wurden sodann ermittelt und einander gegenübergestellt. Das geschah durch Benutzung der angefertigten 22 Auswertungsschemata (s. Tabelle IV). Die zu den einzelnen Gruppen (VP 1 - 29: U II F; VP 30–48: U II S; VP 49–59: S L; VP 60–70 M V L) festgestellten Gesamtergebnisse wurden - nach Gruppen gesondert - in Tabellen nach dem Muster von Tabelle V (vgl. 8. Anhang) dargestellt. Aus diesen vier Gesamtdarstellungen ließ sich dann eine soziologische Gegenüberstellung anfertigen, wie sie Tabelle VI (vgl. 8. Anhang) zeigt. Darin wurden nur die Gesamtergebnisse der Übereinstimmung und Distanz eingetragen; auf eine (nach den 22 Behauptungen) spezifizierte Darstellung wurde zu Gunsten einer klaren Übersicht verzichtet. Unterschieden wurden lediglich die Distanz zur Mutter und die zum Vater sowie die Übereinstimmung mit der Mutter bzw. mit dem Vater.

Tabelle VI zeigt ein interssssantes Ergebnis: Eine Distanz den Eltern gegenüber fällt auf. Tatsächlich ist sie aber überwiegend nicht sehr groß. Bei Betrachtung des Verhältnisses der Distanzpunkte von 1–5 untereinander fällt der hohe

Anteil auf, den Distanzpunkt 1 am Gesamtergebnis aller Distanzpunkte hat: Das Gesamtergebnis der *Distanzpunkte der Mutter gegenüber* beträgt 904; davon entfallen 420 Punkte auf den Distanzgrad 1, nahezu die Hälfte aller Distanzpunkte (46,5%). Hier könnte man fragen, ob hinter der fortschreitenden Distanzierung in der Entwicklung des jungen Menschen der gleiche Vorgang steht, den Spitz bei seinen Untersuchungen über die Entwicklung des Kindes im ersten Lebensjahr findet: Das Kind erwirbt »schrittweise einen wachsenden Grad von Gesichertheit in Anlehnung an die Haltung und das affektive Klima seiner Mutter«[78]. In dem Kapitel, das dem genanten Zitat vorangeht, zeigt Spitz, daß schon im ersten Lebensjahr die Loslösung von der Mutter beginnt. Voraussetzung dafür ist eine gute und stabile affektive Beziehung zwischen Mutter und Kind. Es ist wichtig, daß die Mutter den Vorgang der Ablösung duldet und fördert. »Das ist ein Prozeß, der entscheidend durch das affektive Klima der Mutter und den Freiheitsgrad ihres Ichs bestimmt wird.«[79]

Untersucht man die *Distanzpunkte dem Vater gegenüber*, so ist der Anteil, den Distanzgrad 1 am Gesamtergebnis hat, etwas geringer: 337:879 (= 38,3%).

In einem weiteren Auswertungsvorgang wurden aus den 4 Schemata nach dem Muster von Tabelle V zwei nach den 22 Bewertungen spezifizierte soziologische Gegenüberstellungen angefertigt. Die erste Gegenüberstellung ist in Tabelle VII (vgl. 8. Anhang) wiedergegeben. Sie zeigt die Übereinstimmung bzw. Distanz im Verhältnis zur Mutter. Tabelle VIII (vgl. 8. Anhang) gibt die Übereinstimmung bzw. Distanz im Verhältnis zum Vater wieder. Anhand dieser beiden Darstellungen war es möglich, eine nach soziologischen Gruppen unterschiedene Rangordnung der höchsten Übereinstimmungs- bzw. Distanzergebnisse festzustellen (s. Tabelle IX – vgl. 8. Anhang –). Bei Vergebung der Rangplätze wurde die höchste Übereinstimmung bzw. Distanz (von 100 – bis etwa 55%) in den Gesamtergebnissen – nach den vier Gruppen und den 22 Behauptungen spezifiziert – berücksichtigt. Sodann wurden die beiden höchsten Rangplätze (sowohl der Übereinstimmung als auch der Distanzierung) durch Einkreisung hervorgehoben. Dadurch war feststellbar, welche Bewertungen den größten Anteil an Übereinstimmungen bzw. Distanzen ergaben.

Den höchsten Anteil an Ergebnissen der Übereinstimmung der einzelnen Mädchen mit ihren Eltern zeigten folgende Behauptungen (die Zahlen drücken die Anzahl der Rangplätze aus; im Höchstfall waren 8 Rangplätze zu erhalten):

	ÜESti.	Dist.
10. Wenn ein Mensch zur Welt kommt, so ist es schon vorausbestimmt, was er einmal erreichen wird, so daß er sich am besten damit abfindet und sich nicht dagegen auflehnt.	6	1
8. Einigen Menschen, z. B. großen Künstlern und Musi-	3	–

	ÜESti.	Dist.

kern kann man es nachsehen, wenn sie keine Rücksicht auf andere nehmen, den Armen nicht helfen usw..

9. Es gibt kaum etwas Schändlicheres, als einen Menschen, der keine tiefe Liebe, Dankbarkeit und Achtung für seine Eltern empfindet.	3	–
16. Ein Jugendlicher sollte in allen Lebensfragen seine Eltern um Rat bitten.	3	2

Den höchsten Anteil an Ergebnissen der Distanz ergaben die Behauptungen:

	Dist.	ÜESti.
3. Es ist besser, etwas zu entbehren, als andere darum zu bitten.	3	2
4. Das negative Urteil anderer hält mich oft davon ab, ein Kino- oder Theaterstück anzusehen, das ich eigentlich besuchen wollte.	3	–
5. Für die Zukunft zu planen, macht nur unglücklich, weil sich unsere Pläne doch nicht verwirklichen.	3	–
13. Kein Glück bringt wahre Befriedigung, wenn einem der Gefährte fehlt.	3	–

Unter den genannten Ergebnissen finden sich drei Auffälligkeiten: Punkt 10., 16. und 3. weisen einen hohen Anteil an Rangplätzen auf.

a) *Zu Bewertung 10.:*

»Wenn ein Mensch zur Welt kommt, so ist es schon vorausbestimmt, was er einmal erreichen wird, so daß er sich am besten damit abfindet und sich nicht dagegen auflehnt.«

Tabelle IX zeigt, in welcher Weise die Rangplätze der Behauptung 10. auf die vier Gruppen verteilt sind. Wie bereits erwähnt, waren 8 Rangplätze im Höchstfall zu erreichen. Tabelle IX, 10. zeigt 6 Rangplätze Übereinstimmung, die sich auf die beiden Gruppen der Höheren Schülerinnen und auf die Klasse der Metzgereiverkäuferinnenlehrlinge (Berufsschülerinnen) verteilen. Die Gruppe der Schneiderinnenlehrlinge fällt aus. Sie wiest nur einen Rangplatz Distanz auf. Dieses letzte Phänomen wird in diesem Zusammenhang noch nicht behandelt.

Die genannte Behauptung hat den größten Anteil an Rangplätzen erhalten. Man kann annehmen, daß sie daher auch eine zentrale Bedeutung im Leben des jungen Mädchens hat. Schon früher (S. 26, 29) wurde zu dem festgestellten Ergebnis einer positiven Haltung der eigenen Zukunft gegenüber Stellung genommen. Es wurde vermutet, daß darin eine der Wurzeln der Idealbildung und des Idealerlebnisses liegt. Wenn 16jährige Mädchen in dieser Werthaltung in so hohem Grade mit ihren Eltern übereinstimmen (d. h. sich mit ihnen identifizieren), so sind die Eltern auch in diesem Alter ihrer Kinder viel stärker an deren Idealbildung beteiligt, als man annehmen möchte. Wahrscheinlich sind sie mehr am Zustandekommen des Idealbildungsprozesses beteiligt, als an der Füllung des Ideals mit Inhalten.

W. Stern macht schon diese Unterscheidung zwischen Inhalt und Form der Idealbildung: Es ist

»merkwürdig, wie wenig doch dieser ständig sich wandelnde, durch äußere Einwirkung bedingte Inhalt der Idealbildung an der innerlich bedingten jugendpsychologischen Form zu ändern vermag...«[80].

So wäre der Anteil der Eltern an dieser jugendlichen Idealbildung fundamentaler und zugleich unbemerkbarer. Das trifft sich mit weiteren Ausführungen von Stern:

»Eines der interessantesten, aber bisher noch dunkelsten Probleme dieser jugendlichen Idealbildung ist die *Ursachenfrage*. Hier sind nämlich äußere und inner Faktoren des Zustandekommens unübersehbar ineinander verschränkt.
Was zunächst die äußeren Einflüsse anlangt, so ist ja der Jugendliche allerdings aus jenem vorwiegend rezeptiven Stadium, als welches die Kindheit sich darstellt, heraus; aber auch die nun sich vordrängende Spontaneität ist doch weit mehr von Rezeptivität durchsetzt, als der Jugendliche selbst ahnt. Wir sahen es ja, daß für sein Ichbewußtsein vor allem der subjektive Glaube an die eigene Selbständigkeit notwendig ist; mit diesem subjektiven Unabhängigkeitsglauben verträgt sich aber sehr wohl eine weitgehende objektive Abhängigkeit. Nur ist die Art, wie jetzt die äußeren Einflüsse sich geltend machen, in eine mehr mittelbare gewandelt. Die Stellungnahmen der Umgebung werden jetzt nicht mehr in dem Maße wie zur Kinderzeit einfach nachgesprochen und dem eigenen Überzeugungsbestand kritiklos einverleibt. Sie wirken mehr unterirdisch, beeinflussen die inneren unterbewußten Voraussetzungen des Wertens und Denkens, aus denen dann, wie »aus eigenem«, die Stellungnahmen des Jugendlichen entspringen.«[81]

Für den hohen Identifizierungsgrad in Punkt 10. bietet sich im Anschluß an Schmëing noch eine andere Erklärung an:

»Ferner können wir ... annehmen, daß sich Ideale zwar von ihrer personalen Bindung lösen, aber in abstrakter Form, als Lebensgrundsätze, weiter eine Rolle spielen. Sie sind als solche nicht mehr auf eine andere Person bezogen, sondern in die eigene Persönlichkeit hineingenommen. Damit kann sogar, unter Zerfall des Personideals, eine Steigerung der allgemein geistig-idealen Haltung erfolgen, gerade deshalb, weil der junge Mensch nunmehr aus eigenen selbständigen Grundsätzen lebt.«[82]

In diesem Fall wird wiederum der starke Einfluß der Eltern auf die jugendliche Idealbildung ihrer Kinder sichtbar, wenn auch in der Form eines Ergebnisses einer gut geglückten Identifikation. Auch dabei ist die fundamentale Bedeutung gerade dieser Werthaltung für die Idealbildung nicht zu übersehen. Man kann aber auch fragen, ob das für diese Werthaltung zutrifft, und ob nicht gerade in dieser fundamentalen Werthaltung noch lange eine Identifikation bestehen bleiben muß. Und dies um so mehr, wenn man in Betracht zieht, was Erikson über das Schicksal der Identifikationen sagt:

»Der Prozeß der Adoleszenz ist jedoch nur dann wirklich abgeschlossen, wenn der einzelne junge Mensch seine Kindheitsidentifikationen einer neuen Form von Identifikation untergeordnet hat.«

Ferner:

»Jene endgültige Identität also, die am Ende der Adoleszenz ersteht, ist jeder einzelnen Identifikation mit den Beziehungspersonen der Vergangenheit durchaus übergeordnet; sie schließt wohl alle wichtigen Identifikationen ein, *aber verändert sie auch, um aus ihnen ein einzigartiges und einigermaßen zusammenhängendes Ganzes zu machen.*«[83]

Die Erreichung dieses Zieles »verlangt ... ein aktives Element, zumindestens also die Tendenz, die Absicht der Verwirklichung«[84]. Diese Tendenz kann nur dort sich erheben, wo die Hoffnung lebendig ist, daß man etwas erreichen, d. h. einen bestehenden Zustand verändern kann. Um diese Tendenz, die Hoffnung, lebendig zu erhalten, bedarf es vielleicht noch lange der Identifizierung der Jugendlichen mit ihren Eltern in diesem Punkte. Dann wären aber die Eltern in einer ganz entscheidenden aktiven und zugleich unmerkbaren Weise an der Idealbildung ihrer heranwachsenden Kinder beteiligt, auf die nicht verzichtet werden könnte. Nur die Art und Weise ihrer Beteiligung hätte sich geändert. *Anmerkung:* Tabelle II zeigt unter Behauptung 10. eine bejahende Übereinstimmung zwischen den Mädchen und ihren Eltern, d. h. die Mädchen stimmen in ihrer *positiven* Einstellung zur Zukunft mit ihren Eltern überein. Die Übersicht auf S. 36 ist aus Tabelle IX gewonnen. Sie gibt lediglich die Zahl an Rangplätzen der Übereinstimmung wieder. Bei der Feststellung der Übereinstimmung wurde nicht unterschieden, ob es sich um eine bejahende oder verneinende Übereinstimmung in der Bewertung der einzelnen Behauptungen handelt. Diese Unterscheidung ist auch für die vorstehende Interpretation nicht wichtig. Es ging darum, aufzuzeigen, *daß* die Eltern am Idealbildungsprozeß ihrer Kinder beteiligt sind. Diese Beteiligung ist von fundamentaler Art. Sie kann positiv oder negativ geschehen, d. h. die Eltern können durch den Identifizierungsvorgang diesen Prozeß fördern oder hemmen.

b) *Behauptung 16.:*

»Ein Jugendlicher sollte in allen Lebensfragen seine Eltern um Rat bitten.«

Diese Behauptung zeigt zwei Rangplätze Distanz, die auf die Gruppen der Höheren Schülerinnen verteilt sind. Die drei Rangplätze der Übereinstimmung mit den Eltern finden sich in den beiden Gruppen der Berufschülerinnen, also bei jenen Mädchen, die durch die Berufssituation gerade äußerlich unabhängiger von ihren Eltern sind. Auf dieses Phänomen sei hier nur hingewiesen; es wird später noch aufgegriffen.

c) *Zu Bewertung 3.:*

»Es ist besser, etwas zu entbehren, als andere darum zu bitten.«

Hier finden sich 2 Rangplätze Übereinstimmung bei 3 Rangplätzen Distanz. Es entfallen auf eine Gruppe der Höheren Schülerinnen zwei Rangplätze Distanz; den dritten Rangplatz Distanz weist die Gruppe der Metzgereiverkäuferinnenlehrlinge auf, bei der sich gleichzeitig ein Rangplatz Übereinstimmung findet. Der andere Rangplatz der Übereinstimmung befindet sich in der Gruppe der Schneiderinnenlehrlinge. Hier zeigen die Berufschülerinnen wiederum die stärkere Übereinstimmung mit ihren Eltern, eine Tatsache, die schon unter b) festgestellt worden ist und zunächst nicht erwartet wird. Auch diese Interpretation muß noch zurückgestellt werden.

5.3 Ermittlung des endgültigen Ergebnisses evtl. bestehender Identifizierungen oder Distanzierungen

Die Ermittlung der endgültigen Ergebnisse geschah unter Verwendung der Tabellen VII und VIII. Durch Addition wurde das Gesamtergebnis der Identifizierungen sowie der Distanzierungen im Verhältnis der Mädchen zu ihren beiden Eltern festgestellt. Es ergab sich ein Rohwert von 1142 Punkten Übereinstimmung zu 1783 Punkten Distanz. Bei 70 Versuchspersonen beträgt der

Mittelwert

a) der Übereinstimmungsergebnisse

$$\frac{1142}{70} = 16,3$$

b) der Distanzergebnisse

$$\frac{1783}{70} = 25,5$$

Diese Ergebnisse bieten ein anderes Bild, wenn man zunächst den

5.3.1 unterschiedlichen Anteil der beiden Eltern an diesem Gesamtergebnis untersucht. Die Zahlenwerte sind aus Tabelle VII und VIII zu ersehen. (Für die Feststellung des Mittelwertes der Übereinstimmung bzw. Distanz im Verhältnis zum Vater ist $N = 65$; 5 Mädchen kannten ihren Vater überhaupt nicht und waren dadurch nicht in der Lage, aus der Sicht des Vaters eine Bewertung vorzunehmen.)

Verhältnis zur Mutter:		Verhältnis zum Vater:	
Übereinstim. 612	Mittelwert 8,7	Übereinstim. 530	Mittelwert 8,2
Distanz 903	Mittelwert 12,9	Distanz 880	Mittelwert 13,5

(s. auch die graphische Darstellung: Tabelle X – vgl. 8. Anhang –)

Weitere Unterschiede zeigen sich, wenn man das Verhältnis der Mädchen zu Vater und Mutter

5.2.2 in beiden Hauptgruppen
(Höhere Schülerinnen und Berufschülerinnen) einander gegenübestellt. Die Zahlwerte sind ebenfalls aus den Tabellen VII und VIII genommen.

	Höhere Schüler.			Berufschüler.			
	Mutter		Vater		Mutter		Vater
Übereinstimmung	380	7,9	356	7,6*[1]	232	10,5	174	9.7*[2]
Distanz	674	14,0	676	14,4	229	10,4	204	11,3

(s. auch graphische Darstellung: Tabelle X – vgl. 8. Anhang –)

Es zeigt sich bereits ein erheblicher Unterschied in der Identifizierung bzw. Distanzierung der Mädchen in diesen beiden sozialen Gruppen. Bei den Berufschülerinnen ist der Mittelwert der Identifizierungsergebnisse mit der Mutter sogar noch ein wenig höher als der Mittelwert der Distanzierung (10,5 : 10,4).

Das Ergebnis wird noch genauer, wenn man

5.3.3 die vier Gruppen einander gegenüberstellt.

	Mutter:		Vater:	
I. Höhere Schule:				
1. Untersek. Frauenoberschule				
Übereinstimmung:	230	7,9	219	7,8*[3]
Distanz:	407	14,0	397	14,2*[4]

---

*[1] N = statt 48 nur 47, ein Mädchen kannte seinen Vater nicht.
*[2] N = statt 22 nur 18, vier Mädchen kannten ihren Vater nicht.
*[3] + *[4] N = 28 statt 29, ein Mädchen hat seinen Vater nicht gekannt.

	Mutter:		Vater:	
2. Untersek. neuspr. Gymnasium				
Übereinstimmung:	150	7,9	137	7,2
Distanz:	267	14,1	279	14,7
II. Berufsschule:				
1. Schneiderinnenlehrlinge				
Übereinstimmung:	118	10,7	68	9,7*5)
Distanz:	106	9,6	74	10,6*6)
2. Metzgereiverkäufer.Lehrl.				
Übereinstimmung:	114	10,4	106	9,6
Distanz:	123	11,2	130	11,7

(s. graphische Darstellung: Tabelle X – vgl. 8. Anhang –)

Aus der Übersicht ergeben sich Unterschiede zwischen den beiden Hauptgruppen. *In der Gruppe der Höheren Schülerinnen* zeigen die beiden Untersekunden eine hohe Übereinstimmung, und zwar im Verhältnis zur Mutter eine fast totale: 7,9 : 7,9 Übereinstimmung; 14,0 : 14,1 Distanz. Im Verhältnis zum Vater ist die Übereinstimmung annäherend erreicht: 7,8 : 7,2 Übereinstimmung; 14,2 : 14,7 Distanz.

Die Gruppe der Berufschülerinnen zeigt im Verhältnis der beiden Klassen zueinander stärkere Variationen: In ihrem Verhältnis zur Mutter: 10,7 : 10,4 Übereinstimmung; 9,6 : 11,2 Distanz; in ihrem Verhältnis zum Vater: 9,7 : 9,6 Übereinstimmung; 10,6 : 11,8 Distanz. Wie schon früher fällt in dieser Gruppe die Klasse der Schneiderinnenlehrlinge besonders auf. In ihrem Verhältnis zur Mutter überwiegt die Identifzierung die Distanzierung (10,7 : 9,6). Aber auch die Klasse der Metzgereiverkäuferinnenlehrlinge zeigt im Ergebnis einen hohen Annäherungsgrad zwischen Identifizierung und Distanzierung der Mädchen im Verhältnis zur Mutter (10,4 : 11,2).

Betrachtet man dagegen das Verhältnis der beiden Untersekunden der Höheren Schülerinnen, so fällt ein starkes Überwiegen der Distanzierung der Mutter gegenüber auf (7,9 : 7,9 Übereinstimmung; 14,0 : 14,1 Distanz).

Auf *die unterschiedlichen Ergebnis im Verhältnis der beiden sozialen Hauptgruppen zueinander* ist nun noch näher einzugehen. Dabei wird der Durchschnittswert für beide Gruppen zugrundegelegt.

---

*5 + *6 N = 7 statt 11, vier Mädchen kannten den Vater nicht.

Höhere Schülerinnen im Verhältnis zur Mutter: 7,9 ÜESti.: 14,0 Dis.
zum Vater: 7,6 ÜESti.: 14,4 Dis.

Berufsschülerinnen im Verhältnis zur Mutter: 10,5 ÜESti.: 10,4 Dis.
zum Vater: 9,7 ÜESti.: 11,3 Dis.

Die vorstehenden Ergebnisse überraschen zunächst, wenn man von der äußeren Situation der Mädchen beider Hauptgruppen ausgeht: Die Höheren Schülerinnen befinden sich durch ihre Lage in einer äußeren Abhängigkeit von ihren Eltern. Die Berufsschülerinnen dagegen stehen äußerlich in einer anderen Situation ihren Eltern gegenüber. Sie verbringen den Tag außerhalb ihres Elternhauses an ihrem Arbeitsplatz, wohnen vielleicht nicht einmal mehr zu Hause und sind auch durch die Erziehungsbeihilfe, die ihnen als Lehrlingen gegeben wird, in finanzieller Hinsicht unabhängiger von ihren Eltern. Dennoch weisen diese Mädchen einen höheren Identifizierungsgrad auf, als dies bei den Höheren Schülerinnen der Fall ist. Bei den Letzteren überwiegt sogar stark der Distanzierungsgrad.

Nach den bisherigen jugendpsychologischen Erkenntnissen erwartet man im Alter der untersuchten Mädchen eine Distanzierung des jungen Menschen von seinen Eltern[85].

Spranger weist darauf hin, daß bei beiden Typen (der untersuchten sozialen Gruppen) Krisen auftreten, die mit dem »Verbundenheitsmoment« zusammenhängen. Von den beiden Gruppen, den Höheren Schülerinnen und den Berufsschülerinnen, sagt er: »Bei den einen ist es die Krisis des Losstrebens, bei den anderen die Krisis des Losgelöstseins.«[86]

Betrachtet man *die Situation der Höheren Schülerinnen*, von denen Spranger sagt, daß sie eine *Krisis des Losstrebens* durchmachen, so fällt auf, daß sie – zumindestens äußerlich – noch in einer größeren Gesicherheit und Geborgenheit leben. Infolge ihrer Schülerinnensituation erfahren diese Mädchen länger die konkrete Sorge ihrer Eltern für sie; außerdem verbringen sie noch mehr Zeit im Elternhause, als dies bei den Berufsschülerinnen der Fall ist. Aus der äußerlich spürbaren, stärkeren Bindung an die Eltern strebt das Mädchen heraus; es wird es aber wohl nur dann wagen, sich zu distanzieren, wenn und weil es sich noch gehalten weiß von seinen Eltern. Das Untersuchungsergebnis zeigt tatsächlich bei den Höheren Schülerinnen eine größere Distanziertheit, die den beiden Eltern gegenüber fast gleich groß ist (Mutter 7,9 : 14,0; Vater 7,6 : 14,4). In Wirklichkeit ist diese Distanz aber überwiegend nicht sehr groß.

Von der *Gruppe der Berufsschülerinnen* sagt Spranger, daß sie sich in einer *Krisis des Losgelöstseins* befinden. Diese Mädchen wurden durch die Berufssituation schon früh äußerlich selbständig gemacht. Sie sind – wenn überhaupt – nur noch wenige Stunden am Tage im Elternhaus. Außerdem erfahren sie die konkrete Sorge ihrer Eltern für sie nicht mehr in dem Maße, wie dies bei den Höheren Schülerinnen der Fall ist. Durch die frühe Berufstätigkeit der Mädchen hat wahrscheinlich das Verhältnis zu ihren Eltern unbewußte Störungen erlitten, die den Ablösungsprozeß hemmten. Nur so erklärt sich der hohe Identifizierungsgrad dieser Mädchen, der besonders im Verhältnis zur Mutter sehr auffällig ist und einen Mittelwert von 10,5 Übereinstimmung zu 10,4 Distanz aufweist. (Vater: 9,7 : 11,3). Vermutlich ist die Mutter-Kind-Beziehung gestört worden zu einem Zeitpunkt, da sie noch eine größere Rolle spielte. In dieser Mutter-Kind-Beziehung hat wahrscheinlich der unmittelbare, häufigere Kontakt zwischen Mutter und Kind noch lange eine Bedeutung. Pestalozzi ist der Auffassung, daß der große Einfluß der Mutter durch ihr Leben sich vollzieht,

»es ist ihr Leben selber ... Dieses Leben ... ist vom Morgen bis an den Abend nichts anderes, als tatsächlicher Ausdruck ihrer Sorgfalt und Liebe für ihre Kinder. Sie lernen wesentlich dadurch, daß sie besorgt werden und sich selber besorgen müssen«[87].

Ein häufigeres Zusammensein mit der Mutter ist notwendig, um an ihrem Leben teilzunehmen. Wird diese Verbindung mit der Mutter zu früh für längere Zeit unterbunden, wie das die Berufstätigkeit mit sich bringt, so muß das zu Störungen im Verhältnis zwischen Mutter und Kind führen. Aufgrund einiger Untersuchungsergebnisse dieser Arbeit wurden bereits früher Überlegungen angestellt über die Art und Weise sowie den Grad der Distanzierung. Diese Überlegungen führten u. a. zu der Annahme, daß eine gute und stabile Mutter-Kind-Beziehung Voraussetzung ist für die Ablösung und das Selbständigwerden des Kindes. Das Ergebnis der Untersuchung hat aber gezeigt, daß die Berufsschülerinnen noch nicht den Distanzierungsgrad (und damit Selbständigkeitsgrad) erreicht haben, der bei den Höheren Schülerinnen gefunden worden ist. Diese Feststellung legt die Vermutung nahe, daß das Entlassungsalter aus der Volksschule zu früh angesetzt ist. Die mit 14 Jahren einsetzende Berufstätigkeit stört wahrscheinlich das Verhältnis zwischen Mtuter und Kind, das in diesem Alter noch zu dominieren scheint (Diese Vermutung müßte durch eine gleiche Untersuchung an 14jährige Mädchen geprüft werden). Da keine organische Distanzierung erfolgen konnte, scheint das Verhältnis zu den Eltern, besonders zur Mutter, fixiert zu sein. Wer ein zu frühes Losgelöstsein als Unsicherheit erlebt, dem wird das Streben nach echter Loslösung und Distanzierung erschwert.

»Überhaupt ist ja dieses Losstreben mit einer seltsamen seelischen Dialektik behaftet: Es ist eine Entwicklungsstufe. Ganz im Stillen bleibt das geheime Band des Niemals-voneinander-Loskönnens.«[88]

Das Losstreben und Selbständigwerden des jungen Menschen scheint ein Vorgang zu sein, der auf dem Wege von der Kindheit zur Jugend von außen nach innen vor sich geht. Schon die Untersuchungen von Spitz zeigen, daß die Ablösung von der Mutter mit Hilfe der Identifizierungen sich vollzieht[89]. Jede Distanzierung scheint neue Gefühlsbindungen (= Identifizierungen nach Freud) in einer anderen Tiefenschicht zu schaffen und so die nächste Stufe der Ablösung vorzubereiten. Durch diese Annahme läßt sich erklären, warum die festgestellte Distanzierung von den Eltern zusammengeht mit einem hohen Identizierungsgrad in einer einzigen Werthaltung, die so entscheidend für die weitere Entwicklung des jungen Menschen ist. Der Einfluß der Eltern hört nicht auf. Es hat sich nur eine Verlagerung in größere Tiefen vollzogen, womit die Natur dem wachsenden Selbständigkeitsbedürfnis des Jugendlichen Rechnung tragen würde. Dieses Ergebnis wird bestätigt durch die Auffälligkeit, die in der Gruppe der Berufsschülerinnen die Schneiderinnenlehrlinge zeigen: Bei ihrer allgemeinen hohen Identfizierung (Mutter: 10,7 Übereinstimmung : 9,6 Distanz; Vater: 9,7 Übereinstimmung : 10,6 Distanz) findet sich in Behauptung 10.), in der alle anderen Gruppen mit ihren Eltern übereinstimmen, eine Distanzierung der Schneiderinnenlehrlinge von ihren Eltern.

In diesem Zusammenhang ist ferner interessant, daß die Behauptung 5. (s. die Übersicht Tabelle IX) drei Rangplätze Distanz erzielte. Es äußert sich in dieser Behauptung eine pessimistische Haltung der Zukunft gegenüber. Aus Tabelle IX ist zu ersehen, daß einer dieser Rangplätze sich in der Gruppe der Höheren Schülerinnen findet, während die Gruppe der Berufsschülerinnen die übrigen beiden Rangplätze aufweist (1 Rangplatz SL; 1 Rangplatz MVL).

Der noch nicht erreichte Selbständigkeitsgrad der Berufsschülerinnen spiegelt sich ebenfalls in Tabelle IX, Behauptung 16. wider. Hier liegen die Distanzierungen auf der Seite der Höheren Schülerinnen. Die Berufsschülerinnen stimmen darin mit ihren Eltern bejahend überein, daß ein Jugendlicher in allen Lebensfragen seine Eltern um Rat bitten solle.

6. Ergebnis der Untersuchung mit der »Saarbrücker Liste«

Im Anschluß an die zweite Hauptuntersuchung nach den Sommerferien 1961 wurde den Mädchen die »Saarbrücker Liste« zur Beantwortung vorgelegt. Die Auswertung und Verwertung der Ergebnisse dieser angehängten Untersuchung gehört nicht direkt in den Rahmen dieser Arbeit. Darum werden auch nur die Endresultate wiedergegeben:

(Bei der Auswertung der »Saarbrücker Liste« wurden nur die Angst- und Lügenpunkte ausgezählt; die Korrekturpunkte sind – nach Vereinbarung mit Herrn Dr. Ewert – nicht berücksichtigt worden.)

6.1 Gesamtergebnis:

Der Mittelwert beträgt

a) für die Angstpunkte ($=A$)

$$\frac{2018}{70} = 28,8$$

b) für die Lügenpunkte ($=L$)

$$\frac{307}{70} = 4,4$$

6.2 Ergebnisse der beiden sozialen Hauptgruppen:

I. Höhere Schülerinnen:

Mittelwert für $A = \frac{1375}{48} = 28,6$

für $L = \frac{181}{48} = 3,7$

II. Berufsschülerinnen:

Mittelwert für $A = \frac{643}{22} = 29,2$

für $L = \frac{126}{22} = 5,7$

6.3 Ergebnisse der vier Gruppen:

I. Höhere Schülerinnen:

a) U II F: Mittelwert für $A = \frac{814}{29} = 28,1$

für $L = \frac{106}{29} = 3,7$

b) U II S: Mittelwert für $A = \frac{561}{19} = 29,5$

für $L = \frac{75}{19} = 3,9$

II. Berufsschülerinnen:

a) S L: Mittelwert für $A = \frac{341}{11} = 31,0$

für $L = \frac{55}{11} = 5,0$

b) M V L: Mittelwert für $A = \frac{302}{11} = 27,5$

für $L = \frac{71}{11} = 6,5$

Die Prüfung der im Psychologischen Institut in Saarbrücken konstruierten »Saarbrücker Liste« hatte bei weiblichen Versuchspersonen einen Durchschnittswert von 25,2 (= A) und 4,7 (= L) ergeben[90].

Der in dieser Untersuchung ermittelte Durchschnittswert betrug 28,8 (= A) und 4,4 (= L). Die festgestellte höhere Angstbereitschaft der untersuchten Mädchen kann u. a. altersbedingt sein.

Bei den unter 3. dargestellten Ergebnissen fällt in besonderer Weise die Gruppe der Schneiderinnenlehrlinge auf. In ihr findet sich die höchste Angstbereitschaft: M = 31,0. Vergleicht man dazu die unter c) angefertigte Übersicht, so zeigen die Schneiderinnenlehrlinge ebenfalls den höchsten Mittelwert in der Identifizierung mit ihren Eltern:

Mutter: 10.7 Übereinstimmung: 9.6 Distanz
Vater: 9.7   „   : 10.6 „

Es erhebt sich die Frage, ob die festgestellte hohe Angstbereitschaft mit der nicht organisch erfolgten Ablösung zusammenhängt. Diese Annahme scheint widerlegt durch die Tatsache, daß die Gruppe der Metzgereiverkäuferinnen den niedrigsten Mittelwert aufweist: 27,5 (= A). Wie die Übersicht zeigt, sind die Mädchen dieser Gruppe ebenfalls nicht sehr distanziert von ihren Eltern:

Mutter: 10.4 Übereinstimmung: 11.2 Distanz,
Vater: 9.6   „   : 11.7 „

Auffällig ist in dieser Gruppe der hohe Durchschnittswert für L = 6,5. Die im Verhältnis zu den übrigen drei Gruppen festgestellte niedrigere Angstbereitschaft hängt wahrscheinlich mit der Eigenart (bzw. bereits mit der Wahl) der beruflichen Tätigkeit zusammen: Metzgereiverkäuferinnen! Die Direktorin der kaufmännischen Berufsschule erwähnte in einem Gespräch über die untersuchten Klassen, daß die Metzgereiverkäuferinnen die »Draufgänger« in der Schule seien.

7. Zusammenfassung

Zwei Fragen waren an das Experiment gerichtet (s. 3. Fragestellung):
a) Stimmen die Wertungen 16jähriger Mädchen mit denen der Mutter und des Vaters überein oder besteht eine Distanz?
b) Bestehen in den sozialen Gruppen Unterschiede in dem Verhältnis der Mädchen zu ihren Eltern?

Bei der Zusammenfassung der Ergebnisse kann nicht eindeutig zu a) oder b) eine Antwort gegeben werden, da Überschneidungen bestehen.

Zu den beiden vorgenannten Fragen läßt sich abschließend folgendes sagen:

1. Das Gesamtergebnis zeigt einen Mittelwert von 16,3 Übereinstimmung zu 25,5 Distanz.
2. Das Verhältnis der Mädchen zum Vater ist distanzierter als das zur Mutter.
3. Stellt man die beiden Hauptgruppen (Höhere Schülerinnen und Berufsschülerinnen) einander gegenüber, so wird ersichtlich, daß die Höheren Schülerinnen stärker von ihren Eltern distanziert sind als die Berufsschülerinnen. Bei den Letzteren überwiegt im Verhältnis zur Mutter die Identifizierung die Distanzierung.
4. Auffällig ist die Gruppe der Schneiderinnenlehrlinge (Berufsschule) sowohl durch ihren hohen Mittelwert in der Übereinstimmung mit ihren Eltern (Mutter: 10,7 Übereinstimmung : 9,6 Distanz; Vater: 9,7 Übereinstimmung : 10,6 Distanz) als auch durch den hohen Durchschnittswert in ihrer Angstbereitschaft: 31,0.
5. Die geringe Distanzierung der Berufsschülerinnen von ihren Eltern (Mutter: 10,5 : 10,4; Vater: 9,7 : 11,3) kann begründet sein durch die mit 14 Jahren einsetzende Berufstätigkeit, die ein verfrühtes Losgelöstsein von den Eltern mit sich bringt. Wahrscheinlich ist das Verhältnis zu den Eltern gestört worden und auf einer früheren Altersstufe fixiert. Die Diskrepanz könnte Unsicherheit und Angst hervorrufen.
6. Bei festgestellter Distanzierung (zwei Gruppen Höhere Schülerinnen und die Gruppe der Metzgereiverkäuferinnenlehrlinge; letztere sind zwar nicht stark, aber immerhin distanziert) besteht Übereinstimmung zwischen den Mädchen und ihren Eltern in der Haltung der Zukunft gegenüber. Hier scheint der elterliche Einfluß durch den Identifizierungsvorgang noch eine entscheidende Bedeutung zu haben. Es wurde angenommen, daß der Ablösungsvorgang ein Prozeß sei, der sich auf dem Wege von der Kindheit zum Erwachsenenalter von außen nach innen vollzieht. Jede erfolgte Distanzierung schafft neue Gefühlsbindungen in größeren Tiefen.

Nach den letzten Ausführungen muß angenommen werden, *daß Identifizierung und Distanzierung in einem wechselwirkenden Verhältnis zueinander stehen und zu den Faktoren der menschlichen Entwicklung gehören.*

8. Anhang

Zur Einführung

Die in dieser Liste enthaltenen Fragestellungen beziehen sich auf Erlebnisse, Erfahrungen, Handlungsweisen, Meinungen oder Ansichten, die für einige Menschen zutreffen, für andere nicht. Wenn eine solche Festellung für Sie richtig oder im allgemeinen richtig ist, so machen Sie ein Kreuz in das linke Feld hinter der Nummer der entsprechenden Frage (über dem oben R steht). Wenn eine Feststellung für Sie falsch oder im allgemeinen nicht richtig ist, so machen Sie ein Kreuz in das rechte Antwortfeld hinter der Nummer für die betreffende Frage (über dem F steht). Beantworten Sie die Feststellungen so sorgfältig und gewissenhaft wie Sie können. Es gibt keine richtigen oder falschen Lösungen. Diese Liste beschäftigt sich nur mit der Art und Weise wie Sie arbeiten und wie Sie die Welt erleben.

Nochmals: Machen Sie ein Kreuz in das Antwortfeld, über dem oben R steht, wenn
diese Feststellung richtig ist oder wenigstens im allgemeinen für Sie zutrifft.
Machen Sie ein Kreuz in das rechte Antwortfeld hinter der Nummer der Frage, über dem oben F steht, wenn
die Feststellung falsch ist, also für Sie nicht zutrifft.

Geburtsdatum:

	R	F
1. Ich habe sehr selten Kopfschmerzen.		
2. Bei Spielen würde ich lieber gewinnen als verlieren.		
3. Es fällt mir schwer ein Gespräch anzufangen, wenn ich neuen Menschen begegne.		
4. Ich glaube, daß die meisten Leute ihr Mißgeschick übertreiben, um das Mitgefühl und die Hilfe anderer zu gewinnen.		
5. Ich habe sehr selten Streit mit Leuten aus meiner Familie gehabt.		
6. Ich mag nicht jeden leiden, den ich kenne.		
7. Ich glaube, fast jeder würde Lügen gebrauchen, um Schwierigkeiten zu vermeiden.		
8. Ich habe Geldsorgen oder geschäftliche Sorgen.		
9. Gelegentlich verschiebe ich etwas auf morgen, was ich heute tun müßte.		
10. Mich enttäuschen Menschen oft.		
11. Ich mache mir viel Sorgen über mögliche Schwierigkeiten.		
12. Es macht mich ungeduldig, wenn Leute mich um Rat fragen oder mich sonst unterbrechen, wenn ich an etwas Wichtigem arbeite.		
13. Ich erröte praktisch nie.		
14. Ich lerne gern bedeutende Menschen kennen, weil ich mich dann selbst wichtig fühle.		
15. Ich habe oft Angst, erröten zu müssen.		
16. Ich stelle oft fest, daß ich mir um irgendetwas Sorgen mache.		
17. Mein Benehmen bei Tisch ist zu Hause nicht ganz so gut, als wenn ich draußen in Gesellschaft esse.		

	R	F

18. Wenn ich verlegen bin, bricht mir oft der Schweiß aus, was sehr störend für mich ist.
19. Es fällt mir schwer, eine begonne Aufgabe beiseite zu legen, selbst wenn es nur für kurze Zeit ist.
20. Ich bemerke selten Herzklopfen bei mir und komme auch nur selten außer Atem.
21. Ich fühle mich nicht wohl dabei, wenn ich eine Gesellschaft mit Kunststücken unterhalten soll, auch wenn andere mitmachen.
22. Wenn ich ohne zu bezahlen in ein Kino kommen könnte und sicher wäre, nicht gesehen zu werden, würde ich es wahrscheinlich tun.
23. Ich habe oft mehrere Tage lang Verstopfung.
24. Manchmal habe ich Lust zu fluchen.
25. Ich lese täglich alle Leitartikel in der Zeitung.
26. Kritik oder Schimpfen verletzen mich sehr.
27. Ich habe oft das Gefühl gehabt, daß ich so vielen Schwierigkeiten gegenüberstehe, daß ich sie nicht überwinden könnte.
28. Ich werde leicht verlegen.
29. Manchmal, wenn ich mich nicht wohlfühle, bin ich schlechter Laune.
30. Ich bin leichter verletzt in meinen Gefühlen als die meisten anderen Menschen.
31. Ich denke oft: »Ich wollte, ich wäre wieder ein Kind«.
32. Oft kann ich nicht verstehen, warum ich so mißvergnügt und ärgerlich gewesen bin.
33. Ich bin gewöhnlich ruhig und nicht leicht aufzuregen.
34. Manchmal habe ich Lust zu fluchen.
35. Manchmal komme ich mir völlig nutzlos vor.
36. Manchmal ist mir danach zumute, etwas kaputtzuschlagen.
37. Meistens fühle ich mich glücklich.
38. Hin und wieder lache ich über einen schmutzigen Witz.
39. Zuweilen scheint mein Verstand langsamer als gewöhnlich zu arbeiten.
40. Manchmal bin ich so ruhelos, daß ich nicht lange auf dem Stuhl sitzen kann.
41. Die meisten Menschen würden lieber etwas unlautere Mittel zur Erreichung eines Vorteils oder eines Gewinns gebrauchen als ihn zu verlieren.

	R	F

42. Manchmal bin ich so aufgeregt, daß es mir schwerfällt, einzuschlafen.
43. Ich sage nicht immer die Wahrheit.
44. Manchmal habe ich mir unsinnig viel Sorgen über etwas gemacht, das in Wirklichkeit nicht wichtig war.
45. Ich habe oft Leute getroffen, die angeblich Fachleute waren und die nicht mehr konnten als ich.
46. Ich habe nicht so viel Ängste wie meine Bekannten.
47. Was andere von mir denken, kümmert mich nicht.
48. Ich habe mich vor Dingen oder Menschen gefürchtet, von denen ich wußte, daß sie mir keinen Schaden tun konnten.
49. Ich werde manchmal wütend.
50. Ich gehöre zu den Menschen, die alle Dinge schwer nehmen.
51. Manchmal klatsche ich gern ein wenig.
52. Ich bin ein sehr nervöser Mensch.
53. Wenn ich mit mehreren zusammen bin, fällt mir nur schwer etwas Passendes ein, über das man sprechen kann.
54. Ich werde leicht wütend und komme auch leicht darüber weg.
55. Ich muß oft dagegen ankämpfen, daß ich meine Schüchternheit nicht zeige.
56. Ich kenne Zeiten, in denen ich ohne besonderen Grund ungewöhnlich gelöst und heiter bin.
57. Manchmal jagen sich die Gedanken in meinem Kopf schneller, als ich sie aussprechen könnte.
58. Ich scheue mich, allein in ein Zimmer zu gehen, wo die Leute bereits zusammensitzen und sich unterhalten.
59. Ich stehe nicht gern Schwierigkeiten oder wichtigen Entscheidungen gegenüber.
60. Bei Wahlen gebe ich manchmal meine Stimme für Leute ab, von denen ich kaum etwas weiß.
61. Ich habe gutes Vertrauen in mir selbst.
62. Ich gehe oft auf die andere Straßenseite, um jemandem, den ich kenne, nicht begegnen zu müssen.
63. Meine schlimmsten Auseinandersetzungen habe ich mit mir selbst auszustehen.
64. Fast jeden Tag erlebe ich etwas, was mich erschreckt.

	R	F

65. Ich habe oft Schuldgefühle gehabt, wenn ich so getan habe, als ginge mir etwas mehr zu Herzen, als es in Wirklichkeit der Fall war.
66. Bevor ich zu etwas Stellung nehme, warte ich lieber, bis ich sicher bin, daß das, was ich sagen will, richtig ist.
67. Ich habe Tagträume, über die ich mit anderen Leuten nicht spreche.
68. Ich neige dazu, Enttäuschungen so schwer zu nehmen, daß ich sie mir nicht aus dem Kopf schlagen kann.
69. Ich kann mich mit einem »Nein« nicht abfinden, selbst wenn ich weiß, daß ich etwas Unmögliches verlangt habe.
70. Oft habe ich das Gefühl, daß mir alles gleichgültig ist, selbst wenn alles in bester Ordnung ist.
71. Meine Eltern (oder Pflegeeltern) waren oft uneinsichtig, wenn sie Gehorsam von mir verlangten oder mich zum Gehorsam zwangen.
72. Ich bin selten in bedrückter, unglücklicher Stimmung.
73. Als Kind habe ich Angst vor Dunkelheit gehabt.
74. Ich bin sicher, daß ich mich zusammenreißen könnte, um mit einer plötzlichen Schwierigkeit fertig zu werden.
75. Manchmal kommt mir irgendein unbedeutender Gedanke und läßt mich tagelang nicht in Ruhe.
76. Wenn jemand meine Freundlichkeit ausnutzt, ist das bei mir schnell vergeben und vergessen.
77. Es kommt mir oft vor, als wenn die Dinge nicht wirklich wären.
78. Die Art von Kritik, die manche Leute an mir üben, regt mich eher auf als daß es mir weiterhilft.
79. Gewöhnlich muß ich einen Augenblick zögern u. nachdenken, bevor ich etwas tue, sogar bei wichtigen Dingen.
80. Ich fühle mich so ruhelos, als ob ich etwas wollte und nicht weiß was.
81. Sogar wenn ich mit Leuten zusammen bin, fühle ich mich häufig einsam.
82. Ich zweifle manchmal, ob Leute, mit denen ich spreche, auch wirklich an dem interessiert sind, was ich sage.

	R	F

83. Ich habe oft das Gefühl gehabt, als ob Fremde mich kritisch ansehen.
84. Ich habe nie unklare Krankheitsgefühle gehabt (wie z. B. unerklärbare Schmerzen, Magenverstimmungen, Herzklopfen ...)
85. Es fällt mir schwer, bei einer Arbeit den Anfang zu finden.
86. Allein durch meine Verkrampftheit verbrauche ich schon mehr Kräfte als andere Leute brauchen, um eine Arbeit zu erledigen.
87. Ich grüble viel.
88. Ich mache es mir zur Regel, nicht zerstreut zu sein oder Einzelheiten nicht zu vergessen.
89. So schwer und unangenehm die Hindernisse auch sein mögen, ich halte immer durch und bleibe bei meinen ursprünglichen Absichten.
90. Ich habe immer genügend Kräfte und Energie, wenn ich einer Schwierigkeit gegenüberstehe.
91. Manchmal habe ich tagelang, wochenlang oder monatelang nichts Rechtes zustande gebracht, weil ich mich nicht aufraffen konnte.
92. Wenn ich mich in Gesellschaft falsch benommen habe, kann ich das schnell wieder vergessen.
93. Auch wenn ich mit Menschen zusammen bin, überfällt mich manchmal ein Gefühl der Verlassenheit und der Unzulänglichkeit.
94. Meine Nerven sind manchmal so angespannt, daß bestimmte Geräusche wie z. B. das Quietschen einer Tür unerträglich sind und mir einen Schauer einjagen.
95. Ich gerate manchmal in einen Zustand innerer Spannung oder Aufregung, wenn ich an meine Beschäftigungen und Interessen in der letzten Zeit denke.

Tabelle I

| | 1 | | | 2 | | | 3 | | | 4 | | | 5 | | | 6 | | |
	BK	BM	BV	BK	BM	BV	BK	BM	BV	BK	BM	BV	BK	BM	BV	BK	BM	BV
1	31	46	35	11	11	9	10	4	6	3	–	1	7	2	3	7	6	12
2	15	10	10	5	4	2	9	2	2	7	4	3	8	15	11	30	33	36
3	16	28	22	22	10	11	8	8	8	7	7	5	10	12	11	6	4	7
4	11	12	10	9	7	10	12	10	5	4	–	5	7	16	10	27	25	26
5	18	10	4	2	4	1	5	10	5	10	6	10	15	14	14	21	24	29
6	15	15	10	10	6	7	6	3	7	4	5	6	5	11	9	30	30	26
7	17	22	18	12	7	7	11	12	10	6	8	9	10	14	12	13	6	9
8	6	8	4	3	9	1	4	3	8	6	2	4	10	12	8	41	40	39
9	45	48	47	8	10	8	1	3	4	5	1	1	8	2	3	4	6	2
10	9	6	1	2	–	4	8	3	2	5	8	4	1	9	11	43	42	43
11	31	37	30	14	11	15	10	10	4	5	2	7	3	5	5	3	4	4
12	22	21	18	10	10	7	12	7	14	5	13	8	14	13	10	6	6	8
13	22	27	22	15	16	17	11	8	11	6	4	4	8	6	5	8	7	5
14	23	12	15	10	11	12	13	9	6	6	8	3	7	8	9	10	19	19
15	34	25	18	12	15	7	10	4	11	2	4	9	5	17	9	7	5	11
16	31	50	41	11	12	13	13	1	3	7	4	1	5	2	6	3	1	–
17	18	12	10	15	12	13	8	9	9	5	5	7	13	12	5	11	19	21
18	35	45	45	14	9	6	8	5	4	3	–	2	3	5	4	7	6	3
19	21	15	13	14	11	9	13	4	7	5	4	5	11	15	13	4	20	18
20	22	29	34	9	12	13	15	15	8	8	3	2	10	9	5	6	2	3
21	4	4	7	5	5	5	11	6	6	6	8	7	8	14	12	36	34	28
22	22	13	14	12	14	7	15	9	13	6	6	6	7	15	10	9	14	15

Tabelle II

	BK	BM	BV	Alternative
9. Es gibt kaum etwas Schändlicheres, als einen Menschen, der keine tiefe Liebe, Dankbarkeit und Achtung für seine Eltern empfindet.	45	48	47	1 (=ja)
10. Wenn ein Mensch zur Welt kommt, so ist es schon vorausbestimmt, was er einmal erreichen wird, so daß er sich am besten damit abfindet und sich nicht dagegen auflehnt.	43	42	43	6 (=nein)
18. Richtige Eltern lassen es nicht zu, daß ihre Kinder Freundschaften knüpfen, von denen sie nichts wissen.	35	45	45	1 (=ja)

	BK	BM	BV	Alternative
8. Einigen Menschen, z. B. großen Künstlern und Musikern kann man es nachsehen, wenn sie keine Rücksicht auf andere nehmen, den Armen nicht helfen usw.	41	40	39	6 (=nein)
16. Ein Jugendlicher sollte in allen Lebensfragen seine Eltern um Rat bitten.	31	50	41	1 (=ja)
1. Keinem vernünftigen, normalen und anständigen Menschen würde es einfallen, einen guten Freund zu kränken.	31	46	35	1 (=ja)
2. Bei der derzeitigen Weltsituation lebt der kluge Mensch für das Heute und läßt das, was morgen ist, auf sich zukommen.	30	33	36	6 (=nein)
11. Ein Mann mit Geld wird es nicht lernen, sich in guter Gesellschaft zu bewegen, wenn ihm die entsprechende Erziehung fehlt.	31	37	30	1 (=ja)
21. Man sollte Eltern, Haus und Freundeskreis aufgeben, wenn es das berufliche Fortkommen fördert.	36	34	28	6 (=nein)
6. Eine wirkliche dauerhafte Freundschaft gibt es nicht; Freunde wechseln mit den Umständen	30	30	26	6 (=nein)
15. Man sollte von einem Kinde nie etwas verlangen, ohne daß man ihm den Grund dafür sagt.	34	25	18	1 (=ja)

Tabelle III

	1			2			3			4			5			6			ÜESt.		Dist.P.	
	K	M	V	K	M	V	K	M	V	K	M	V	K	M	V	K	M	V	M	V	M	V
1.													×	×				×	○			1
2.								×		×								×			1	2
3.			×				×				×										1	2
4.				×	×							×							○			2
5.							×				×							×			1	3
6.													×	×	×				○	○		
7.									×				×	×					○			2
8.										×				×	×						1	1
9.	×	×	×																○	○		
10.							×				×	×									1	1
11.					×	×	×													○	1	
12.							×	×		×										○	1	
13.				×	×	×	×												○	○		
14.						×	×	×											○			1
15.					×		×		×											○	1	
16.		×	×							×											3	3
17.										×	×				×				○			1
18.	×	×	×																○	○		
19.													×	×	×				○	○		
20.						×				×				×							1	2
21.										×	×	×							○	○		
22.							×	×				×							○			1

Tabelle IV

Behauptung 1.)

VP Nr.	ÜESti. Pu. mit beid. E		ÜESti. Pu. mit 1 E Teil		Distanzpunkte 1		2		3		4		5	
	M	V	M	V	M	V	M	V	M	V	M	V	M	V
1			O			×								
2	O	O												
3			O					×						
4							×			×				
5													×	×
6				×					×					
7											×	×		
8							×			×				
9					×	×								
10			O											
11	O	O												
12	O	O												
13	O	O												
14													×	×
15					×				×					
16			O											×
17			O			×								
18							×							×
19									×	×				
20												×	×	
21											×	×		
22					×	×								
23					×	×								
24	O	O	×	—	—		—		—		—		—	
25			O	—	—		—		—		—		—	
26	O	O												
27	O	O												
28	O	O												
29	O	O												
30					×	×								
31					×					×				
32			O			×								
33					×	×								
34			O			×								
35													×	×
36													×	×

Tabelle IV

VP	ÜESti. Pu. mit beid. E		ÜESti. Pu. mit 1 E Teil		Distanzpunkte 1		2		3		4		5	
	M	V	M	V	M	V	M	V	M	V	M	V	M	V
Übertrag:	9		8	—	7	10	3	2	2	4	2	3	5	7
37					×			×						
38				O	×									
39				O	×									
40	O	O												
41									×	×				
42											×	×		
43					×					×				
44									×			×		
45					×	×								
46	O	O												
47			O			×								
48	O	O												
49	O	O												
50			O			×								
51													×	×
52		—		—						—	×	—		—
53		—		—						—		—	×	—
54	—	—	—	—	—	—	—	—	—	—	—	—	—	—
55			O											×
56	O	O												
57		—	O	—		—		—		—		—		—
58	O	O												
59		—		—	×	—		—		—		—		—
60			O									×		
61						×	×							
62					×	×								
63	O	O												
64			O											×
65	O	O												
66	O	O												
67					×	×								
68					×	×								
69	O	O												
70			O											×
	19		15	2	16	16	4	4	4	6	4	6	7	11

Tabelle V

	Übereinstimmungspunkte		Distanzpunkte									
	mit beid. E.	mit einem E. Teil	1		2		3		4		5	
	Eltern	M	V	M	V	M	V	M	V	M	V	M	V
1.	19	15	2	16	16	4	4	4	6	4	6	7	10
2.	15	11	12	22	11	8	8	3	5	1	5	8	8
3.	11	17	8	27	22	8	12	5	7	1	2	–	3
4.	8	13	10	16	16	9	7	14	10	2	5	7	8
5.	9	13	8	24	20	9	13	3	4	6	4	5	5
6.	15	11	12	18	10	4	9	6	6	4	8	11	4
7.	11	9	12	21	10	12	16	8	6	4	5	3	5
8.	29	10	5	14	16	6	6	3	4	4	2	3	2
9.	26	9	10	18	10	6	6	2	5	4	3	5	5
10.	29	11	5	11	13	9	4	1	6	1	2	5	5
11.	15	15	9	19	17	6	9	4	3	5	4	2	4
12.	14	15	7	22	20	11	13	3	4	4	3	1	4
13.	12	12	7	21	16	5	12	6	7	10	7	2	3
14.	13	13	9	20	15	7	5	6	10	2	4	7	5
15.	11	14	11	18	12	9	8	8	13	5	4	5	6
16.	20	9	4	23	16	11	15	2	4	3	4	1	1
17.	11	14	10	22	21	8	11	5	7	6	3	3	2
18.	20	9	9	15	14	7	4	3	4	7	7	9	6
19.	12	8	7	21	19	9	10	9	9	6	6	4	1
20.	17	10	5	18	15	12	13	4	4	7	9	2	2
21.	22	11	5	17	16	7	11	7	5	4	3	2	2
22.	17	7	7	17	12	16	16	9	5	2	5	2	3
Zus.	356	256	174	420	337	183	212	115	134	92	101	94	94

Tabelle VI

Übereinstimmungs- und Distanzpunkte		Höhere Schüler		Berufsschüler		insges.
		U II F	U II S	Schneid. Lehrl.	Metzg. Verk.L.	
Übereinstimmung mit beiden Eltern:		135	90	52	79	356
Übereinstimmung mit je einem Elternteil:	M	95	60	66	35	256
	V	84	47	16	27	174
Distanzp. 1	M	187	144	46	43	420
	V	151	119	24	43	337
Distanzp. 2	M	92	46	15	30	183
	V	100	64	20	28	212
Distanzp. 3	M	55	36	11	13	115
	V	68	38	8	20	134
Distanzp. 4	M	40	25	18	9	92
	V	52	33	8	8	101
Distanzp. 5	M	33	17	16	28	94
	V	25	25	14	31	95

Tabelle VII

	HS U II F ÜESt Dist		HS U II S ÜESt Dist		BS S L ÜE Di		BS M V L ÜE Di		HS insges. ÜE Di		BS insges. ÜE Di	
1.	15	14	6	13	5	4	7	4	21	27	12	8
2.	12	17	5	14	5	4	4	7	17	31	9	11
3.	5	24	9	10	6	4	8	3	14	34	14	7
4.	11	18	5	14	1	9	4	7	16	32	5	16
5.	11	18	4	15	5	5	2	9	15	33	7	14
6.	10	19	8	11	6	4	2	9	18	30	8	13
7.	9	20	5	14	3	6	3	8	14	34	6	14
8.	15	14	14	5	6	4	4	7	29	19	10	11
9.	13	16	6	13	9	2	7	4	19	29	16	6
10.	17	12	11	8	4	4	8	3	28	20	12	7
11.	9	20	9	10	5	5	7	1	18	30	12	6
12.	11	18	5	14	8	3	5	6	16	32	13	9
13.	9	20	8	10	4	5	3	8	17	30	7	13
14.	8	20	9	10	5	6	4	6	17	30	9	12
15.	9	20	7	12	3	8	6	5	16	32	9	13
16.	6	23	8	11	7	4	9	2	14	34	16	6
17.	9	20	5	14	8	3	3	7	14	34	11	10
18.	10	19	6	13	7	4	6	5	16	32	13	9
19.	8	21	3	16	3	7	6	5	11	37	9	12
20.	7	22	5	14	9	2	6	5	12	36	15	7
21.	16	13	9	10	3	8	5	6	25	23	8	14
22.	10	19	3	16	6	5	5	6	13	35	11	11
insges.	230	407	150	267	118	106	114	123	380	674	232	229

Tabelle VIII

	HS U II F ÜESt Dist		HS U II S ÜESt Dist		BS S L ÜE Di		BS M V L ÜE Di		HS insges. ÜE Di		BS insges. ÜE Di	
1.	9	19	5	14	2	3	4	7	14	33	6	10
2.	11	17	9	10	3	3	4	7	20	27	7	10
3.	6	22	5	14	6	1	2	9	11	36	8	10
4.	13	15	1	18	2	4	2	9	14	33	4	13
5.	8	20	4	14	1	5	4	7	12	34	5	12
6.	13	15	4	15	4	2	6	5	17	30	10	7
7.	13	15	5	14	3	4	2	9	18	29	5	13
8.	15	13	13	6	3	4	3	7	28	19	6	11
9.	17	11	7	12	5	2	7	4	24	23	12	6
10.	15	13	10	9	1	5	8	3	25	22	9	8
11.	10	18	5	14	4	2	5	3	15	32	9	5
12.	10	18	5	14	4	3	2	9	15	32	6	12
13.	7	22	7	12	2	4	3	8	14	34	5	12
14.	9	18	6	12	1	4	6	5	15	30	7	9
15.	7	21	7	12	1	6	7	4	14	33	8	10
16.	8	20	3	16	5	2	9	2	11	36	14	4
17.	7	21	6	13	3	4	5	6	13	34	8	10
18.	12	16	5	14	4	3	8	2	17	30	12	5
19.	3	25	7	12	3	3	6	5	10	37	9	8
20.	8	20	6	13	4	3	4	7	14	33	8	10
21.	11	17	10	9	2	5	4	6	21	26	6	11
22.	7	21	7	12	5	2	5	6	14	33	10	8
insges.	219	397	137	279	68	74	106	130	356	676	174	204

Tabelle IX

	HS/ U II F				HS/ U II S				BS/ S L				BS/M V L				insges. die höchsten Rangplätze	
	Mutter		Vater		Mutter		Vater		Mutter		Vater		Mutter		Vater			
	ÜE	Di	ÜE	Di	ÜE	Di	ÜE	Di	ÜE	Di	ÜE	Di	ÜE	Di	ÜE	Di	ÜE	Di
1.	3.5			10	11		7						5			8		
2.		17		14.5		6.5	4	19						6.5		8		
3.		1		2.5	4.5	18		7	8.5	1			2.5			2.5	2	3
4.		15		18		6.5		1	1		7.5			6.5		2.5		3
5.		15		8		3		7			3			1.5		8		3
6.		12		18		14.5		3	8.5		7			1.5	7			1
7.		7.5		18		6.5		7		5.5	7.5			3.5		2.5		2
8.	3.5		2.5		1		1		8.5		7.5			6.5		8	3	
9.		18	1			11		15.5	1.5	3			5		4.5		3	
10.	1		2.5		2		2.5	20.5			3		2.5		2.5		6	1
11.		7.5		12	4.5	18		7		7			5					
12.		15		12		6.5		7	3.5		7			10.5		2.5	1	1
13.		7.5		2.5		18		15.5			7.5			3.5		5		3
14.		7.5		12	4.5	18		15.5		5.5	7.5			10.5	7			
15.		7.5		5		13		15.5		2.5		1	8.5		4.5			2
16.		2		8		14.5		2	5.5		3		1		1		3	2
17.		7.5		5		6.5		11.5	3.5		7.5			6.5		12	1	
18.		12		16		11		7	5.5		7		8.5		2.5		1	
19.		4		1		1.5		15.5		4			8.5		7			2
20.		3		8		6.5		11.5	1.5		7		8.5			8	1	
21.	2			14.5	4.5	18	2.5	20.5		2.5		3		10.5		12	2	2
22.		12		5		1.5		15.5	8.5		3			10.5		12	1	1

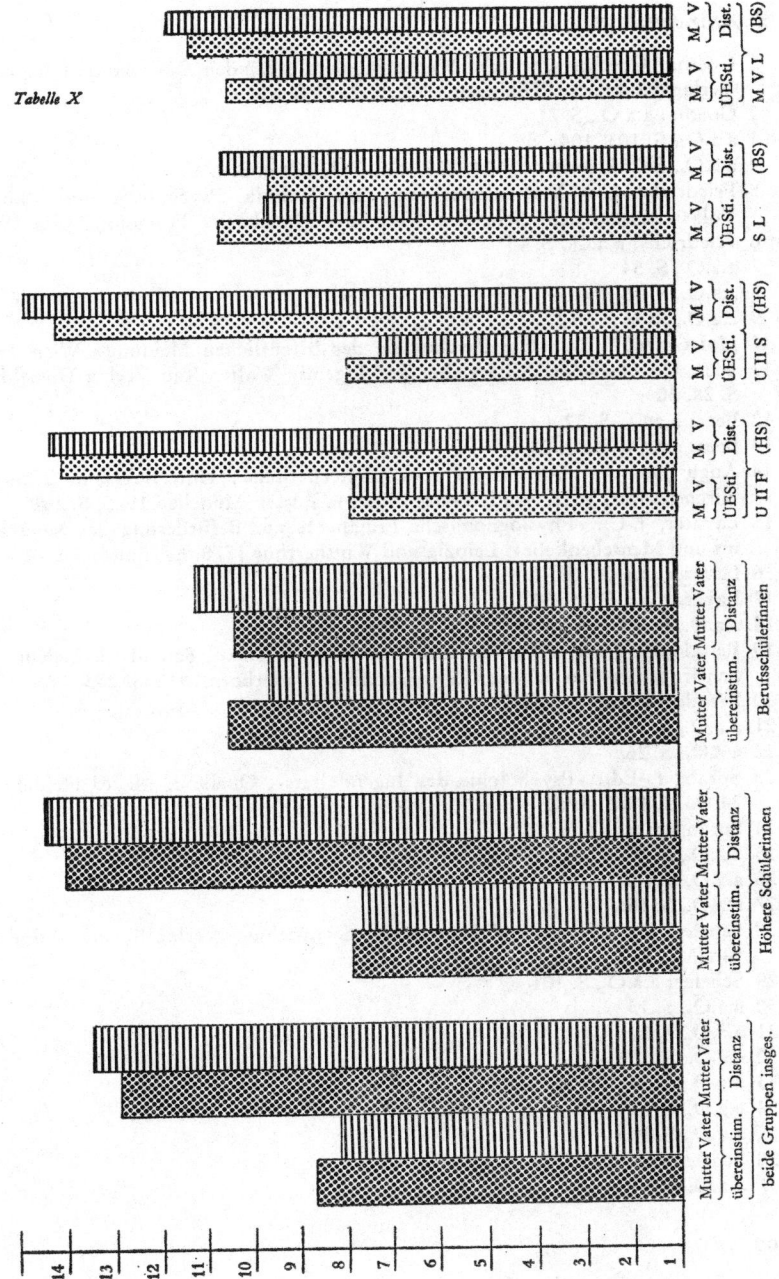

Tabelle X

9. Anmerkungen

1 Goethe: Goethes sämtliche Werke in vierzig Bänden, XV. Band, I. G. Cotta'scher Verlag Stuttgart u. Tübingen 1840, S. 71 f., S. 104
2 Goethe: a.a.O., S. 71
3 a.a.O., S. 103, 104
4 a.a.O., S. 256, ferner S. 101, 226, 227, 268, 269 u. S. 274
5 Friedrichs, G.: »Verkaufswerbung, ihre Technik, Psychologie und Ökonomie« – Volkswirtschaftliche Schriften Heft 36 – Duncker & Humblot/Berlin 1958, S. 49
6 Friedrichs: a.a.O., S. 45
7 a.a.O., S. 54
8 a.a.O., S. 46
9 a.a.O., S. 46
10 Hofstätter, P. R.: »Die Psychologie der öffentlichen Meinung« Wien 1949, S. 86
11 Beer, U.: »Geheime Miterzieher der Jugend« Walter Rau Verlag Düsseldorf 1960, S. 28, 30
12 Beer: a.a.O., S. 32
13 Beer: a.a.O., S. 21, 23
14 Augustinus Aurelius: »Vom ersten katechetischen Unterricht« in Bibliothek der Kirchenväter, VIII. Band, Verlag Kösel u. Pustet, München 1925, S. 261
15 Lavater, J. C.: »Physiognomische Fragmente zur Beförderung der Menschenkenntnis und Menschenliebe«, Leipzig und Wintherthur 1778, IV. Band, S. 60
16 Lavater: a.a.O., S. 64
17 Lavater: a.a.O., S. 64
18 a.a.O., S. 61
19 Pestalozzi, J. H.: »Wie Gertrud ihre Kinder lehrt«, Samml. d. bedeut. pädagog. Schriften aus alter u. neuer Zeit, Schöningh Paderborn 1912, S. 233
20 Pestalozzi: a.a.O., S. 222
21 a.a.O., S. 224
22 a.a.O., S. 26
23 Spranger, Ed.: »Psychologie des Jugendalters«, Quelle & Meyer Heidelberg 1924, 24. Aufl. 1955, S. 81
24 Spranger: a.a.O., S. 86
25 a.a.O., S. 86 (Fußnote)
26 a.a.O, S. 165
27 a.a.O., S. 166
28 Scheler, M.: »Wesen und Formen der Sympathie«, Verlag Schulte-Bulmke Frankfurt/M. 1912, 5. Aufl. 1948, S. 15, 22
29 Scheler: a.a.O., S. 101
30 a.a.O., S. 15
31 a.a.O., S. 22
32 a.a.O., S. 105
33 a.a.O., S. 33, 34, 35, 81
34 a.a.O., S. 133
35 a.a.O., S. 105
36 Scheler: a.a.O., S. 106
37 a.a.O., S. 31

38 a.aO., S. 31
39 a.a.O., S. 18, 34, 95
40 a.a.O., S. 95
41 Scheler: a.a.O., S. 94
42 a.a.O., S. 94, 95
43 Scheler, M.: »Die Stellung des Menschen im Kosmos«, Nymphenburger Verlagshaus München 1947 (Neuaufl.), S. 45
44 Freud, S.: »Massenpsychologie u. Ich-Analyse« Internationaler Psychoanalytischer Verlag Leipzig 1921, S. 66
45 Freud, S.: »Das Ich und das Es«, Internationaler Psychoanalytischer Verlag Leipzig 1923, S. 35
46 Freud: »Massenpsychologie und Ich-Analyse«, S. 60
47 Freud: »Das Ich und das Es«, S. 35
48 Freud: »Massenpsychologie und Ich-Analyse«, S. 68
49 Freud: »Massenpsychologie und Ich-Analyse«, S. 69
50 Freud: a.a.O., S. 71
51 Freud: a.a.O., S. 73
52 Spitz, R. A.: »Genèse des premières relations objectales«, in Revue Francaise de Psychoanalyse, Presses Universitaires de France 1954 – deutsch: »Die Entstehung der ersten Objektbeziehungen«, Ernst Klett Verlag Stuttgart 1960, S. 105
53 Spitz: a.a.O., S. 66
54 a.a.O., S. 105
55 a.a.O., S. 60
56 Spitz: a.a.O., S. 65
57 a.a.O., S. 66
58 a.a.O., S. 102, 103, 105
59 a.a.O., S. 74
60 Spitz: a.a.O., S. 72
61 a.a.O., S. 74
62 a.a.O., S. 73
63 Becker, A. M.: »Zur Gliederung des Überichs«, in »Psyche« Band X, 1956/1957, S. 95
64 Becker: a.a.O., S. 95, 96
65 Erikson, E. H.: »Das Problem der Identität«, in »Psyche« Band X, 1956/57, S. 114
66 Erikson: a.a.O., S. 115
67 a.a.O., S. 149
68 a.a.O., S. 126
69 a.a.O., S. 124
70 a.a.O., S. 126; siehe auch S. 141, 174
71 a.a.O., S. 126
72 a.a.O., S. 126
73 a.a.O., S. 127
74 Spreen, Otfried: »Konstruktion einer Skala zur Messung der manifesten Angst in experimentellen Untersuchungen«, in »Psychologische Forschung«, 26. Bd, 3. Heft, 1961, S. 205
75 Remplein, H.: »Die Seelische Entwicklung in der Kindheit und Reifezeit.« Ernst Reinhardt Verlag München/Basel 1947/1952, S. 158, 259

76 Schlesinger, A.: »Der Begriff des Ideals«, in Archiv für Psychologie, 29. Bd., 1913, S. 330 u. 384
77 Schlesinger, a.a.O., S. 359 u. 383
78 Spitz, R.: »Die Entstehung der ersten Objektbeziehungen«, Ernst Klett Verlag Stuttgart 1960, S. 66
79 Spitz, a.a.O., S. 66
80 Stern, W.: »Über die Entwicklung der Idealbildung in der reifenden Jugend« in: Zeitschr. für Päd. Psychologie, 24. Jahrgang, S. 38 (Fußnote)
81 Stern, a.a.O., S. 37
82 Schmëing, K.: »Ideal und Gegenideal« in: »Beihefte zur Zeitschrift für angewandte Psychologie u. Charakterkunde«, Beiheft 70, 1935, S. 90
83 Erikson, E. H.: »Das Problem der Identität« in: »Psyche«, 1956/57, S. 124 und 126
84 Schmëing, K.: a.a.O., S. 64
85 u. a.: Spranger, E.: »Psychologie des Jugendalters«, Quelle & Meyer, Heidelberg, 1924/1955, S. 134, 139

Tumlirz, O.: »Abriß der Jugend- und Charakterkunde«, Julius Klinkhardt, Verlagsbuchhandlung Leipzig 1940/1943, S. 51

Remplein, H.: »Seelische Entwicklung in der Kindheit und Reifezeit«, Ernst Reinhardt Verlag München/Basel 1947/1952, S. 230, 262, 263
86 Spranger: a.a.O., S. 134
87 Pestalozzi: »Lienhart u. Gertrud«, Cotta'sche Buchhandlung Stuttgart u. Tübingen 1819, Bd. III, S. 99 f.
88 Spranger: »Psychologie des Jugendalters«, S. 139
89 Spitz: »Die Entstehung der ersten Objektbeziehungen, S. 103
90 Spreen, O.: »Konstruktion einer Skala zur Messung der manifesten Angst in experimentellen Untersuchungen« in: »Psychologische Forschung«, 26. Bd., 3. Heft, S. 213

10. Literaturangaben

Augustinus, A.: Vom ersten katechetischen Unterricht. Kösel u. Pustet: München 1925 (Bibl. d. Kirchenväter, Bd. VIII)
Becker, A. M.: Zur Gliederung des Überichs. In: Psyche, Bd. X, 1956/1957, S. 93–113
Beer, U.: Geheime Miterzieher der Jugend. Walter Rau: Düsseldorf 1960
Erikson, E. H.: Das Problem der Identität. In: Psyche, Bd. X, 1956/1957, S. 114–176
Friedrichs, G.: Verkaufswerbung, ihre Technik, Psychologie und Ökonomie. Duncker u. Humblot: Berlin 1958 (Volkswirtschaftliche Schriften, Heft 36)
Freud, S.: Massenpsychologie und Ich-Analyse. Internat. Psychoanal. Verlag: Leipzig 1921
ders.: Das Ich und das Es. Internat. Psychoanal. Verlag: Leipzig 1923
Goethe, J. W. v.: Goethes sämtliche Werke in vierzig Bänden. XV. Bd., Cotta'scher Verlag: Stuttgart u. Tübingen 1840
Hofstätter, P. R.: Die Psychologie der öffentlichen Meinung. Wien 1949
Lavater, J. C.: Physiognomische Fragmente zur Beförderung der Menschenkenntnis und Menschenliebe. Bd. IV, Leipzig u. Winterthur 1778

Pestalozzi, J. H.: Lienhart und Gertrud. Cotta'sche Buchh.: Stuttgart u. Tübingen 1819, Bd. III
ders.: Wie Gertrud ihre Kinder lehrt. Schöningh: Paderborn 1912 (Samml. d. bedeut. päd. Schriften aus alter und neuer Zeit)
Remplein, H.: Die seelische Entwicklung in der Kindheit und Reifezeit. Reinhardt: München, Basel 1947/1952
Scheler, M.: Die Stellung des Menschen im Kosmos. Nymphenburger Verlagsh.: München 1947 (Neuaufl.)
ders.: Wesen und Formen der Sympathie. 5. Aufl., Schulte-Bulmke: Frankfurt/M. 1948
Schlesinger, A.: Der Begriff des Ideals. In: Archiv f. Psychol. Bd. 29, 1913, S. 313 bis 384
Schmëing, K.: Ideal und Gegenideal. In: Beihefte zur Zeitschrift f. angewandte Psychologie u. Charakterkunde. Beiheft 70, 1935
Spitz, R. A.: Die Entstehung der ersten Objektbeziehungen. Klett: Stuttgart 1960
Spranger, E.: Psychologie des Jugendalters. 24. Aufl., Quelle u. Meyer: Heidelberg 1955
Spreen, O.: Konstruktion einer Skala zur Messung der manifesten Angst in experimentellen Untersuchungen. In: Psychologische Forschung, Bd. 26, Heft 3, 1961, S. 205 bis 223
Stern, W.: Über die Entwicklung der Idealbildung in der reifenden Jugend. In: Zeitschrift f. Päd. Psychologie. 24. Jahrg., S. 34–45
Tumlirz, O.: Abriß der Jugend- und Charakterkunde. Klinkhardt: Leipzig 1940/1943

III. Identifikation und Distanz in pädagogischer Sicht

1. Vorbemerkung

In seinen »Reden an die deutsche Nation« schreibt *Fichte:*

»Das ermangelnde Durchgreifen bis in die Wurzel der Lebensregung und -bewegung hätte diese neue Erziehung der bisherigen hinzuzufügen, und wie die bisherige höchstens etwas am Menschen, so hätte diese den Menschen selbst zu bilden.«[1]

Die Liebe gilt ihm dabei als der einzige Antrieb dieser Lebensregung und -bewegung[2].

Pestalozzi beschäftigt das gleiche Anliegen. Er nimmt es gründlicher und konkreter in Angriff.

»Meine Aufgabe ist höchste Belebung des Forschens nach psychologosichen Mitteln der Menschenbildung an und für sich.«[3]

Pestalozzi sucht nach denjenigen Hilfen für die »reine Belebung der Menschlichkeit«[4], die in der Natur des Menschen selber grundgelegt sind und die den Weg weisen, auf dem allein wahre Hilfe für diese »Belebung« gegeben werden kann. Seine Betrachtungen der »Bahn der Natur«[5] lassen ihn aufmerksam werden auf das früheste Verhältnis, in das der Mensch hineingestellt wird: das Verhältnis zwischen Mutter und Kind. Pestalozzi erkennt darin das Urbild einer jeden erzieherischen Situation und er nennt es den

»Keim..., aus welchem sich das Wesen meiner Lehrart emporhebt. Es geht ganz von dem Verhältnis aus, das zwischen dem Unmündigen und seiner Mutter statthat, und ruht wesentlich auf der Kunst, von der Wiege an den Unterricht an dieses Naturverhältnis zu ketten.«

Alle weitere »Belebung der Menschlichkeit«, die in dem Verhältnis zwischen Mutter und Kind begann, ist eine »hohe menschliche Kunst, deren Faden sich sogleich unter deinen Händen verliert, wenn du die Anfangspunkte, von denen ihr feines Gewebe ausgeht, auch nur einen Augenblick aus den Augen verlierst«[6].

Pestalozzis Nachforschungen haben zu dem Ergebnis geführt, daß das ursprünglichste Verhältnis, in dem der Mensch sich vorfindet, das Modell für die »Methode« der »Belebung der Menschlichkeit« abgibt. Alle späteren Versuche in dieser Richtung müssen den begonnenen Faden aufnehmen, d. h. die äußere wie innere Struktur dieses Naturverhältnisses beachten und daran anknüpfen.

Pestalozzi ist also – um mit Fichte zu sprechen – bis an die Wurzel der »Lebensregung und -bewegung« vorgedrungen.

Der Pädagogik ist aus dem Bereich der Pathologie – den Erkenntnissen der *Tiefenpsychologie* – wertvolle Hilfe erwachsen, um zu den »Wurzeln der Lebensregung und -bewegung« zu gelangen. Freud bezeichnet einmal die Psychotherapie als »ein Stück Erziehungsarbeit« und nennt die »Erziehbarkeit«[7] eine unerläßliche Voraussetzung für eine Heilbehandlung. An anderer Stelle nennt er die analytische Behandlung eine Nacherziehung[8]. Im Dienste einer solchen Nacherziehung sind die seelischen Vorgänge sehr gründlich untersucht worden. Es ging um das Auffinden prägender und gestaltender Prozesse sowie der Faktoren, die sie fördern oder hemmen. Um mit ihnen arbeiten zu können, nannte man sie psychische »Mechanismen« (so z. B. Verdrängung, Fixierung, Hemmung, Identifizierung). Freud spricht von »Hilfsvorstellungen ... zur Bewältigung der psychischen Äußerungen«[9].

Im Rahmen dieser Arbeit interessiert die Identifzierung. Diese zählt Freud zu den »Mechanismen der Gefühlsbindung«; er ist der Meinung, daß diese »früheste und ursprünglichste Form der Gefühlsbindung«[10] einen großen Anteil am Aufbau und an der Ausformung des Ich hat[11]. So wird auf dem Wege der Gefühlsbindung in entscheidendem Maße gerade jene Instanz aufgebaut und gestaltet, die es dem Menschen erlaubt, selbständig zu werden. Die Identifikation als Gefühlsbindung ist dabei notwendige Voraussetzung für Selbständigkeit, Loslösung und Distanz, ja, intendiert sie gerade.

Durch den Aufweis dieses psychischen Mechanismus der Gefühlsbindung hat die Tiefenpsychologie in ihrem Bemühen, Heilwege für die erkrankte (fehlentwickelte) menschliche Psyche aufzufinden, auch der »normalen« Pädagogik einen guten Dienst erwiesen. Sie hat sozusagen einen Beitrag geleistet zur Erhellung der Struktur des von Pestalozzi aufgefundenen Modells aller Bildung und Erziehung: das früheste Mutter-Kind-Verhältnis.

Einen weiteren Beitrag zur Erhellung der Struktur dieses Verhältnisses verdanken wir Maria *Montessori*. Sie vermutete in der geistigen Minderwertigkeit mehr ein pädagogisches Problem als ein medizinisches[12]. Ihre Arbeit in der Kindes- und Jugendpsychiatrie führte sie zu der Erkenntnis, daß das Verhältnis zwischen Mutter und Kind, zwischen Kind und Erwachsenen zu Ungunsten des Kindes falsch abgestimmt ist[13]. Durch den (durch ein Mißverständnis herbeigeführten) Konflikt zwischen beiden wird die »Wurzel des Lebens zerstört«[14], das wahre Kind »vernichtet« und das Leben selbst erstickt[15]. Dieser Einsicht verdankt Montessori den »Weg, an den Menschen heranzukommen, der, noch unentwickelt, in der Seele eines jeden Kindes vorhanden ist«[16]: die Befreiung des Kindes von der Übermacht der Erwachsenen und seinen ständigen Interventionen[17]. »Die Freiheit des Kindes in seinen spontanen Selbstäußerungen« wurde die Grundlage ihrer Methode der Beobachtung des »Menschen beim Erwachen seines geistigen Lebens«[18]. Die Aufgabe des Erziehers besteht darin, die spontanen Selbstäußerungen dieses Lebens abzuwarten, zu beobachten[19] und »das Leben anzuregen – und es sich dann frei entwickeln und entfalten lassen«[20]. Diese Anregung des Lebens bezeichnet Montessori an anderer Stelle als eine »Erweckung« des noch unentwickelten Menschen im Kinde[21]. Maria Montessori geht es also einerseits um die »Befreiung des Kindes«. Das Kind steht seiner Eigenart gemäß immer in Beziehung zum Erwachsenen, es braucht ihn. »Die Lösung dieser Beziehung ist Notwendigkeit für die Entwicklung des Menschen. Die Existenz eines Wesens verwirklicht sich nur durch die Loslösung«[22]. Diese Loslösung muß sowohl auf der physischen wie auf der psychischen Ebene vollzogen werden. Alle Hilfe kann zuletzt nur darauf gerichtet sein, dem Kinde zur Erlangung seiner wahren Selbständigkeit und Freiheit zu helfen, das bedeutet andererseits aber gerade nicht, das Kind »sich selbst überlassen«[23]. Der Erwachsene hat vielfach die Tendenz, sich des Kindes zu entledigen, sich von ihm zu befreien[24]. Montessori geht es darum, das Verhältnis zwischen Kind und Erwachsenen wieder in die richtigen Maße zu bringen. Sie will den Erwachsenen nicht ausschalten, denn »der Mensch muß alles, was er braucht, beim Menschen suchen«[25]. Das macht die Anwesenheit des Erwachsenen für das Kind lebensnotwendig. Er soll dem Leben des Kindes »zu Hilfe kommen«[26]. Maria Montessori betont ausdrücklich, wie sehr diese Hilfe gegeben wird auf dem Wege der Bindung an den Menschen, wenn sie sagt: »Durch die Liebe zu uns muß sich ihr innerstes Seelenleben zum Licht entwickeln.«[27] Die sorgfältige Beobachtung des Kindes beim Erwachen seines geistigen Lebens (d. h. des noch unentwickelten Menschen im Kinde) hat Maria Montessoris Aufmerksamkeit einerseits auf die Tendenzen des Kindes zu physischer und psychischer Loslösung gelenkt. Andererseits führte diese Beobachtung zu der Einsicht, daß der Erwachsene dem Kinde bei diesem Streben nach Lösung, Unabhängigkeit und Selbständigkeit zu Hilfe kommen muß, indem er da ist, es nicht allein läßt und ihm auf dem Wege der Bindung an ihn die Loslösung ermöglicht. »Das wichtigste und unentbehrlichste zur Ermöglichung der Freiheit ist der andere Mensch, der zum Du wird.«[28] Es ist Maria Montessori gelungen, aus der Einsicht in die Bedeutung dieser beiden aufgefundenen Pole in der schon frühkindliche Entwicklung – Bindung und Lösung – Konsequenzen für die Pädagogik zu ziehen.

Zusammenfassung:

1. Im Mittelpunkt der Betrachtung steht der Mensch, den es zu bilden gilt, nicht etwas am Menschen (Fichte). Den Menschen bilden, d. h. seine Menschlichkeit beleben (Pestalozzi), den noch unentwickelten Menschen im Kinde erwekken, seinem Leben zu Hilfe kommen, es anregen (Montessori).
2. Die Bildung muß durchgreifen bis in die Wurzel der Lebensregung und -bewegung (Fichte), d. h. bis in den zeitlichen Ursprung des einzelnen Menschen und bis zu seinen ursprünglichen Lebensäußerungen. Es war das große Anliegen Pestalozzis, die psychologischen Mittel für die Belebung der Menschlichkeit zu finden. Er glaubte sie in der Natur des Menschen selber grundgelegt und fand sie im frühen Mutter-Kind-Verhältnis, das ihm als Modell jeder erzieherischen Situation erschien.
3. In zeitlicher Hinsicht beginnt die Belebung und Anregung der Menschlich-

keit im Kinde durch den Bezug zwischen Mutter und Kind (Pestalozzi). Alle weitere Erweckung des Menschen muß unter der gleichen Bedingung vor sich gehen: dem zwischenmenschlichen Bezug. (Pestalozzi).

4. Den primären zwischenmenschlichen Bezug (das frühe Mutter-Kind-Verhältnis) gestalten überwiegend Identifikationsprozesse (Freud). Ist dieser primäre zwischenmenschliche Bezug *die* erzieherische Ursituation, so müssen in jedem weiteren Bildungsgeschehen jene ursprünglichen Identifikationsprozesse mitgestaltend tätig sein; damit greift auch jeder spätere Bildungsprozeß bis zu den ursprünglichen Lebensäußerungen des Menschen und so bis an die Wurzel der Lebensregung und -bewegung durch. Das letzte Ziel der Identifikation ist die Distanz. Das Bildungsgeschehen vollzieht sich deshalb durch Prozesse der Bindung und Lösung (Montessori).

2. Die psychologische Bedeutung der Identifikation

2.1 Die Identifizierung als Mechanismus der Gefühlsbindung

Die »Mechanismen der Gefühlsbindung..., die sogenannten Identifizierungen« bezeichnet Freud als »ungenügend bekannte, schwer darzustellende Vorgänge«[29]. Nehmen wir noch die bereits erwähnte Tatsache hinzu, daß es sich bei derartigen »Mechanismen« um »Hilfsvorstellungen... zur Bewältigung der psychischen Äußerungen«[30] handelt, so wird damit die ganze Schwierigkeit und Problematik eines differenzierteren Zuganges zu diesen psychischen Vorgängen klar. Hier liegt wohl ein Grund für den noch ungeklärten Vorgang der Identifikation.

Eine wissenschaftliche Auseinandersetzung mit diesem psychischen Phänomen übersteigt den Rahmen dieser Arbeit. Dennoch muß auf seine Problematik etwas näher eingegangen werden, um *die* Bedeutung der Identifikation aufzuzeigen, die in dieser Arbeit für das Aufsuchen des pädagogischen Korrelats zugrundegelegt werden soll.

Freud zählt die Identifizierung zu den Mechanismen der Gefühlsbindung. Damit tut sich eine Schwierigkeit auf: Die Komplexität des Gefühls[31]. Komplexität besagt einmal eine Mehrheit von Gefühlsqualitäten, sodann deren diffusen Charakter, d. h. Ungeschiedenheit und Undifferenziertheit. Diese Ungeschiedenheit und Undifferenziertheit ist einmal genetisch bedingt: Die Onto- wie Aktualgenese führt von Ungeschiedenheit und Undifferenziertheit zu Gliederung und Differenzierung. Die Diffusität liegt ferner im Wesen der Gefühle begründet: in ihrer Beweglichkeit, d. h. Flüchtigkeit und Labilität[32]. Auf den Mechanismus der Gefühlsbindung übertragen bedeutet das, daß diese Gefühlsbindung ein komplexes »Gewebe« darstellt, d. h. Randerscheinungen mit sich bringt und aufweist, so z. B. in Beziehung steht zur Gefühlsansteckung[33], zur Nachahmung, zu Einfühlung und Verstehen[34].

Dieses »komplexe Gewebe« entsteht durch den »Qualitätenreichtum« und durch die »Wandelbarkeit und Labilität der Gefühle«[35]. Mit Qualitätenreichtum der Gefühle ist ihre Artverschiedenheit gemeint, d. h. »die einzelnen Gefühlserlebnisse haben verschieden tiefe ›Wurzeln‹ in der sich entwickelnden Gesamtpersönlichkeit«[36]. Die Gefühle sind von sehr verschiedener Art, je nach der Schicht (oder dem »Bereich«) des Menschen, »aus der heraus gefühlt wird«[37]. Weiter resultiert die Artverschiedenheit der Gefühle aus der Qualität des Fühlens, d. h. je mehr darin die Treue (oder Untreue) des Menschen gegen sich selbst zum Ausdruck kommt[38]. Diese Qualität nennt Krueger die »Tiefe« oder »Innigkeit« bzw. die »Tiefendimension« des Gefühls[39]. »Scharf zu unterscheiden ist die Tiefendimension insonderheit von den Gradabstufungen der Gefühle«[40]

(z. B. Intensität). Mehrhaltigkeit und Vielschichtigkeit der Gefühle sowie deren diffuser und labiler Charakter machen also jene Komplexität aus, die einen diffenrenzierteren Zugang zu dem Mechanismus der Gefühlsbindung (Identifizierung) sehr erschweren.

Scheler hat versucht, der Komplexität des Gefühls durch Phänomenanalyse in schichtentheoretischer Betrachtung beizukommen. In der zweiten Auflage seines Werkes »Wesen und Formen der Sympathie«[41] wendet er sich mehr den »Stufen der Entwicklung der Sympathieformen« zu und sagt im Hinblick auf die »Fundierungsgesetze der Sympathie«, daß er in der echten identifizierenden »Einfühlung« die primitivste Form der Sympathieerscheinungen sehe[42]. Scheler verwendet den Begriff Identifizierung gleichbedeutend mit Einfühlung und Verschmelzung[43].

Die Entwicklung des Sympathiegefühles führt nach Scheler von der Einfühlung über das Nachfühlen zum Mitgefühl; »Einfühlung fundiert Nachfühlen... Nachfühlung fundiert Mitgefühl... Mitgefühl fundiert Menschenliebe... Menschenliebe fundiert akosmische Person- und Gottesliebe«[44]. Entsprechend seiner Schichtentheorie ordnet er 1. der vitalen oder Leib-Schicht die vitale oder Leidenschaftsliebe, 2. der psychischen oder Ich-Schicht die seelische Liebe, 3. der geistigen oder Person-schicht die geistige Liebe zu[45]. »Immer ist es dieselbe (Seins- und Bewußtseinsschicht), die bei der Einfühlung phänomenal ›eins‹ wird – eben die Vitalsphäre des Menschen«[46]. Scheler hat dem »Orte« der Einfühlung ein besonderes Interesse gewidmet. Er findet ihn in der Vitalsphäre, in der Mitte zwischen dem Leibbewußtsein (Organempfindungen) und dem noetisch-geistigen Personsein (dem Personzentrum). Diesen Zwischenbereich zwischen personalem Geist und Leib-Körper nennt er auch das Vitalbewußtsein oder Vitalzentrum.

Verstehen, Nachfühlen und Nachleben sind Komponenten des Mitgefühls. Reines Mitgefühl gehört zum Wesen des menschlichen Geistes, es entfaltet sich und setzt Wesensverschiedenheit voraus[47]. Während bei der Einfühlung die »phänomenale Ichdistanz« aufgehoben ist, zeichnet sich das Mitgefühl dadurch aus, »daß die ›Distanz‹ der Personen und ihr einseitiges wie gegenseitiges Verschiedenheitsbewußtsein im echten Mitgefühl, und zwar in beiden Komponenten ›Nachfühlen‹ wie ›Mitgefühl‹ erhalten bleibt«[48]. Das Mitgefühl (wie Nachgefühl) nennt Scheler eine »letzte ursprüngliche Funktion des Geistes«[49]. Damit sind Nach- und Mitgefühl dem Bereich des Geistes, Einsgefühl dem Bereich des Vitalen (des Lebens) zugeordnet.

Es gelingt Scheler bei seiner Phänomenanalyse nicht, diese Zuordnung durchzuhalten, durch die er auch der Einsfühlung (und damit der Identifizierung) einen »Ort« in der Genese der Gefühlsentwicklung zuweisen möchte. So spricht er z. B. davon, daß das Gefühl je »nach der Stufe ... geistiges, seelisches, vitales oder sinnliches Mitgefühl sein kann«[50]. Einerseits betont er, daß Nach- und Mitgefühl Einsgefühl und echte Identifizierung völlig ausschließe, und daß geistige Liebe nichts von Einsfühlung, Identifizierung, Verschmelzung zeigte[51]. Von der Selbstidentifizierung aber sagt er, daß sie ein Einsgefühl sei, aber in Personliebe fundiert; es handelt sich um ein »Mit- und Nachvollziehen der geistigen Akte der Person selbst und ihren Gesinnungshaltungen«[52]. Im Hinblick auf das Verstehen anderer Menschen drückt er sich ebenfalls widersprüchlich aus:

»Nur dadurch können wir an ihnen wissenden Anteil gewinnen, daß wir ihre freien Akte nach- und mit-vollziehen ... oder durch jenes nur durch die Haltung der geistigen Liebe mögliche ›Verstehen‹, das äußerstes Gegenteil aller Vergegenständlichung ist, d. h. dadurch, daß wir uns mit dem Wollen, der Liebe einer Person – und dadurch mit ihr selbst – ... identifizieren.«[53]

In diesen letzten Äußerungen bringt Scheler zum Ausdruck, daß es auch im Bereich des Geistes Einsgefühl bzw. Identifzierung gibt. Es gelingt ihm also nicht, Einsgefühl oder Identifikation eindeutig innerhalb der Gefühlsskala einzuordnen. Eine wirkliche Lösung dieses Problems liegt vielmehr im schichtentheoretischen und generetischen Ansatz Schelers. Darin steht die Einsfühlung in Beziehung zu den geistigen Gefühlen: sie fundiert diese. Sowohl in der Ordnung der (zeitlosen) Fundierung der Funktionen als in der genetischen Entwicklungsordnung scheint mir die Einsfühlung die Nachfühlung zu ›fundieren‹[54].

»Es ist daher ein Grundgesetz aller Gefühlsentwicklung sowohl vom Kinde zum Erwachsenen ... als vom Primitiven zum Zivilisierten, daß wir im unentwickelten Zustande noch Einsfühlung finden, wo wir in entwickelteren Zuständen Nachfühlung finden.«[55]

Nachfühlen, Mitgefühl und darüber hinaus jedes geistige Verstehen bauen auf der Fähgkeit zur Einsfühlung auf[56]. Da wir uns die »Schichten« oder »Bereiche« im Leib-Geist-Wesen Mensch nun nicht – wie in der Geologie, aus der dieses Modell entlehnt ist – voneinander geschieden vorstellen dürfen, sondern eng ineinander verwoben, so sind in allen späteren Formen noch die urtümlichen enthalten. Das bedeutet, daß im konkreten Beziehungsgeschehen auch in den geistigsten Formen noch jene frühesten Prozesse enthalten, ja mitgestaltend tätig sein müssen, allerwenigstens sie überhaupt ermöglichen. Diese Annahme liegt in der Konsequenz schichtentheoretischen wie genetischen Denkens. Sie findet ihre Bestätigung durch den tiefenpsychologischen Befund der Regression: der Mensch kann innerhalb verschiedener Stadien seines Lebens in der Erlebnisbewältigung bis auf sehr frühe Stufen zurückgreifen[57]. Sie stehen ihm jederzeit alle zur Verfügung und es wird ein Kriterium wahrer Bildung sein, ob sie dem Stande der jeweiligen Entwicklung gemäß integriert sind. Diese Integration des Gefühls besagt ein gleichzeitiges Zugegensein aller Gefühlsschichten im Gefühl sowie deren harmonische Strukturierung. Desintegration ist immer ein Zeichen für eine verfehlte Gefühlsentwicklung.

Auch in der Auseinandersetzung mit Schelers Gefühlslehre hat sich gezeigt, wie schwer aufgrund der Komplexität des Gefühls ein differenzierterer Zugang zu dem Mechanismus der Identifikation ist.

Es ist nun kurz darauf einzugehen, wie Scheler sich den Prozeß der Einfühlung, den er »gefühlsmäßige Identifizierung« nennt, denkt[58]. »Nur ein gesteigerter Fall – sozusagen ein Grenzfall der Ansteckung – ist die echte Einfühlung (resp. Einsetzung) des eigenen mit einem fremden individuellen Ich. Sie ist ein Grenzfall, insofern hier nicht nur ein fremder, abgegrenzter Gefühlsprozeß für einen eigenen unbewußt gehalten wird, sondern das fremde Ich geradezu (in allen seinen Grundhaltungen) mit dem eigenen Ich identifiziert wird.«[59] Scheler unterscheidet eine »unspezifizierte Einfühlung für die Erfassung jedes Lebewesens« sowie »die Fähigkeit zu spezifizierterer Einfühlung in die spezifizierte dynamische Gestalt eines fremden Lebensdranges«[60]. Diesen Sachverhalt bezeichnet er auch als Daseins- und Soseins- (d. i. Wesen- und Gestalt-) identifizierung[61]. Mit der Daseinsidentifizierung ist die primitivste Einfühlung eines unentwickelten Zustandes gemeint. Soseinsidentifizierung ist ein ontischer Prozeß: ein »Werden, Umbilden und Einbilden der eigenen Personsubstanz« durch den »Akt der restlosen Einsetzung und Einssetzung der eigenen Person« für und in die andere Person, »die dann ohne weiteres auch Mit- und Nachvollzug« ihrer »realen Akte mit sich führt«. Diesen Vorgang nennt Scheler »geistig-praktische Selbstidentifizierung mit einer Person, volles Sichselbsteinsetzen für sie und in sie. Einsetzung der Personsubstanz hat Einsdenkung, Einswollung, Einsfühlung dann allererst im Gefolge – und damit Um- und Einsbildung des eigenen Selbst im Wesen und in Gestalt des Meisters: eine dauernde dynamische Kette von immer neuen Gestaltreproduktionen der geistigen Gestalt des Meisters im Material der eigenen psychischen Gegebenheiten«[62].

Zum Schluß sei noch erwähnt, daß Scheler den »Konnex zwischen Mutter und Kind« für den »typischen Fall« der Einfühlung (und damit der Identifizierung) hält[63]. Nach dieser Auffassung wäre die Einfühlung konstitutiv für das frühe Mutter-Kind-Verhältnis.

Freud ist der gleichen Auffassung, wenn er sagt:

»Die Identifizierung ist der Psychoanalyse als die früheste Äußerung einer Gefühlsbindung an eine andere Person bekannt.«[64]

Diese Gefühlsbindung kann je nach der »Farbe« des Gefühls einen anderen Charakter haben. Sie ist aufgrund der »Labilität« bzw. der »Gegensätzlichkeit«[65] der Gefühle »ambivalent«[66]. Die Identifizierung als Gefühlsbindung kann ferner verschiedene Aufgaben haben: entweder Hilfe für den Aufbau des Ich darstellen oder aber in Konfliktsituationen dem Ich zur Abwehr und Verteidigung dienen[67].

2.2 Die konstruktive Bedeutung der Identifikation für das Ich

Im folgenden wollen wir uns der konstruktiven Bedeutung der Identifizierung für das Ich zuwenden. Freud spricht davon, daß die Identifizierung »einen großen Anteil an der Gestaltung des Ich hat«[68]. Sie führt eine »Ichveränderung«[69] herbei, indem das Ich die Eigenschaften des Objekts an sich nimmt, sich damit bereichert[70]. Das Ich geht mittels dieses Mechanismus auf eine Icherweiterung aus. Daher kann Spitz mit Recht sagen, daß es sich bei den Identifizierungen um »affektgebundene, höhere Lernvorgänge handelt«[71]. Auch er betont deren Ichverändernden Charakter, wenn er zum Ausdruck bringt, daß die Funktion der Identifizierung »eine Verarbeitung affektiver Beziehungen im Unbewußten ist, durch welche eine Ichveränderung stattfindet«[72]. Icherweiterung wie Lernvorgang lassen in diesem Mechanismus der Gefühlsbindung eine sehr frühe Aktivität des noch unentwickelten Ich vermuten[73]. Daß der Identifizierung eine Aktivität innewohnt, liegt auch in der Aussage Freuds, die Identifizierung *strebe* danach, »das eigene Ich ähnlich zu gestalten wie das zum ›Vorbild‹ genommene«[74]. Nitschke sagt in seinen Ausführungen über das motorische Mitvollziehen des Kindes, in denen er in Wirklichkeit einen Identifikationsvorgang auf motorischem Gebiet beschreibt, es handle sich nicht um ein »rein passives Mitgenommen-Werden«, sondern es sei notwendig, »in den Ablauf des Geschehens« einzugehen[75]. »Es läßt somit nicht nur Freiheit zum eigenen Einsatz, sondern verlangt ihn von Anfang an«[76], d. h. der eigene aktive Einsatz wird gefordert. Die Identifizierung erweist sich so als Organ des Ich für dessen unbewußte gefühlsmäßige Aktivität. Diese Annahme läßt sich erhärten durch die Auffasung Welleks bezüglich der »Einfühlung«[77], in der das »Fühlen zur Tätigkeit« wird; »Einfühlung läßt also ... das Moment der Aktivität erkennen«[78].

Wird der Identifikationsprozeß in Gang gesetzt durch die Initiative des Ich (also kein mechanisch, zwangsweise ausgelöster Ablauf), so darf nicht übersehen werden, daß es sich um ein Eingehen auf eine »Einladung« von Seiten eines anderen Ich handelt, um mit Nitschke zu sprechen: »Es ist viel eher ein wagendes Teilnehmen und Sich-Einlassen auf einen sich anbietenden intensiven und herzlichen mitmenschlichen Bezug«[79]. Das Ich hat die Möglichkeit, auf diese Einladung einzugehen oder sich ihr zu versagen. Mag es auch dem anfangs noch schwachen Ich schwer fallen, hier resistent zu bleiben[80], so darf dennoch die schon frühe Möglichkeit einer Wahl und Entscheidung des Ich auf dem Gefühlswege nicht übersehen werden. Ob nicht das noch »dumpfe« Ich bereits selbst das aus einem anderen Ich wählt, was es zu seinem Aufbau möchte? Sborowitz ist der Auffassung, daß »in der Identifikation die Gewalt des Du« (des anderen

Ich), »in der Projektion die Gewalt des Ichs«[81] (des eigenen) zu groß sei. Dagegen ist zu fragen, ob nicht die Betätigung des Mechanismus der Identifikation bereits eine Initiative der Wahl des Ich darstellt, das ein anderes Ich für sich als »maß-gebend« anerkennt, während bei der Projektion das Ich sich für ein anderes Ich für »maß-gebend« hält. Das bedeutet, daß im Projektionsvorgang dem anderen Ich die freie Wahl genommen wird und ihm Eigenschaften durch das eigene Ich ungefragt »aufgestülpt« werden, wogegen im Identifikationsprozeß das eigene Ich in der Lage ist, aus einem anderen Ich das zu wählen, was es zu seinem Aufbau braucht und was ihm gemäß ist.»DerMensch muß alles, was er braucht, beim Menschen suchen.«[82] Klages nennt »die individuelle Konstante der Auslese das persönliche Leitbild«, das unbewußt ist und dem »Gesetz des Ausgleichs« unterliegt, d. h. »seine Ideale sind recht eigentlich der Reichtum seiner Armut«[83]. Hier liegt die Wurzel aller Idealbildungsprozesse wie aller Mißverständnisse im Hinblick auf die Idealbildung, bedingt durch mangelndes Wissen des Erziehers um Identifikations- und Projektionsvorgänge sowie der Verwechslung der letzteren mit Autorität.

In dem Mechanismus der Gefühlsbindung – der Identifikation – dürfen wir also ein Organ des Ich sehen, mit dem es aus eigener Initiative auf dem Gefühlswege aus dem Angebotenen »wählt«, was es braucht. In der frühesten Betätigung dieses Mechanismus offenbart sich also eine Frühform menschlichen Wählenkönnens. Damit ist eine frühe Möglichkeit des Gebrauches der Freiheit gegeben und der Mechanismus der Identifizierung ein Orrgan des Ich zur Erlangung seiner Selbständigkeit und Unabhängigkeit. Indem er dem Ich den eigenen freien Aufbau ermöglicht, trägt er zum Aufbau und zur Ausformung jener Instanz bei, die den Menschen zentriert und damit von allen anderen distanziert. Dadurch ist das Ziel der Identifizierung die Distanzierung. Identifikation und Distanz sind damit die beiden Pole im Leben des Menschen, die im Dienste der Erwerbung und Betätigung seiner Freiheit stehen. Diese Freiheit hat aufgrund des Weges ihrer Erwerbung und Betätigung – Bindung und Lösung – Freiheit und Bindungsfähigkeit zur Voraussetzung und zugleich als Ergebnis[84].

2.3 Das Verständnis des Begriffes der Identifikation im Rahmen dieser Arbeit

Die Identifikation wird verstanden als eine unbewußte Gefühlsbindung an eine andere Person (Freud). Das bedeutet, daß das Ich sich läßt und mit einem anderen Ich eine Einheit eingeht, mit ihm verschmilzt. Es handelt sich dabei um eine Einssetzung des eigenen mit einem fremden Ich, die sodann eine Einsfühlung ermöglicht (Scheler). Auf diesem Wege kann fühlend z. B. Art und Qualität wie Grad eines fremden Gefühlsprozesses ermessen werden. Die dabei gemachten Erfahrungen werden im Unbewußten verarbeitet (Spitz) und vom Ich assimiliert. Nach der Lösung der aktuellen Bindung und der Rücknahme des Ich auf sich selbst, geht dieses verändert, bereichert und erweitert wie gestärkt und erfahrener aus dieser Bindung hervor. In der Identifikation ist ein unbewußter Lernprozeß vor sich gegangen (Spitz).

Das so stärker und erfahrener gewordene Ich hat gleichzeitig einen größeren Grad an Sicherheit und damit an Fähigkeit zur Selbständigkeit gewonnen. Ebenso ist die Fähigkeit für die Aufnahme einer neuen Bindung gewachsen.

Eine nicht erfolgte Distanzierung von einer eingegangenen Identifizierung läßt darauf schließen, daß das Ich mit den an einem anderen Ich gemachten Erfahrungen nicht fertig geworden ist. Die nicht erfolgte Lösung läßt dann das Eingehen einer neuen Bindung nicht zu. Es kommt zu einer Fixierung.

Voraussetzung für die Identifikation ist zunächst ein sich anbietender mitmenschlicher Bezug (Nitschke). Dem Ich müssen Möglichkeiten zu einer Identifizierung angeboten werden. Dabei darf es sich aber um nicht mehr als Angebot oder Einladung handeln. Wird darüber hinausgegangen, so kommt es zur Projektion von Seiten der Umgebung. Im projektiven mitmenschlichen Bezug fehlt die andere Voraussetzung für die Identifikation: Freiheit, d. h. Raum für Aktivität und Spontaneität des Ich für die Aufnahme eines Identifizierungsprozesses sowie Freiheit für die Wahl und Auslese: mit wem und mit was.

Es wird ersichtlich, daß Identifikation und Distanz, Bindung und Lösung, einander erfordern und bedingen sowie das Erforderte jeweils zum Ergebnis haben, d. h. Identifizierung intendiert Distanzierung, Distanzierung intendiert Identifizierung.

Im Hinblick auf die Genese stellt die Verbindung von Mutter und Kind den »typischen Fall« der Identifikation dar (Freud, Scheler). Es handelt sich dabei um die primäre oder totale Identifizierung (Scheler). Sie hat eine fundierende Bedeutung für alle nach und nach sich herausbildenden Beziehungsformen (Scheler). Alle späteren Beziehungsformen verlaufen nach der Art dieser frühesten Form. Während die Frühform der Identifikation mehr oder weniger total und global ist, werden die nach und nach sich herausdifferenzierenden Formen der Identifizierung partieller und spezieller.

Im Verlaufe der Entwicklung vom Kinde zum Erwachsenen vollzieht sich bei den Prozessen der Bindung und Lösung eine Akzentverschiebung: vom Somatischen her anhebend immer mehr zum Geistigen hin.

3. Die pädagogische Bedeutung der Identifikation und Distanz

3.1 Allgemeinpädagogische Sicht

3.1.1 Die Bildung des Menschen

Der Pädagogik geht es um die Bildung des Menschen. Scheler nennt den Geist den Menschen im Menschen[85], d. h. das, was den Menschen vom Tier unterscheidet und aus ihm den Menschen macht. Schon Fichte hatte gefordert, den Menschen und nicht etwas am Menschen[86] zu bilden, und Pestalozzis Bemühen richtete sich auf die Belebung der Menschlichkeit[87]. Auch Montessori ging es darum, das Leben des noch unentwickelten Menschen im Kinde zu erwecken und anzuregen[88].

So kann Scheler mit Recht von der Bildung als Menschwerdung sprechen[89]. Von dieser Menschwerdung sagt Buytendijk, sie bedeute »mit einer wirklichen, objektiv gegebenen Welt in Verbindung treten können«[90]. Nur für den Menschen gibt es ein selbständiges Gegenüber, mit dem er Verbindung aufnehmen, um mit Buber zu sprechen, zu dem er »in Beziehung treten kann«[91]. Nach der Einsicht Bubers konstituiert sich das Menschsein in einer Doppelbewegung, und zwar so, »daß die eine Bewegung die Voraussetzung der anderen ist. Die erste sei die Urdistanzierung, die zweite das In-Beziehungtreten genannt«[92]. Während die Urdistanz die menschliche Situation stiftet, vollzieht sich in ihr das Menschwerden durch die Beziehung[93].

3.1.2 Der erzieherische Bezug

Pestalozzi hatte in dem frühesten Mutter-Kind-Verhältnis das Modell aller Bildung und Erziehung gefunden[94]. »Der Mutter Verhältnis zum Kind stellt den reinen erzieherischen Urbezug vor Augen.«[95]

Wahre Hilfe zum Werden des Menschen erwächst aus dem Verhältnis zwischen dem einen und dem anderen Menschen. Zu Beginn des menschlichen Lebens finden wir diese Beziehung verwirklicht. Im vorgeburtlichen Stadium besteht eine rein naturhafte Verbundenheit, aus der sich nach der Geburt die Beziehung herausbildet. »Es ist dem Menschenkind Frist gewährt, für die verlorengehende naturhafte Verbundenheit mit der Welt geisthafte, das ist Beziehung, einzutauschen.«[96] Buber spricht von einer »Ursprünglichkeit des Beziehungsstrebens«, das sich schon auf der frühesten dumpfesten Stufe in der Sehnsucht nach Verbundenheit äußert, so im »Kontakttrieb« (den er auch den »Verbundenheitstrieb« nennt), dem Streben nach »taktiler, sodann nach optischer ›Berührung‹ eines anderen Wesens«[97]. »Die Entwicklung der Seele im Kinde hängt unauflösbar zusammen mit der des Verlangens nach dem Du, den Erfüllungen und Enttäuschungen des Verlangens, dem Spiel seiner Experimente und dem tragischen Ernst seiner Ratlosigkeit. Der Mensch wird am Du zum Ich. Gegenüber kommt und entschwindet, Beziehungsereignisse verdichten sich und zerstieben, und im Wechsel klärt sich, von Mal zu Mal wachsend, das Bewußtsein des gleichbleibenden Partners, das Ich-Bewußtsein«[98].

Beziehung vollzieht sich konkret in der Begegnung von Ich und Du. In dieser Begegnung geschieht etwas am Menschen. Löst er sich aus ihr, so »hat er in seinem Wesen ein Mehr, ein Hinzugewachsenes«[99]. »Pädagogisch fruchtbar ist nicht die pädagogische Absicht, sondern die pädagogische Begegnung.«[100] Das konkrete Ein-andergegenüber in der Begegnung: die Entfaltung der Sphäre des Zwischenmenschlichen, nennt Buber das »Dialogische«[101]. »Das erzieherische Verhältnis ist ein rein dialogisches.«[102] Der dialogische Charakter dieses Verhältnisses erfordert, daß jeder sich selber einbringt, d. h. sich mitteilt als das, was er ist, denn der Mensch wird am Du zum

Ich, indem Sein auf Sein wirkt[103]. In diesem »wirkenden« Moment liegt nach Buber das Pädagogische der Begegnung. In der Begegnung von Du und Ich vollzieht sich ein wechselweises Wirken durch das »Berühren« eines anderen Wesens, des Du[104]. Diese Berührung mit der Substanz eines anderen Wesens nennt Buber den »vitalen Kontakt mit dem Sein«[105]. Der vitale Kontakt mit dem Sein oder der Substanz eines anderen Wesens ermöglicht die Teilnahme an dem Sein des Du, wodurch sich das Ich »als eines am Sein Teilnehmenden, als eines Mitseienden, und so als eines Seienden bewußt« wird[106]. In dieser Teilnahme, die Verbundenheit ist und gleichzeitig zur Abgrenzung führt, offenbart sich die »Paradoxie des Urgeheimnisses: ... die unbegreiflich zugleich Entlassen und Bewahren, zugleich Freigabe und Bindung ist«[107].

Die psychischen Prozesse der Identifizierung und Distanzierung (der Bindung und der Lösung), die das früheste Verhältnis zwischen Mutter und Kind gestalten, stellen die dynamische Seite dieses erzieherischen Urbezuges dar. Jeder spätere erzieherische Bezug verläuft auf den Bahnen dieses Urbezuges, d. h. er weist dieselben gestaltenden Faktoren auf. Das bedeutet, daß das konkrete Bildungsgeschehen den Weg nehmen muß, den die menschliche Natur dazu selbst offenbart. Buber geht diesen Weg, auch wenn er sich ganz entschieden dagegen verwahrt, den erzieherischen Bezug als psychologischen Prozeß zu betrachten[108].

Das Pädagogische der Begegnung liegt nach Buber – wie gesagt – in dem wirkenden Moment. Das mehrende und fördernde bzw. verändernde Wirken wird möglich durch die Berührung des einen Wesens mit dem anderen. Diese Berührung oder dieser vitale Kontakt des Seins mit dem anderen Sein führt zu einer Teilnahme am Sein. Diese Teilnahme ist erst möglich geworden durch die vorher eingegangene Bindung. Verbundensein ist Aufgeschlossen- und Einbezogensein[109]. In dieser Teilnahme am fremden Sein wird Anderheit und damit Unterschiedenheit erfaßt, wodurch es zu einer stärkeren Abgrenzung und Lösung kommt. Das Wirken vollzieht sich durch Verbundenheit und Teilnahme, die zur Freigabe und Lösung führen. Das auf diesem Wege sich vollziehende verändernde Wirken stellt somit die pädagogische »Seite« der den erzieherischen Bezug gestaltenden Prozesse dar.

Die entscheidende Hilfe für die Menschwerdung vermittelt also das »Leben zwischen Person und Person«, das »Zwischenmenschliche«[110]. Mit diesem »Leben« meint Buber »aktuale Ereignisse«, d. h. die Verwirklichung der Beziehung, in der Ich und Du »Partner in einem Lebensvorgang« sind[111]. Partner sein, das bedeutet einerseits eine Zuwendung zum anderen in aller Wahrheit, eine Hinwendung des Wesens, in der jeder sich mitteilt als das, was er ist, sich selbst dem anderen gewährt, indem er ihn am eigenen Sein teilnehmen läßt[112].

Zum anderen erfordert es das Bestätigen und Annehmen des anderen Partners sowie die Annahme seiner Anderheit[113]. Der Beziehung eignet ferner Gegenseitigkeit, das bedeutet »mein Du wirkt an mir, wie ich an ihm wirke«[114]. Es handelt sich also um ein gegenseitiges Annehmen und Bestätigen, Gewähren und Teilnehmenlassen. Eine solche »existentielle Kommunikation«, die durch die Begegnung zustandekommt, ist Geschenk, sie kann nicht herbeigeführt werden, denn diese Beziehung ist Erwählen und Erwähltwerden[115]. »Die Beziehung zum Du ist unmittelbar, ... sie dauert, aber im Wechsel von Aktualität und Latenz.«[116] Die in der Latenz fortbestehende Beziehung nennt Buber die »unterirdische Dialogik«[117].

Ausgehend von der Mutualität der Beziehung führt jede Begegnung zu einer Entfaltung und Vertiefung des Menschseins[118]. Vom spezifisch erzieherischen Verhältnis – herausgelöst »aus der absichtlos strömenden All-Erziehung« – aber sagt Buber, daß ihm die volle Mutualität versagt ist[119]. Das erzieherische Verhältnis wird konstituiert durch das Element der Umfassung: diese Umfassung ist einseitig, d. h. »der Erzieher steht an beiden Enden der gemeinsamen Situation, der Zögling nur an einem«[120]. Mit der Umfassung meint Buber die »Erfahrung der Gegenseite«[121], in der der Erzieher von der Gegenseite (der des Zöglings) aus die Wirkung seines Tuns auffängt und verspürt »wie das tut«. In dem Augenblick, wo die Umfassung zu einer Gegenseitigen wird, schlägt das erzieherische Verhältnis um in ein freundschaftliches. Im erzieherischen Verhältnis handelt es sich um eine »existentielle Kommunikation zwischen einem Seienden und einem Werden-könnenden«[122]. In ihm wird Erziehung zur Absicht, d. h. es wird zu Amt und Beruf »mit dem eigenen Sein auf das Sein anderer einzuwirken«[123]. Es soll ein »verborgenes Einwirken« sein, aus der Ganzheit des Wesens, in dem eine Auslese der wirkenden Welt gesammelt und dargelegt ist. Dieses verborgene Einwirken ist das Gegenteil des Eingreifens, das Buber vermieden wissen will. Es vollzieht sich in der Annahme und Bestätigung des Zöglings sowie der Teilnahme an dessen Leben. Aus der unmittelbaren und unbefangenen Teilnahme am Leben des Zöglings sowie aus der Übernahme der sich daraus ergebenden Verantwortung erwächst das Vertrauen: »Vertrauen, Vertrauen zur Welt, weil es diesen Menschen gibt, das ist das innerlichste Werk des erzieherischen Verhältnisses.«[124] Weil es diesen Menschen gibt – das bedeutet, daß dieser Mensch auch wirklich da sein muß. Seine Gegenwart wird erfordert. Von der Art dieser Gegenwart – als eines Dienstes des Geistes am Leben – sagt Buber, sie vollziehe sich in einer »bestimmten Kontrapunktik von Hingabe und Zurückhaltung, Vertrautheit und Distanz, die freilich nicht von einer Reflexion angeordnet, sondern aus dem Wesenstakt des natürlich-geistigen Menschen aufgestiegen sein muß«[125].

Der Rhythmus des konkreten Bildungsgeschehens, d. h. der Weg, den das verändernde Einwirken auf den Menschen nimmt, ist also der einer »Kontrapunktik«: Bindung und Lösung – Teilnahme und Freigabe – Identifikation und Distanz.

Menschsein bedeutet »In-Beziehung-stehen« zur natürlichen, menschlichen und geistigen Sphäre[126]. Die Hilfe zur Menschwerdung, d. h. zur Verwirklichung dieser Beziehungen geschieht auf dem Wege des Vollzugs solcher Beziehungen.

Die Hilfe zur Verwirklichung der Beziehung zur psychischen (menschlichen) Sphäre liegt im unmittelbaren Vollzug dieser Beziehung, der konkreten Begegnung von Mensch und Mensch. »Wir sind ihre Anreize, durch die sie das Gefühl üben müssen, das ihrer zarten Seele entkeimt... Von uns müssen sich die reinen Seelen der Kinder nähren; sie müssen ihre Herzen auf uns richten, wie sie ihre Aufmerksamkeit auf einen selbstgewählten Sinnenreiz richten, und durch die Liebe zu uns muß sich ihr innerstes Seelenleben zum Licht enwickeln... Wir sind die ›Gegenstände‹ seiner Liebe, ... an denen sein Innenleben sich organisiert.«[127]

Die Hilfe zur Verwirklichung der Beziehung zu den beiden anderen Sphären (der natürlichen und geistigen) kann in zwei verschiedenen Beziehungsvollzügen liegen: a) dem Mit-vollzug und b) dem unmittelbaren Vollzug.

Eine Verwirklichung der Beziehung zur Welt durch Mit-vollzug einer durch einen anderen Menschen vollzogenen Beziehung zu ihr hält Pieper für eine der intensivsten Formen des Lernens: »Die Voraussetzung von Lernen sei in irgendwelchem Sinne Liebe, liebende Identifizierung mit dem Lehrenden. Gemeint ist vielmehr dies: daß der Lernende durch solche Identifizierung, durch solchen ›Kunstgriff der Liebe‹ (so formuliert Nietzsche) in die Möglichkeit gesetzt werde, den Gegenstand ›wie‹ mit den Augen des Lehrenden zu sehen, d. h. Berührung zu gewinnen mit geistigen Realitäten, die er eigentlich, rein intellektuell gesehen, noch gar nicht fassen kann, die er aber dennoch, eben kraft jener unkritischen Bejahung des Lehrenden, kraft der Identifizierung mit ihm, gewahrt; nicht also auf Grund von Sach-Intersse, sondern auf Grund der Verbundenheit mit dem Lehrenden.«[138] Hier äußert sich die »erschließende« Kraft des zwischenmenschlichen Bezuges für die Beziehungsfähigkeit zur geistigen Sphäre, indem sie zur »Berührung« mit geistigen Realitäten führt, und eine Einsicht vermittelt, die der intellektuellen Einsicht noch vorausliegt. »Es kann sein, daß auf lange hinaus in vielen Gebieten... dieses der methodische Gang ist: Das Kind erlebt im Unterricht zunächst die Begegnung des Erziehers mit der geformten Welt nach und gelangt erst durch den Erzieher, an dem es sich bildet, zu einem eigenen Verhältnis zur Sache.«[129] Dem Mitvollzug liegt also eine Verbundenheit mit dem Erziehenden zugrunde, während der andere methodische Gang: Aufnahme einer unmittelbaren Beziehung mit der natürlichen und geistigen Sphäre – größere anfängliche Selbständigkeit vorausgesetzt. Diesen Weg hat Maria Montessori gewählt und dabei die Freigabe des Kindes für die unmittelbare Aufnahme solcher Beziehungen bewußt intendiert: »Die Lehrerin muß das Kind leiten, ohne es ihre Gegenwart zu sehr fühlen zu lassen, so daß sie immer zu erwünschter Hilfe bereit sein kann, aber niemals hindernd zwischen dem Kinde und seiner Erfahrung steht.«[130] Die unmittelbare Beziehung zur natürlichen und geistigen Welt (aufgrund des Sach- und nicht des Personinteresses) vollzieht sich durch das, was Buytendijk das »Liebhaben mit dem Verstande«[131] nennt. Es handelt sich dabei um einen »Anschmiegungsprozeß des Denkens an die Sache, im ›fruchtbaren Moment‹ verschmelzen beide, der Krampf des Suchens löst sich in einem Hingegebensein und in einem Verschmelzen mit der Sache.«[132] In dieser Begegnung mit der Sache wird der Geist ergriffen, lebendig und aufnahmefähig. »Er dringt in die Tiefe des Objekts ein, und in dieser Verschmelzung mit dem Objekt erschließen sich die eigentlich bildenden Wirkungen der ›Sache‹.«[133] Die bildende Wirkung vollzieht sich auch in dieser Art Begegnung mit der Sache durch die Teilnahme am Wesen, dem Sein der Sache, ein Vorgang, den Hengstenberg »Konspirieren mit dem Gegenstand, Mitvollzug seiner ihm selbst eigenen sinnhaften Struktur«[134] nennt.

In dem jeweiligen Vollzug der verschiedenartigen Beziehungen zeigt sich sowohl im Hinblick auf deren Bewegungsrhythmus als auch im Hinblick auf deren immanenter Tendenz das, was Scheler nennt »mit liebender Inbrust nach ontischer Teilnahme und Teilhabe an allem suchen«, das heißt »nach Bildung streben«[135].

3.1.3 Die Bildungsbewegung

Ausgehend vom erzieherischen Urbezug: dem Mutter-Kind-Verhältnis, wurde aufgezeigt, daß alle Bildung durch einen erzieherischen Bezug erfolgt. Es wurde ersichtlich, daß die das früheste Verhältnis gestaltenden Prozesse: Identifikation und Distanz (Bindung und Lösung), auch in diesen Bezügen mitgestaltend tätig sind als eine sowohl in ihrem Bewegungsrhythmus als auch in ihrer immanenten Tendenz liegenden »Kontrapunktik«[136]. Dem im erzieherischen Bezug liegenden Bildungsgang, dem »Wie des Prozesses der Menschwerdung«[137] ist nun noch im einzelnen nachzugehen, d. h. seiner »Grundstruktur« (der »Bildungsgrundlage der Menschlichkeit«[138]), seinen Voraussetzungen und seinen Wirkungen.

3.1.3.1 Die »Grundstruktur« der Bildung

Nach Bildung streben heißt, eine ontische Teilnahme und Teilhabe an allem suchen. Darin liegt der Bildungssinn: sich einlassen auf das Sein, es im Seienden mitzumachen und darin als Geschenk seiner teilhaftig werden[139]. Der Sinn der Bildung verweist auf eine dem Bildungsgang innewohnende Bewegung: auf das Seiende hin, durch es hindurch und zu sich zurück im Innewerden von »Unterschied und Sonderung«[140]. Ballauff nennt diese Bewegung die Bildungsgrundlage der Menschlichkeit, das ist die »Grundweise . . ., in der sich der Mensch in seine Menschlichkeit einfügen läßt bzw. einfügt«[141]. Die den erzieherischen Bezug gestaltenden Prozesse der Identifikation und Distanz erweisen sich nun als die »Mittel und Bänder des Vereinigens«, über die »die einigende Einheit« (das ist das Ich) verfügen muß, »um sich auf Seiendes hin zu bewegen«[142]. Die Prozesse der Bindung und Lösung stellen die dynamische Seite dieser bildenden Bewegung dar.

»Im Von-sich-weg zu Seiendem bindet sich das Ich an Seiendes, im Zu-sich-zurück aber löst es sich wieder von ihm. Alle Hingabe ist Bindung, alles Eingenommenwerden und Sich-befinden unter Seiendem; alle Rücknahme und Distanzierung Lösung.«[143]

Im folgenden interessiert als pädagogische Betrachtungsweise die bildende Bewegung, die von den Prozessen der Identifizierung und Distanzierung getragen wird. – »In der Erfüllung der Grundstruktur der Bildung bildet sich das Ich als Ich.«[144] Mit Erfüllung der Grundstruktur ist der Vollzug dieser bildenden Bewegung gemeint. Die Bildung des Ich als Ich bedeutet Bildung der Menschlichkeit in einer Bewegung der Wandlung, die eine Wiederholungsbewegung ist und zu einer Überholung führt[145]. Überholung bedeutet ein Sich-wandeln und Sich-umbilden.

Tätige Aufmerksamkeit und Interesse setzen die Bildungsbewegung in Gang. Das Seiende, auf das das Fragen und die gespannte Erwartung sich richtet, wird interessant. Vom Interesse sagt Ballauff, daß es »Beteiligung an Seiendem im Wie seiner Darbietung«[146] ist. Dieses Interesse ist liebende Hingabe an dieses Seiende in einem geduldigen Verweilen bei ihm[147]. In diesem Verweilen wendet der aufnahmebereite Geist sich dem Seienden zu, geht auf es ein und wird dabei von ihm ergriffen. Durch die Spontaneität des Ich in Gang gesetzt, verläuft nun der Prozeß der Bildung »in der vorwärtsstreibenden und Richtung gebenden Eigenbewegung«[148] des Seienden. Aufgrund der eingegangenen Verbindung des Ich mit dem Seienden kommt es zum Mitvollzug der dem Seienden eigenen sinnhaften Struktur[149]. Hier liegt die Möglichkeit der Einsicht in das Wesen des Seienden, eines Hineinsehens in Sinn und Sinnzusammenhänge. In dieser Bewegung erschließt sich dem Ich die Eigenart dieses Seienden, es findet darin dessen eigene innere Gestalt sowie die ihm eigenen Gesetze und Ordnungen auf. In diesem Mitgenommenwerden von der Eigenbewegung des Seienden wird dem Menschen eine neue Sicht eröffnet, die ihn »befreit von Blindheit«[150]. Mit der Einsicht geht also eine Befreiung einher, die eine Änderung der bisherigen Sicht und damit der bisherzigen Beurteilungslage bedeutet. Die neue Einsicht ermöglicht bessere Unterscheidung zwischen dem Wesentlichen und dem Unwesentlichen eines vernommenen Seienden. Sie führt hinüber in Abstand und Besinnung, die bereits Zurücknahme und Lösung sind. »Besinnung setzt Hingabe voraus, sie ist immer nur als Zurücknahme.«[151] Die Besinnung schenkt den rechten Abstand, der Voraussetzung ist für die Beurteilung, was von dem durch Seinsbeteiligung Vernommenen nun auch übernommen wird. Im Abstand wachsen Gesinnung und Einstellung, die ihrerseits dann jene echte Bindung ermöglichen, die aus der freien Annahme und Übernahme des Eingesehenen erwächst. So »bindet sich das Ich in der Lösung vom Seienden an sich ... es löst sich von sich in aller Hingabe, dies Lösen ist zugleich ein Sich-wandeln und Sich-umbilden«[152].

In genetischer Hinsicht ist noch zu erwähnen, daß diese Bildungsbewegung sich nicht von Anfang an in der vollen Bewußtseinshelle vollzieht, wie auch der Bildungsprozeß in späteren Jahren so verläuft, daß er im Laufe des Vollzuges »Bewußtsein stiftet«[153]. Die früheste Bildungsbewegung verläuft allein auf dem Gefühlswege. Die Verarbeitung erfolgt noch ganz im Unbewußten.

Ferner muß noch darauf hingewiesen werden, daß der Mensch sich der Bildung versagen kann, indem er sich entweder der Einsicht verschließt oder das in der Einsicht Vernommene nicht übernehmen will.

Eine andere Gefahr, die die Art und Weise des Bildungsweges mit sich bringt, ist die »des Selbstverlustes, den Rückweg zu unterlassen«[154], d. h. eine eingegangene Bindung nicht zu lösen.

3.1.3.2 Die Voraussetzungen für die Bildung

Die Bildungsbewegung muß von dem zu bildenden Menschen selbst vollzogen werden; sie wird von seiner spontanen Aktivität in Gang gesetzt. Diese wiederum bedarf eines »Anreizes« von außen, der den tätigen Impuls der Aufmerksamkeit[155] anstachelt. Die Bildungsfähigkeit des Menschen muß herbeigeführt und die Bildungssituation ermöglicht, d. h. es müssen Bezugsmöglichkeiten angeboten werden.

Maria Montessori sagt, daß die erzieherische Einwirkung des Lehrers darin bestehen müsse, aufzumuntern, zu wecken und zu helfen und so das Kind bildungsfähig zu machen[156]. Die Herbeiführung der Bildungsfähigkeit besteht nach Montessori in der Ermöglichung der freien und spontanen Aktivität des Kindes. Damit wird die Freiheit eine notwendige Bedingung für die Aufnahme des Bildungsbezuges und das Eingehen in diese Bewegung. Freiheit ist »als eine regsame persönliche Spontaneität des geistigen Zentrums im Menschen – des Menschen im Menschen – die fundamentalste und erste Bedingung schon aller Möglichkeit von Menschenbildung und Menschenerhellung«[157]. Mit dieser Freiheit ist gemeint die Freigabe des Menschen für die eigene Initiative zur Aufnahme des Bildungsprozesses sowie der Wahl und der Auslese: an wen und an was. Einschränkend muß dazu gesagt werden, was Buytendijk im Anschluß an Merleau-Ponty betont: »Die Idee der Situation schließt im Grunde die absolute Freiheit ... aus.«[158] Pädagogisch betrachtet bedeutet das, daß die Situation das Maß an Freiheit, das zugestanden werden kann, mitbestimmt, d. h. dem Kinde kann aufgrund seiner Situation nur soviel an Freiheit gewährt werden, als es auch wirklich ertragen kann. »So kann man also von Freiheit nicht reden, ohne gleichzeitig die dazu gehörigen größeren Mittel zu bedenken.«[159] Dem Kinde Freiheit geben, bedeutet also nicht, es sich selbst überlassen oder es an ein nicht zu verkraftendes Maß an Freiheit »auszuliefern«[160] Freiheit bedeutet hier Freigabe zur Ermöglichung der Eigeninitiative. Damit ist zunächst der Erzieher angesprochen, »die Bande der Abhängigkeit zu lockern, die das Kind an ihn fesseln« und das Kind zu ermuntern und zu ermutigen, »selbst die Initiative zu ergreifen«[161]. Montessori war deshalb so sehr darauf bedacht, die spontane Aktivität des Kindes zu ermöglichen, weil nach ihrer Meinung die ganze Pädagogik von dem »Grundsatz der Unterwürfigkeit beherrscht«[162] wird. Dieser Grundsatz der Unterwürfigkeit mag zusammenhängen mit einem falschen Verständnis der Freiheit, die »leicht den Nebensinn von Auflehnung«[163] gewinnt. Weiterhin mag dabei ein Mißverständnis von Autorität und Gehorsam mitspielen. »Erzieher, die ihren Kindern jedes Recht auf eigene Initiative, selbständiges Denken und Empfinden absprechen, beweisen dadurch noch nicht, daß sie echte Autorität besitzen.«[164] Von der echten Autorität sagt Berge, daß sie im Dienste des Lebens des Kindes steht und ein Mittel für die Anleitung des Kindes ist, wahrhaft frei zu werden. Das bedeutet, daß die Hemmungen und Einschränkungen, die dem Kinde notwendig zugemutet werden müssen, nur solange bestehen bleiben dürfen, bis das Kind ohne sie auskommen kann; sie dürfen aber den Lebensdrang des Kindes nicht ersticken[165]. Die Einschränkungen gleichen nur eine Zeitlang mangelnde Voraussetzungen für den Gebrauch der Freiheit aus und tragen von daher den Charakter einer unentbehrlichen Hilfe. »So darf der Erzieher dem Kinde erst dann größere Freiheiten zugestehen, wenn er sicher ist, daß es auch über die entsprechenden größeren Kräfte und Möglichkeiten verfügt. Ein Kind ohne Führung lassen, bedeutet noch nicht ihm Freiheit schenken.«[166]

Mit ihrer Forderung nach der Freigabe der kindlichen Spontaneität will Maria Montessori im Kinde eine Bindungsbereitschaft herbeiführen, die Voraussetzung für den wirklichen inneren Gehorsam ist. Sie geht davon aus, daß im Kinde eine Neigung zum Gehorsam vorhanden ist, »der bis an die Wurzeln seines Geistes reicht«[167]. Das Kind zugunsten der Entwicklung dieser Bindungsbereitschaft freigeben, bedeutet von seiten des Erziehers Verzicht auf alle Einschreitungen von seiner Seite, die darauf abzielen, die kindliche Spontaneität (im Bereich des Guten) zu unterdrücken, denn »um zu gehorchen, muß man nicht nur gehorchen wollen, sondern auch können«[168]. Die Verwechslung des Gehorsams mit Unterwürfigkeit und Zwang und die Forderung eines solchen Gehorsams ersticken die Möglichkeit eines echten Gehorsams im Keim. Zwang bedeutet Unfreiheit, dagegen Freiheit Ungezwungenheit und damit die Möglichkeit, folgen zu können:

»Gehorsam bedeutet Zustimmung der Persönlichkeit.«[169] Den inneren Zusammenhang von Freiheit und Bindung bzw. Gehorsam bringt Lavelle zum Ausdruck, wenn er von der Freiheit sagt, daß »deren Herz in einem Akt der Annahme, in einem Ja, das wir zum Sein und Leben sagen, beheimatet ist«[170].

Im Blick auf das Kind muß noch gesagt werden, daß es nur in dem Maße von der ihm zugestandenen Freiheit Gebrauch zu machen vermag, als es dabei des Erziehers »sicher« ist. Es muß wissen, daß es in seinen Unternehmungen nicht allein gelassen oder verlassen ist, daß es sich auf solche Unternehmungen nur einlassen kann, weil es sich dabei auf den Erzieher verlassen kann. Es wagt den freien Einsatz, weil das Maß des Wagens, das eine Unsicherheit bedeutet, aufgewogen wird von seinem Vertrauen in den Erzieher, das Sicherheit bedeutet. Vom Vertrauen sagt Buber, daß es erwächst aus einer unmittelbaren Teilnahme des Erziehers am Leben des Kindes und aus der Übernahme der Verantwortung, die sich daraus ergibt[171]. Das Vertrauen »enthält also einen Akt der Kommunikation..., es gründet sich auf eine wechselseitige liebende Beziehung besonderer Art«[172], eben jener Teilnahme am Leben des Kindes und der Übernahme der sich daraus ergebenden Verantwortung. Im Kern des Vertrauens steckt die Sicherheit: das Wissen um das Bleibende und den Bestand dieses wechselseitigen Verhältnisses und das Wissen um seine Verläßlichkeit und Wiederkehr[173]. In diesem Vertrauen gründet die echte Autorität, die das Kind sucht und braucht. In solchem Vertrauen wird der Gehorsam mitvollzogen, ohne eigens in Erscheinung zu treten. Dagegen fühlt das Kind in allem autoritären Gebaren die darin sich äußernde Unsicherheit heraus[174]. Es sucht Sicherheit und findet sie nicht. Die dadurch im Kinde entstehende Verwirrung führt zu einem ständigen Kampf mit dem Erzieher[175], der sodann des Kindes Not mit Ungehorsam und Unfolgsamkeit verwechselt und zu Mitteln des Zwanges greift. Zwang aber ist das Gegenteil von Verbundenheit[176]. Und damit fehlt jene besondere Art von Kommunikation, die im Vertrauen gegeben ist. Autoritäre Erzieher leben in der ständigen Verteidigung[177]. Sie können keine Freiheit gewähren, weil diese für sie eine Bedrohung darstellt.

Der freigegebenen Aktivität des Kindes müssen Gelegenheiten zur Entfaltung geboten werden.

»Dem Kinde eine angepaßte Umgebung... schaffen... Die Kinder in Ruhe lassen, sie nicht in ihrer Wahl und ihren spontanen Arbeiten hemmen, das ist alles, was man verlangt.«[178]

Aber auch in dieser Art Freiheit gilt das Wort von Merleau-Ponty, daß die Idee der Situation die absolute Freiheit ausschließt. Montessori deutet das an mit dem Wort »angepaßte« Umgebung. Das bedeutet, daß aufgrund des begrenzten kindlichen Vermögens zu wählen und zu erfassen, nur ganz bestimmte und in ihrer Anzahl begrenzte Möglichkeiten angeboten werden können, daß eine Auslese der wirkenden Welt durch den Erzieher getroffen wird. Im Rahmen dieser angebotenen Möglichkeiten, die einen Bezug anbieten und ein Bildungsgeschehen ermöglichen, muß das Kind in seiner Wahl frei sein. Denn diese Freiheit gewährleistet und fördert jene spontane tätige Aufmerksamkeit, die die Bildungsbewegung einleitet. Durch sie wird das Interesse gesichert und entspringt die »Fragehaltung«[179] einem augenblicklichen Bedürfnis des Kindes. Die Bildungsbewegung vollzieht sich dadurch mit größerer Intensität und Nachhaltigkeit als dies bei mühsam herbeigeführter Aufmerksamkeit geschehen kann.

Die Freiheit der Wahl gilt auch für das, was Klages das persönliche Leitbild nennt: die individuelle Konstante der Auslese[180]. Der Erzieher darf das Kind nicht in eigene oder ihm vorschwebende Formen pressen wollen, sondern muß dem Kinde Freiheit zugestehen, für seine individuelle Formung das aus einem anderen Menschen zu wählen, wonach es verlangt. Es geht darum, das Kind »auf seine eigenste Möglichkeit freizugeben«[181]. Hier liegt die ganze Problematik von Ideal, Leitbild und Vorbild. Die Wahl muß durch das Kind getroffen werden, sonst kommt es zu einer Überfremdung. Aber die Qualität dessen, was dem Kinde in den Beziehungspersonen seiner Umgebung angeboten wird, ist bestimmt durch das, was diese jeweils für sich gewählt haben. Auch die Freiheit des Kindes in der Auslese dessen, was es für die individuelle Bildung braucht, ist relativ, d. h. seine Möglichkeiten werden durch seine Umgebung eingegrenzt.

3.1.3.3 Die Wirkung der Bildungsbewegung

Bei den Wirkungen handelt es sich um das letzte Stadium der durchlaufenen Bildungsbewegung: Bejahung, Annahme und Übernahme des Eingesehenen. Der Mensch, der durch die Seinsteilnahme einen Anspruch vernommen hat, entscheidet in diesem letzten Stadium darüber, ob er auf diesen Anspruch antworten will oder nicht. Er kann dem Anspruch nachkommen oder sich ihm versagen. Hier liegt der Bereich der Verantwortung. Wird dem vernommenen Anspruch nachgekommen, ihm entsprochen, so bedeutet das, daß der Mensch sich frei in eine neue Bindung hineinbegibt. Das menschliche Entsprechen entspricht so der Verbundenheit[182], als einem Akt der Annahme, einem Ja, das wir zum Sein und Leben sagen[183]. Diese Annahme, dieses Ja zum Sein und Leben nennt Lavelle das »Herz« der Freiheit[184]. So kann Ballauff mit Recht die Bildungsbewegung als eine Befreiung bezeichnen: eine Überführung aus unechter Bindung in echte[185]. »Befreitwerden heißt: in eine neue härtere Bindung hineingestellt werden – hart, weil sie verstanden wird als solche«[186]. Die Härte liegt in der Einsicht in den begrenzenden Charakter der eingegangenen Bindung, in der Bejahung und Annahme der Notwendigkeit und Unabänderlichkeit eines darin gegebenen Anspruchs, der Gehorsam, das Hören auf ihn fordert.

Die Freigabe des Menschen auf seine Menschlichkeit bedeutet eine »Befreiung von...«, eine Lösung der primären Bindungen, um freizumachen für die ›wahre Freiheit‹«[187]. So haftet der Freiheit eine eigenartige Paradoxie an: Sie ist die »Fähigkeit, die Abhängigkeiten zu wählen, der wir uns unterwerfen wollen... Alle unsere Freiheiten sind nur teilweise und relative Freiheiten«[189]. Jede Bildungsbewegung, die vom Menschen bis zum Ende vollzogen wird, stellt ihn vor diese Erkenntnis, die zuletzt nichts anderes ist als die Einsicht in die ursprüngliche menschliche Situation. »Eine relative Freiheit annehmen ist identisch mit der Annahme der Weltwirklichkeit in ihrem Selbstwert für uns«[190]. In diesem Ja zur Weltwirklichkeit fügt sich der Mensch in seine Menschlichkeit, d. h. er fügt sich darin, ein Mensch zu sein, ein Wesen zu sein, das in vielfachen Beziehungen steht, eines unter vielen ist, das aber die Möglichkeit hat, diese Tatsache anzunehmen oder abzulehnen. Die Ablehnung dieser ursprünglichen menschlichen Situation bedeutet eine Verfehlung des Menschseins. Diese Einsicht trifft sich mit den Erkenntnissen der Tiefenpsychologie, daß in jeder Neurose ein »habituelles Nein zu Grundzügen der Wirklichkeit« steckt[191]. Dieses Ja zur menschlichen Wirklichkeit erstreckt sich sowohl auf die Bejahung der darin gegebenen ursprünglichen menschlichen Situation: Sich unter Seiendem zu befinden und zu ihm in Beziehung gesetzt wissen, als auch auf die »Grundweise«, in der der Mensch sein Wesen verwirklicht: dem Rhythmus von Bindung und Lösung, von Identifikation und Distanz.

3.2 Ontogenetische Sicht

Im Anschluß an Pestalozzi sagt Ballauff

»daß der Mensch sich selbst gemäß der Ordnung der Natur führen muß, daß die Führung der Natur gerade darin besteht, den Menschen selbst freizugeben, damit er kraft dieser Freigabe sich ›naturgemäß‹ füge«[192].

Menschwerdung geschieht dadurch, daß der Mensch lernt, seiner eigenen Natur, seinem Menschsein zu entsprechen. Menschsein bedeutet in Beziehung stehen zur natürlichen, menschlichen und geistigen Sphäre und die Möglichkeit haben, diese Beziehung zu verwirklichen oder sich ihr zu versagen. Der Mensch hat damit die Möglichkeit, sein eigenes Wesen zu verwirklichen oder aber, indem er sich dagegen stellt, es zu verfehlen. Verwirklichung des Menschseins ist gleichbedeuteund mit Annahme der gegebenen Natur, indem der Mensch sich gemäß seiner Natur fügt, ihr entspricht. »Der Mensch ist ein Wesen der Bildung«, d. h. das Menschsein vollzieht sich immer in der Weise des Werdens[193]. Bildung umfaßt beides: Hinführung zur Menschlichkeit und ihre Bewahrung[194].

Erziehung ist Hilfe zur Menschwerdung. Diese Hilfe muß der »Bahn der Natur« entsprechen, d. h. den werdenden Menschen durch wachsende Freigabe anleiten, sein eigenes Wesen zu finden, zu bejahen und anzunehmen. Das bedeutet, sich in sein Menschsein aus freier Entscheidung fügen.

Die Freigabe führt zu einer Befreiung des Menschen im Menschen: einer Überführung aus unechter Bindung in echte. Der Weg der Entwicklung des Menschen ist der Weg der Befreiung. Diese Befreiung führt aber nicht zu einer Ungebundenheit oder Bindungslosigkeit[195]. Sie ist vielmehr der Weg der Entwicklung des Menschen als eines geistbegabten Wesens, das zunächst naturhaft verbunden, in die Natur eingebunden ist, und dessen Werden den Sinn hat, aus dieser naturhaften Verbundenheit sich zu lösen, um zu einem selbständigen Gegenüber der Natur zu werden und aus freier Übernahme ihrer Gesetze dieser Natur gemäß sich zu fügen. »Es ist dem Menschenkind Frist gewährt, für die verlorengehende Verbundenheit mit der Welt geisthafte, d. i. Beziehung, einzutauschen«[196].

Die Zeit, die wir die (spezielle) Entwicklungszeit des Menschen nennen, ist nichts anderes als jene »Frist des Umtausches« von natürlicher Verbundenheit in geistige Beziehung. Es ist die Aufgabe der Erziehung, dazu Hilfen zu geben. Pestalozzi sagt dazu:

»Das Wesen meiner Methode ist, beim Schwinden der physischen Ursachen des Zusammenhangs zwischen Mutter und Kind dem letzteren seine Mutter nicht nur wiederzugeben, sondern derselben dann noch eine Reihenfolge von Kunstmitteln an die Hand zu stellen, durch welche sie diesem Zusammenhange ihres Herzens mit ihrem Kinde solange Dauer geben kann, bis die sinnlichen Erleichterungsmittel der Tugend, mit den sinnlichen Erleichterungsmittel der Einsicht vereinigt, die Selbständigkeit des Kindes in allem, was Recht und Pflicht ist, durch Übung zur Reifung zu bringen vermögen.«[197]

Pestalozzis Bemühungen gehen also darauf hinaus, dem Kinde die Verbindung mit seiner Mutter solange zu erhalten, bis Tugend und Einsicht das Kind bei seinem Streben nach Selbständigkeit leiten. Dieser Prozeß der Loslösung aus ursprünglichen Bindungen vollzieht sich stufenweise, charakterisiert durch die verschiedenen Bereiche, in denen sie sich vordergründig und erfahrbar vollzieht.

3.2.1 Die frühe Kindheit

Es ist die Zeit, in der – beginnend mit dem Vorgang der Geburt – die physische Loslösung des Kindes im Mittelpunkt der Betrachtung steht, und die sich etwa bis ins 3. Lebensjahr hinzieht.

»Wir sehen klar die Abschnitte der Befreiung des Kindes vom Erwachsenen: die Zähne geben ihm die Möglichkeit, sich unabhängig von der Mutter ernähren zu können, das Laufen bedeutet ohne Hilfe des Erwachsenen sich fortbewegen zu können, und das Sprechen ist der Anfang, sich mitteilen zu können und nicht mehr von der Auslegung seiner Wünsche durch den Erwachsenen abhängig zu sein.«[198]

Montessori weist darauf hin, daß das erste Wort und der erste Schritt des Kindes als Marksteine in der frühkindlichen Entwicklung angesehen werden, daß aber der Intellekt und der Bewegungssinn schon einen langen Weg zurückgelegt haben, bevor Sprache und aufrechter Gang als Stationen wahrnehmbar sind. Das Interesse und die Hilfe müssen dem Weg gelten, der schon vor diesen Stationen liegt[199].

In dieser frühen Kindheit ist es vorwiegend das Verhältnis zwischen Mutter und Kind, durch das dem Kinde die Hilfe für seine Menschwerdung geschenkt wird. Mag durch den Vorgang der Geburt die physische Verbindung mit der Mutter gelöst sein, so ist die psychische Verbindung des Lebens mit der Mutter charakteristisch für die Zeit der frühen Kindheit. Das Kind gewinnt einen hohen Grad an Erlebnisfähigkeit[200] durch die Teilnahme am Erleben der Mutter, einer totalen Identifizierung mit ihr. Pestalozzi schenkt diesem Vorgang große Beachtung.

»Ich frage mich also: Wie komme ich dahin, Menschen zu trauen, Menschen zu danken, Menschen zu gehorsamen? – Wie kommen die Gefühle, auf denen Menschenliebe, Menschendank und Menschenvertrauen wesentlich ruhen, und die Fertigkeiten, durch welche sich der menschliche Gehorsam bildet, in meine Natur? – und ich finde, daß sie hauptsächlich von dem Verhältnis ausgehen, das zwischen dem unmündigen Kinde und seiner Mutter statthat.«[201]

Im Anschluß an diese Feststellung führt Pestalozzi nun im einzelnen aus, daß die Liebe der Mutter das Kind zum Lieben bewegt; ihre Treue und Verläßlichkeit in allen Bedürfnissen des Kindes und ihr Vertrauen zur Umgebung begründet sein Vertrauen:

»Es lächelt der Gestalt der Mutter, es lächelt der Menschengestalt, wer der Mutter lieb ist, der ist auch ihm lieb, wer der Mutter in die Arme fällt, dem fällt es auch in die Arme, wen die Mutter küßt, den küßt es auch.«[202]

Wie sehr das Kind in dieser Zeit aus der Verbundenheit mit der Mutter lebt, führt Pestalozzi weiter aus, wenn er sagt, es »lebt in ihr«, es

»lebt durch sie, ... die Kraft der Mutter ist seine Kraft ... Es liebt alles, was die Mutter liebt, nicht nur Menschen ... Seine Liebe ist teilnehmend.«[203]

Für Pestalozzi ist

»das erste Entkeimen der Liebe, des Dankes, des Vertrauens und Gehorsams eine bloße Folge des Zusammentreffens instinktartiger Gefühle zwischen Mutter und Kind«[204].

Er meint mit dem Ausdruck des »Zusammentreffens instinktartiger Gefühle« einen mütterlichen Einfluß, der zwar in seinem Ursprung instinktartig erscheint, es aber nicht ist, »er ist in seinem Wesen menschlich«[205]. Dieses Zusammentreffen instinktartiger Gefühle wird besser dahin verstanden, daß es ein unreflektierter, unbewußter Vorgang ist, der nicht willentlich herbeigeführt wird.

Dennoch fordert Pestalozzi von der Mutter eine besonnene Liebe[206].

»Alles, was ich von einer Mutter verlangen möchte, wäre, daß sie ihre Liebe so stark als möglich wirken ließe und sie doch in der Ausübung mit Überlegung mäßigte.«[207]

Durch dies Erkenntnis kommt Pestalozzi zur Einsicht in die Notwendigkeit einer Mütterschule. Manche Mutter ist davon zu überzeugen, daß das, was gut gemeint ist, nicht immer gut ist[208]. Es ist wichtig, daß die Mutter ihre früheste Begegnung mit dem Kinde bedenkt. Dazu wird sie der Hilfe bedürfen. Die Forderung von Comenius und Pestalozzi nach einer Mütterschule bekommt heute, nachdem die medizinische, psychologische und pädagogische Forschung die fundamentale Bedeutung der frühen Kindheit für das spätere Leben des Menschen erkannt hat, einen noch stärkeren Nachdruck. Durch gute Mütter- bzw. Elternschulen oder sogen. -seminare könnte vieles im Hinblick auf die frühkindliche Erziehung getan und dadurch manche Erziehungsberatungsstelle entlastet werden.

Montessori bezeichnet die dem Kinde zu gewährende Hilfe als »die bedachte Anteilnahme einer liebevollen Fürsorge«[209]. »Die Liebe soll eine ›denkende‹ sein«[210], d. h. die Mutter muß wissen und wollen, daß ihre ganze Liebe dahin geht, das Kind »einsichtsvoll und kraftvoll, d. h. von ihr unabhängig, frei zu machen«[211].

Die Besinnung der Mutter auf ihre Liebe zum Kinde erstreckt sich auf ein Doppeltes: Die Beschaffenheit und das Maß ihrer Liebe zum Kinde zu bedenken sowie die konkreten Hilfen für die Förderung des kindlichen Selbständigkeitsstrebens zu überlegen.

3.2.1.1 Die Besinnung auf die Beschaffenheit der mütterlichen (bzw. der elterlichen) Liebe

Mag der Vorgang der Identifizierung im Unbewußten verlaufen, so ist das Wissen der Mutter bzw. der Eltern um dieses erste fundamentale Bildungsgeschehen unerläßlich. Diese Erkenntnis führt zu der Besinnung auf die Art und Weise sowie auf die Qualität der Liebe, die dem Kinde entgegengebracht wird. Im Identifikationsvorgang ist von Seiten des Kindes eine Assimilationskraft am Werke, die auf »Nahrungssuche« geht und die von Montessori als »absorbent mind« bezeichnet wird[212].

»Der absorbent mind ist die Fähigkeit zu einer ungemein komplexen, gestalthaften ganzheitlichen Aufnahme... Und sie geschieht nicht nur mit einem Vermögen der Seele, sondern mit der seelischen Ganzheit, indem diese gleichsam in den Schwingungsrhythmus der Umwelt gerät.«[213]

Auf diesem Wege erfühlt das Kind sowohl die innere Beschaffenheit der mütterlichen Liebe zu ihm als auch die Beschaffenheit der mütterlichen Liebe zu der ganzen kindlichen Umgebung. Es erspürt darin das, was wir die Atmosphäre nennen: ihre Ruhe, Friedlichkeit und Ausgeglichenheit, die einen formenden Einfluß auf das Kind haben; oder aber ihre Gereiztheit, Geladenheit und ihren Unfrieden, die dann das Kind innerlich nicht zur Ruhe kommen lassen. Das Kind erfühlt in diesem Prozeß die innere Beschaffenheit der Liebe, die ihm entgegengebracht wird: Echtheit, Wahrhaftigkeit, Zuverlässigkeit und Beständigkeit. Diese Qualität formt das Gefühl des Kindes, das darin sicher und ruhig wird. Es erfühlt ebenso die Unbeständigkeit und Launenhaftigkeit der Zuwendung sowie deren Ängstlichkeit und Unsicherheit. Es wird in seinem Fühlen selbst unsicher, ängstlich und verwirrt. Echt und wahrhaftig ist die Zuwendung zum Kind, wenn sie unmittelbar ist, d. h. wenn die Eltern sich vor ihrem Kind nicht als die Vollkommenen geben, was andererseits nicht heißt, sich in Gegenwart des Kindes »gehen lassen«. Schon das kleine Kind hat ein feines Gespür für die kleinen Schwächen der Eltern. In einer Zuwendung, die dem Kinde gegenüber unmittelbar ist, nimmt dieses teil an dem darin mitgegebenen Mühen um die Verwirklichung einer guten Zuwendung der Liebe. Das Kind wird dadurch von Anfang an in die Wirklichkeit des Menschseins hineingenommen: daß nichts in die Wiege gelegt oder für endgültig gesichert erworben wird, daß Güte, Verantwortungsbereitschaft, Friedfertigkeit, Ehrlichkeit »gewoben« werden

»aus den tausend und ... zehntausend ›Kleinigkeiten‹, in denen die Eltern ihm Tag um Tag ... Leben vorgelebt, bei-gespielt (nicht vorgeredet) haben«[214].

Bedenkt eine Mutter, bedenken die Eltern ihre Liebe in ihrer Wirkung auf den Selbständigkeitsdrang des Kindes, indem sie diesen bejahen, so wird unbewußt ihre Zuwendung zum Kinde von einer anderen Beschaffenheit sein, als wenn sie es nicht loslassen wollen: Das Kind erfühlt darin die Achtung seiner Umgebung vor der Regung der eigenen Spontaneität sowie die Zurückhaltung, die diese sich auferlegt, um es nicht zu hemmen. In dieser Achtung vor dem Kinde und der Zurückhaltung ihm gegenüber liegt bereits eine Freigabe, die auf dem Fundament der Verbundenheit im Kinde das Gespür für Distanz formt.

»Überall gehört zum Wesen der Achtung eine bezeichnende Distanz ... zum geachteten anderen Menschen ... Die Ebene der Achtung ist diejenige der Freiheit.«[215]

In dem Kinde, das eine so beschaffene Liebe empfängt, werden damit zugleich die ersten Keime der Ehrfurcht geweckt. Eine derartig strukturierte Liebe weist in sich selbst die Gestalt der Ehrfurcht auf: »Es scheint, als ob in ihr zwei verschiedene und einander widersprechende Gefühlsrichtungen zu einer spannungshaften Einheit verbunden seien«[216], nämlich Verbundenheit und Distanz.

»So steht die Ehrfurcht von Anfang an in einer eigentlichen Doppelseitigkeit: Sie gehört zur ›Natur‹, d. h. zum Wesen des Menschen und ist ihm doch nicht ›natürlich‹, d. h. von Anfang an als Anlage mitgegeben.«[217]

Die Ehrfurcht wird im Kinde geweckt und ausgeformt durch den Mitvollzug einer liebenden Zuwendung, die ihren Charakter trägt. Neben dem Gespür für die Achtung fremder Äußerungen und für die Ehrfurcht liegt die formende Wirkung in der Ermunterung und Ermutigung, die das Kind in der Beschaffenheit einer solchen Zuwendung erfährt. Hier wird deutlich, wie sehr die erste bildende Bewegung des jungen Menschen auf dem Wege des gefühlsmäßigen Mitschwingens mit dem Leben der Eltern sich vollzieht und das Kind das werden kann, was diese zuvor geworden sind und noch immer sich bemühen zu werden. In solcher Besinnung auf die Beschaffenheit der dem Kinde zu gewährenden Liebe erfüllt sich ein Wort Pfahlers, daß die Kinder durchaus auch Erzieher der Eltern seien[218]. Pfahler geht davon aus, daß die Eltern »Baumeister der Tiefe im Kind und Wächter am Tor zur Tiefe«[219] sind.

»Nicht so sehr durch die Fehler in der bewußten Erziehung wie durch tausend Kleinigkeiten des täglichen Vorlebens werden in der Tiefe die großen Zerstörungen bewirkt.«[220]

Das Kind holt sich aus der in den Eltern »gewordenen Tiefe« die Hilfe zum Aufbau der eigenen Tiefe. Dazu ist es notwendig, daß die Eltern eine »Mitte haben«, d. h.:

»In sich selber klare, feste Bindungen gesetzt haben, Verbindliches für alle Sektoren des persönlichen Lebens anerkennen.«[221]

Im ganzen frühlindlichen Bildungsprozeß

»bildet der Erwachsene den wichtigsten Gegenstand der Liebe; von ihm erhält das Kind die materiellen Hilfen, von ihm nimmt es, mit intensiver Liebe, das, was es zur eigenen Formung benötigt«[222].

Von hier aus wird die Notwendigkeit der Besinnung auf die Beschaffenheit der mütterlichen bzw. elterlichen Liebe deutlich, die aber auch eine Besinnung auf das Maß der Zuwendung enthalten muß, d. h. auf die Notwendigkeit der Zurückhaltung, damit das Kind sich gemäß seinen eigenen Möglichkeiten bilden kann.

»Die Sensibilität des Kindes ist so groß, daß der Erwachsene im Kinde selbst zu leben und zu handeln vermag.«[223]

Es geht hier um die Ehrfurcht vor den eigenen Möglichkeiten des Kindes und die Sorge, sich nicht dem Kinde zu substituieren[224].

»Die Mutter oder der Schulmeister muß für das Kind nicht das sein wollen, was er oder sie sich selbst gern ist, sie müssen ihm beide auch nicht das geben wollen, was sie für sich selbst gern haben und nicht das für ihn sein wollen, was sie selber gern für dasselbe sein.«[225]

3.2.1.2 Die pädagogischen Bemühungen um die Förderung der kindlichen Selbständigkeit

Eine »besonnene Liebe«, die auf die Freigabe des Kindes zur Erlangung seiner Selbständigkeit ausgeht, wird die feinen kindlichen Tendenzen dazu erspüren und ihm Hilfe leisten. Welcher Art dabei die Hilfe ist, bringt Maria Montessori einmal in dem Wort eines Kindes zum Ausdruck: »Hilf mir, es allein zu tun.«[226] Wie die pädagogische Verlaufsform einer solchen Hilfe aussieht, soll im nächsten Kapitel eingehender dargelegt werden. Nur soviel sei schon hier gesagt: Den Tätigkeitsdrang des Kindes soweit nur irgend möglich unterstützen, es nicht bedienen, sondern zur Selbsttätigkeit erziehen. Das setzt aber eine Änderung der Haltung des Erwachsenen voraus, denn von dem Augenblick der Geburt an begleitet die Entwicklung des Kindes »die versteckte Angst, daß das Kind Schaden anrichte oder den Erwachsenen belästigen könnte«[227].

Die Freigabe und Unterstützung des kindlichen Selbständigkeitsdranges erfordert eine viel intensivere Teilnahme des Erwachsenen am Leben des Kindes und stellt viel größere Ansprüche an ihn, nämlich die Haltung jener Liebe, die zugleich Zuneigung und Distanz enthält: Ehrfurcht. In der Ehrfurcht steckt das Wissen um die Verletzlichkeit eines Ehr-würdigen, hier der ursprünglichen Lebendigkeit des Menschen[228]. Montessori faßt die »komplexe leibseelisch-geistige Wirklichkeit unter dem einen Begriff des Lebens auf«, dessen Hauptmerkmal die spontane Aktivität ist, die am deutlichsten im Entwicklungsprozeß in Erscheinung tritt; »Leben aber ist immer identisch mit Aktivsein. Insofern sind alle Lebensvorgänge, auch die geistigen, Weisen der Aktivität.«[229] Für das ganze spätere Leben ist entscheidend, welches Schicksal diese frühkindliche Aktivität erleidet, ob sie unterstützt, gefördert und richtig angeleitet oder durch das ständige Eingreifen des Erwachsenen entweder unterbunden oder auf falsche Bahnen abgedrängt wird. Schon hier wird deutlich, daß viele Schulprobleme, so z. B. die Herbeiführung der Aufmerksamkeit und des Interesses, im Grunde Probleme der frühen Kindheit sind.

3.2.2 Die mittlere und reife Kindheit

Sie umfaßt etwa die Zeit vom 4. bis zum 12. Lebensjahr. Ihre Zusammenfassung erfolgt hier deshalb, weil die pädagogische Verlaufsform für die Bildungsbewegung die gleiche ist, mögen auch die Bereiche, innerhalb deren sie sich vollzieht, verschieden sein. Vollzieht sich die Bildungsbewegung in der frühen Kindheit ganz im Unbewußten des Kindes, so ist diese Phase dadurch gekennzeichnet, daß in ihr das Hinführen des Kindes zu einem mehr und mehr bewußteren Eingehen in die Bildungsbewegung möglich ist.

3.2.2.1 Die Entfaltung des Grundgesetzes des »Exemplarischen«

Bei der praktischen Darstellung des Verlaufes der Bildungsbewegung in ontogenetischer Sicht wird sich zeigen, daß es sich um die Entfaltung des Grundgesetzes des »Exemplarischen« handelt, von dem Lichtenberg sagt: »Was man sich selbst erfinden muß, läßt im Verstand die Bahn zurück, die auch bei anderer Gelegenheit gebraucht werden kann.«[230]

Wenn die Entwicklungszeit mit Bubers Worten als Zeit des »Umtausches« von natürlicher Verbundenheit in geistige Beziehung genannt werden kann, so ist es

Maria Montessori gewesen, die in ihrer Methode bereits einen gangbaren Weg für die Praxis gewiesen hat.

»Montessori erzieht das Kind zur Freiheit durch Bindung, d. h. durch eine lebendige organische Bindung an die Eigenschaften seiner Umwelt.«[231]

Die Freigabe der spontanen kindlichen Aktivität dient der Hinführung zu einer echten inneren Bindung, die die Bildung erst ermöglicht, denn alle Bildung vollzieht sich durch Bindung[232]. So ist Montessori darauf bedacht, die Bindungsbereitschaft des Kindes herbeizuführen.

»Bei den kleinen Kindern ist unser Ziel ... die Entfaltung der geistigen Kräfte«, wobei »die Art und Weise des Gebrauches ... das Wichtigste« ist[233].

Montessori geht davon aus, daß die Bindung zustande kommt durch die Einsammlung der ganzen kindlichen Persönlichkeit in einer tiefen Konzentration. Die Bindung selbst stellt die »Polarisation der Aufmerksamkeit« dar[234]. Zur Einsammlung aller seiner Kräfte wird das Kind erst langsam fähig. Montessori »analysiert« diese Schwierigkeiten, die das Kind auf diesem Wege zu überwinden hat[235]. So beginnt sie zunächst mit der Übung des Muskel- und Bewegungssinnes. Darin fördert sie den kindlichen Aktivitäts- und Bewegungsdrang. Er wird freigegeben, aber nicht ohne Hilfe gelassen. Montessori fordert vom Erwachsenen, mit dem Kinde Übungen des täglichen Lebens (sich anziehen, waschen, kämmen) vorzunehmen[236]. Die einzelnen Bewegungen müssen in der Gegenwart des Kindes langsam vollzogen und dann dem Kinde Möglichkeit und Zeit gegeben werden, diese Übungen oft und oft zu wiederholen, bis es selbst von ihnen läßt. Diese Hilfe läßt das Kind in den äußeren Dingen des praktischen Lebens unabhängiger werden, fördert zugleich die innere Beherrschung und Kontrolle der einzelnen Muskeln und führt damit zu koordinierten Bewegungen[237].

»Worauf es ankommt, ist also nicht die Lebhaftigkeit der Bewegungen, sondern die Beherrschung seiner selbst.«[238]

Führt ein Kind langsame, kontrollierte Bewegungen aus (Montessoris Bewegungsübungen bestehen z. B. darin, die Kinder über einen Strich am Boden gehen oder innerhalb der Übungen der Stille Bewegungsübungen vornehmen zu lassen), so ist das ein Zeichen dafür, daß diese von seinem Ich beherrscht und der Vernunft unterworfen sind.

»Die Fähigkeit, sich gemäß der Leitung durch sein Ich zu bewegen und nicht nur gemäß der von den äußeren Dingen ausgehenden Anziehungskraft, führt das Kind dazu, sich auf ein einziges Ding zu konzentrieren, und diese Konzentration hat ihren Ursprung in seinem Innenleben. Wahrhaft normal ist eine vorsichtige, nachdenkliche Art, Bewegungen auszuführen, und in ihr drückt sich eine Ordnung aus, die man innere Disziplin nennen darf. Die Diszipliniertheit der äußeren Handlung ist der Ausdruck einer inneren Disziplin, die sich rings um ein Ordnungsgefühl gebildet hat.«[239]

Die kindliche Konzentration erweist sich somit als ein ganzheitlicher Akt der kindlichen Persönlichkeit, die in begrenztem Umfange bereits über sich verfügt und die Voraussetzung für das selbständige, bewußte Eingehen einer Bindung ist. Montessoris Bemühungen gehen noch ein Stück weiter: Sie intendiert den inneren kindlichen Gehorsam, der bereit ist, die Verpflichtungen zu übernehmen, die aus der eingegangenen Bindung entstehen. Auch der Gehorsam hat seine Wurzeln in der Geordnetheit der kindlichen Bewegungen. So geht Montessori davon aus, daß niemand aufrecht zu gehen wagt, der sich nicht im Gleichgewicht halten kann, weil er umzufallen fürchtet.

»Kann jemand, der kein seelisches Gleichgewicht besitzt und sich nicht sammeln kann, der nicht die Herrschaft über sich selbst hat, in diesem Zustand sich unter den Willen anderer beugen, ohne in Gefahr zu geraten, ›umzufallen‹? ... Der Gehorsam ist nichts anderes, als eine Art geistiger Geschicklichkeit, deren notwendige Voraussetzung das innere Gleichgewicht ist.«[240]

Aus dieser Einsicht hat Montessori praktische Konsequenzen für die frühe und mittlere Kindheit gezogen: Sie hat im Kinderhaus eine Umgebung geschaffen, die den kindlichen Bemühungen angepaßt ist. Das Kind braucht Gelegenheiten, an denen es seine Aktivität entfalten kann. Den Müttern gibt sie den einfachen Rat:

»Laßt doch eure drei- und vierjährigen Kinder in aller Ruhe und Gelassenheit sich selbst waschen und anziehen, laßt sie in Muße allein essen.«[241]

Im Kinderhaus ist alles darauf eingerichtet, dem Kinde die Verrichtungen des täglichen Lebens zu ermöglichen. Montessori traut schon den kleinen Kindern sehr viel zu und führt sie dadurch sehr rasch in die Begegnung mit den Eigenschaften ihrer Umgebung. Sie läßt die Kinder selbst die Erfahrung machen, was es für Folgen hat, wenn ein Kind sich nicht entsprechend diesen Eigenschaften benimmt.

»Viele rieten mir, unten an den Tischbeinen Gummiplättchen anzubringen, um so Lärm zu vermeiden, aber es ist besser, wenn der Lärm jede heftige Bewegung des Kindes verrät.«[242]

Montessori nennt das die Fehlerkontrolle, die in den Gegenständen der Umgebung des Kindes selbst liegt. »In unseren Schulen erzieht die Umgebung selbst das Kind.«[243] Nicht die Lehrerin korrigiert;

»im Haus der Kinder wird jeder Fehler, jede Ungeschicklichkeit offenbar. Der Stuhl macht brrr ... und der Tisch macht trrr ... und das Kind wird sich sagen: das war nicht gut«[244].

Das Kind entdeckt so seinen Fehler selbst. Montessori läßt die Kinder schon früh Hausarbeiten verrichten: Tischdecken, Essen servieren, abdecken, Teller und Gläser spülen. Die Kinder kommen mit Gegenständen in Berührung, die sie sonst nicht anfassen dürfen. Hier werden sie ihnen anvertraut, auch auf die Gefahr hin, daß sie zerbrechen.

»Wir haben Achtung vor dem Glas, aber nicht vor dem Kind, wir halten einen Gegenstand von wenigen Groschen für wertvoller, als die Fähigkeit des Kindes, sich geordnet zu bewegen.«[245]

In diesem Zutrauen wird das Kind ermuntert. Es wird in seinen Ausführungen nicht ständig ermahnt und korrigiert. Das gibt dem Kinde Ruhe und Möglichkeit zu einer inneren Konzentration für die Ausführung der erforderlichen sehr vorsichtigen Bewegungen. Das ständige Eingreifen des Erwachsenen stört die innere Sammlung des Kindes, macht es verwirrt und fördert dadurch ungeschickte Bewegungen, die dann das Unheil bewirken. Dürfen die Kinder in Ruhe und Freiheit mit diesen Gegenständen umgehen, so fühlen sie eine Liebe für »diese fast heiligen Dinge«[246], aus der die Bereitschaft einer kindlichen Verantwortung für sie erwächst. Darin hört das Kind die Stimme der Gegenstände: »Sei vorsichtig, sonst werde ich, der kleine hübsche Teller, zerbrechen.«[247] Schon dem kleinen Kinde ermöglicht es Montessori sehr früh, seinen begrenzten Kräften gemäß Bindungen einzugehen, in denen das Kind Eigenschaften seiner Umgebung kennenlernt, die einen Anruf zum Gehorsam enthalten. Entspricht das Kind diesem Anruf nicht, so erlebt es sogleich die Folgen, die das mit sich bringt.

»Nach meiner Ansicht ist es eine der wichtigsten Entdeckungen Montessoris, Situationen von einer höchst verpflichtenden Art erfunden zu haben«,

schreibt Buytendijk zur Methode Maria Montessoris[248].

Montessori sagt einmal, daß es nur eine vollkommene Art des Lernens gibt: »Tiefstes Interesse und damit lebhafte und andauernde Aufmerksamkeit.«[249] Sie geht davon aus, daß die Lehrerin weder auf die Bildung noch auf die Disziplin einen unmittelbaren Einfluß hat und daß es ganz allein darauf ankommt, den Weg für diese inneren Kräfte des Interesses und der Aufmerksamkeit freizumachen. Nach Montessori dient die ganze bisherige kindliche Entwicklung dieser Aufgabe. Das Interesse des Kindes hängt von der Möglichkeit ab, eigene Entdeckungen machen zu können. Dazu wird dem Kinde in der vorbereiteten Umgebung geholfen, die ihm angepaßt, überschaubar und geordnet und zugleich »reich an interessanten Aktivitätsmomenten« sein muß. Innerhalb dieser Umgebung ist das Kind frei, d. h. es kann sich frei bewegen und frei die Arbeit wählen. Dazu ist es allerdings erforderlich, daß das Kind die Fähigkeit der Wahl hat. Helming hält die Intensität der Aufmerksamkeit ohne freie Hingabe nicht für möglich. »Freie Wahl ermöglicht größere Unmittelbarkeit zur Sache und tiefere Bindung an sie.«[250] Es ist wichtig, daß das Kind von innen her, aus einem inneren Bedürfnis heraus Kontakt mit den Dingen gewinnen kann. Nach Montessori umfaßt die Konzentration drei Perioden: Die erste Periode nennt sie die

»vorbereitende«. Das Kind ist erregt und unruhig und sucht. Wenn es ihm möglich ist, wählt es nach einer einleitenden Arbeit eine neue. Damit setzt meist die »Periode der großen Arbeit« ein, die im Zusammenhang mit einem Gegenstand der Außenwelt steht. Es richtet seine ganze Aufmerksamkeit auf diesen Gegenstand, vertieft sich und gibt sich ihm mit ganzer Seele hin; »es löst sich für geraume Zeit gleichsam von der Umgebung los«[251]. Diese tiefe Konzentration ist aber nur möglich im Kontakt *eines* Kindes mit *einem* Gegenstand[252]. Die dritte Periode spielt sich im Innern des Kindes ab. Das Kind scheint neu gestärkt, voller Freude und Helligkeit, die gleichsam auf die Umgebung fällt, »so daß das Kind Dinge bemerkt, die vorher unbeachtet blieben«[253].

»Es ist innerlich zweifellos reicher und dadurch auch aufnahmefähiger geworden und so wurde in ihm der Wunsch stärker, sich mit seiner Umgebung in Verbindung zu setzen. Bevor man seine Kräfte verwerten kann, muß man sie gesammelt haben.«[254]

Montessori bemerkte, daß, je häufiger die Versenkung in die Arbeit erfolgte, um so mehr Disziplin und Gehorsam zunahmen. Für Montessori wurde die Konzentration der Schlüssel der ganzen Pädagogik.

Für den Erzieher ist es wichtig, »die Polarisation der Aufmerksamkeit«[255] – d. h. die eingegangene Verbindung des Kindes mit einem Gegenstand – erkennen zu können und sich dabei jeder Einmischung zu enthalten. Von der Nichteinmischung sagt Montessori, daß sie nur dann gerechtfertigt ist, wenn das Kind die Fähigkeit erworben hat

»seine ganze Aufmerksamkeit auf *eine* Sache zu sammeln, sich einer Sache, die sein Interesse ... erregt hat, ganz hinzugeben. Sie entbehrt der Berechtigung, wenn die guten Kräfte des Kindes sich inmitten der Unordnung verlieren«[256].

Durch die Konzentration ordnet sich die Persönlichkeit des Kindes ganzheitlich.

Im Kinderhaus stellt Montessori den Kindern Lehrmaterial zur Wahl, das ihnen hilft, ihre innere geistige Welt zu ordnen.

»Es veranlaßt das Kleine, Gleichheiten von Verschiedenheiten zu unterscheiden, größte Verschiedenheiten von feinen Abstufungen und unter dem Begriff der Qualität und Quantität die verschiedenartigsten Oberflächen, Farben, Dimensionen, Formen und Töne bezüglichen Empfindungen zu klassifizieren.«[257]

Die Formung des Geistes geschieht durch Übungen des Aufmerkens, Beobachtens und Vergleichens. Wie sehr z. B. die Vertiefung in die Arbeit mit den Farbtäfelchen das Kind zu einer »Teilnahme und Teilhabe an den einfachsten und elementarsten Ordnungen« führt, schildert Buytendijk:

»Gerade in der isolierten, d. h. ding- und zweckfreien Darbietung der Farben wird das Kind an das reine Sosein der Farben, d. h. deren wesenhafte, anschaulich gegebene Qualität gebunden. Das Kind soll nicht mit Farben spielen oder gefärbte Gegenstände ordnen, sondern die wunderbare Wesenheit der Farben und ihrer Beziehungen erleben.«[258]

Das Material vermittelt dem Kinde Einsichten und hilft ihm, in Befolgung der erkannten Ordnung sich in der Welt zurechtzufinden und dabei immer mehr ohne den Erwachsenen auskommen zu können. Der Weg dahin führt durch eine tiefe Konzentration, in der das Kind eine Verbindung mit diesem Material eingegangen ist, die das ganze Kind erfaßt. Das Kind macht dabei Erfahrungen, die es selbständig machen und frei. Seine Freiheit beruht dabei auf der Annahme und Befolgung der eingesehenen Ordnungen. Das drückt Montessori einmal etwas humorvoll aus: »Freiheit bedeutet, man soll nicht ein Mikroskop als Briefbeschwerer gebrauchen.«[259] Die Freiheit besteht danach in einem sachgerechten Gebrauch eines Gegenstandes. Dazu muß man zuvor sein Wesen und seine Bedeutung erkannt haben: ein Mikroskop dient der Unterstützung eines genauen Hinsehens und Beobachtens, ermöglicht durch die Linse. Wird es zweckentfremdet gebraucht, so verfügt der Mensch nach seiner Willkür darüber. Wird die Linse nicht geschont für ihre ureigenste Aufgabe, so wird sie verkratzt und ist als Mikroskop ungeeignet. Die Freiheit besteht in der inneren Bindung an das Wesensgesetz eines Gegenstandes (bzw. einer Sache) und einem entsprechenden Umgang mit ihm.

»Die Übung mit dem Montessori-Material soll einerseits ein Gebunden-sein an das Wesenhafte bewirken, andererseits eine Bindungsbereitschaft herbeiführen. Dies ist das so geheimnisvolle Band, welches so sehr auseinandergehende Handlungsweisen, wie das Ordnen von Farben, das Abtasten kleiner Gegenstände und Flächen verbindet mit dem Merkzeichen wirklicher Bildung, jenem ›esprit de finesse‹, jenem zur zweiten Natur gewordenen Verhalten, geistige Dinge vorsichtig anzufassen und herauszufühlen und geistigen Nuancen den richtigen Platz zuzuerkennen.«[260]

3.2.2.2 Konsequenzen für die konkrete Schulsituation

Im Hinblick auf die konkrete Schulsituation ergeben sich aus dem Gesagten eine Reihe von Einsichten:

Wenn heute auf eine Schule gedrungen wird, in der »der Schüler wirklich von Aufgaben gefesselt ist« und dem Sein der Sache entsprechen lernt[261], so wird das nur erreicht werden können, wenn in diesen Schulen die Bedeutung jener »Polarisation der Aufmerksamkeit« erkannt und diese auch ermöglicht wird. Dabei wird eine innere Umstrukturierung des Schullebens unumgänglich notwendig.

Die Polarisation der Aufmerksamkeit: nämlich tiefstes Interesse und damit lebhafte und andauernde Aufmerksamkeit im Verweilen bei einem Gegenstand (bzw. einer Sache), ist nur möglich durch die Freiheit der Initiative. Diese Freiheit der Initiative erstreckt sich sowohl auf die Freiheit der Bewegung und der Wahl als auch auf die Freiheit im Hinblick auf die Zeit. Praktisch bedeutet das, daß eine solche Arbeit in Freiheit dort nicht möglich ist, wo die Schule die Unbeweglichkeit, das »Stillsitzen« fordert, wo die Festsetzung der Arbeit des Kindes nach der Zeit und durch den Lehrer erfolgt[262]. Das, wofür das Kind sich jeweils zu interessieren hat, wird durch den Stundenplan vorgeschrieben. Er »erzwingt« vom Kind die Aufmerksamkeit, die sich außerdem in rascher Folge jeweils anderen Gegenständen zuwenden muß.

»Von sich aus ... will das Kind lernen, nichts als lernen«[263]. Wagenschein meint, wenn der Eindruck entstehe, die Kinder wollten nicht lernen, so liege das nicht zuerst an den Kindern, sondern daran, daß ihnen die angeborene Lernleidenschaft verleidet worden ist[264], d. h. daß man ihnen den natürlichen Weg, den die Bildung von ihrem Ursprung her nimmt, nicht eröffnet und freigegeben hat. Montessori sieht die Hauptursache der Anstrengung und Ermüdung der Kinder, die sie beim Lernen verspüren, darin, daß ihnen unentbehrliche Elemente geringfügiger Art fehlen.

»Es ist für das Kind von großer Bedeutung, wenn wir feststellen, daß ihm etwas Einfaches fehlt, das es zum Gelingen einer höheren intellektuellen Arbeit erwerben muß. Die Erkenntnis, daß, wenn das Hindernis für sich überwunden ist, alles erfolgreich und mühelos fortschreiten wird, wirkt als Befreiung der Intelligenz.«[265]

Die Freiheit der Initiative: freie Bewegung und freie Wahl, stellt die unerläßliche Voraussetzung dar für die Herbeiführung eines echten und dauerhaften Interesses sowie einer inneren Gehorsamfähigkeit, aus der allein ein sachgerechtes Entsprechen möglich ist. Montessori weist einmal darauf hin, daß es für den Gehorsam nicht genügt, gehorchen zu wollen, man muß es auch können. Vom Kinde kann nur dann ein sachgemäßes Entsprechen erwartet werden, wenn in ihm die Fähigkeit des inneren Gehorsams gewachsen ist (hier liegt z. B. ein solch einfaches Element, das dem Kinde oft fehlt).

»Die freie Wahl der Arbeit zielt auf das Ja des Gehorsams hin ... Das durch Bindung aus eigener Initiative frei gewordene Kind offenbart den Gehorsam.«[266]

Der Gehorsam kann nicht erzwungen werden (Zwang führt zur Dressur). Helming weist darauf hin, daß der Gehorsam vom Hören kommt[267], d. h. von der Einsicht, von dem Vernehmen der Wensgesetze, denen im Gehorsam entsprochen wird[268]. Diese Einsicht kann ebenfalls nicht erzwungen werden[269]. Und doch kommt ihr von seiten des Kindes so viel entgegen. Montessori nennt das »aktive, brennende, eingehende und dauernde Sichversenken in Liebe ... ein Merkmal des Kindesalters«[270]. Dieser »Schaukraft« der kindlichen Liebe entgeht auch das Winzige und Verborgene nicht; sie ist eine Fähigkeit, lebhaft und genau kleine Einzelzüge der Umgebung zu beobachten, die den Erwachsenen oft entgehen. Die Schaukraft der kindlichen Liebe entfaltet sich nur, wenn es zu einer echten kindlichen Begegnung mit seiner Umgebung kommt, in der das Kind ganz ergriffen wird. Voraussetzung ist dabei die Freiheit in der Aufnahme eines solchen Kontaktes[271]. Diese Freiheit wird dem Kinde gewährt durch die

Möglichkeit der Wahl innerhalb einer seinem Alter entsprechend vorbereiteten Umgebung sowie der Freiheit der mit der Wahl und Beschäftigung verbundenen Bewegung. – Zweifellos erfordert das eine Revision des »Lehrstoffes« und seines »Verteilungsplanes«. Aber hier gilt das Wort, daß ein Weniger oft ein Mehr ist.

Hier wird nun ein weiteres Problem der heutigen Schulsituation berührt: die drohende Ungründlichkeit und Scheinbildung[272]. Wenn die Bildung ihr Ziel erreichen soll: ein Wissen als »erschließende, verbindliche Einsicht in das, was zu tun und zu lassen ist«[273], so ist die Verwirklichung ganz einfach eine Frage der Zeit sowie des Umfanges des zu vermittelnden Stoffes. Gründlichkeit kann nur dort erreicht werden, wo in der Anzahl begrenzte Stoffe behandelt werden und für ihre Verarbeitung genügend Zeit zur Verfügung steht, und zwar nicht dem Lehrer, sondern dem Kinde. Für die Gründlichkeit des Bildungsverlaufes ist zunächst die Einzelarbeit erforderlich[274], die keineswegs – zumal bei älteren Kindern – die Unterweisung in Gruppen ausschließt. Das bedeutet die Abschaffung des Klassenblockunterrichtes[275], in dem der Lehrer dominiert. Die Gründlichkeit wird weiter beeinträchtigt durch die Einteilung des Schulrhythmus nach Stunden.

»Der schädlichste Eingriff, den wir in das Seelenleben des Schulkindes vornehmen können und stets noch vornehmen, ist eine Festsetzung seiner Arbeit nach der Zeit.«[276]

Nur die Arbeit in Freiheit ermöglicht jenes tiefgreifende Interesse, das für die erschließende Einsicht erforderlich ist, weil diese eine spontane innere Hinwendung bedeutet. Solche Konzentration, die zu einer »Polarisation der Aufmerksamkeit« führt, ist verbunden mit einem »Vergessen der Zeit«[277]. Jeder Eingriff von außen, sei es die »Störung« der Ruhe und Sammlung des Kindes durch gutgemeinte Ratschläge des Lehrers, sei es die Unterbrechung der Konzentration durch das Pausenzeichen, vereitelt das Durchlaufen der Bildungsbewegung bzw. schwächt ihre Wirkung ab. Den Vorgang der »Polarisation der Aufmerksamkeit« beschreibt Buytendijk sehr gut:

»Nach einer einleitenden Periode fast suchenden und tastenden Beschäftigtseins beginnt das Band zwischen Objekt und Subjekt sich zu knüpfen. Das Kind beginnt sich zu verlieren. Die Ablenkbarkeit wird immer geringer, die Konzentration nimmt unvermutete Intensität an. Das Kind gibt sich hin, verliert sich, geht in seiner Arbeit auf, bis es gesättigt ist und die Verbindung reißt, die Seele sich zurückzieht und reicher als früher ist, nicht nur an materieller Kenntnis, sondern noch mehr an innerlichem Frieden und Gleichgewicht, welches nach einer liebevollen freiwilligen, pflichtgetreuen Arbeit als Kraft und Bereitwilligkeit zu neuem Werk bleibt.«[278]

Für die formende Wirkung dieser durchlaufenen Biildungsbewegung hat die »dritte Periode« der Konzentration, in der die Seele sich zurückzieht, sich von der eingegangenen Verbindung distanziert, eine entscheidende Bedeutung. Hier ist die Forderung der Zeit für das Kind unerläßlich. Diese Periode spielt sich ganz im Innern des Kindes ab, ist recht eigentlich die Zeit der Besinnung, in der das Erkannte nachklingt, zum Bewußtsein kommt und zu einem Anruf an die Bereitschaft des Kindes, zu hören und zu entsprechen, wird. In dieser Zeit verhält sich das Kind ruhig. Es ist wichtig, daß es nicht gleich zu einer Äußerung oder Wiedergabe oder zur Aufnahme einer neuen Arbeit veranlaßt wird. Es braucht »Muße, das Geübte, Erlernte und Gehörte in sich wirken zu lassen«[279]. Diese dritte Periode ist zu Ende, wenn das Kind von sich aus den Kontakt mit der Umgebung wieder aufnimmt. Montessori ist der Meinung, daß »die Zeit der ›Ruhe‹, die der Arbeit nachfolgt und in der das Kind das Aufgenommene verarbeitet«[280] im Laufe der Entwicklung immer länger wird. Ihr muß große Beachtung geschenkt werden, weil es *die* Zeit für das Heranreifen der Fähigkeit der Verantwortung ist: Um einem Anspruch entsprechen zu können, muß zuvor gelernt worden sein, ihn zu vernehmen, ihn zu hören. Das geschieht in der der Arbeit folgenden Zeit der ruhigen und stillen Besinnung. Wo diese Zeit der Ruhe dem Kinde nicht genügend ermöglicht wird, hat die Forderung des Gehorsams oder des Entsprechens ihr Recht verloren, so z. B. in Schulen, in denen nur noch Wissen auf Wissen gehäuft und so der Geist erstickt wird.

»Der Rucksack, den wir unseren Schülern überfüllen, reißt; es läuft unten aus, was wir oben fleißig einfüllen, und zwar läuft die schwere Substanz aus, und die leichten Verpackungen bleiben als Attrappen zurück.«[281]

Ein Unterricht, in dem die Initiative des Kindes in einem begrenzten Umfange freigegeben wird, stellt andere und wahrscheinlich größere Anforderungen an den Erzieher. Schulz gibt die Meinung Barberas wieder, der die hohen Anforderungen an die Erzieher als ein wesentliches Hindernis für die Ausbreitung der Montessori-Pädagogik ansieht[282]. Im Hinblick auf den Erzieher sagt Montessori, daß es keine leichte Sache ist »seine eigene Tätigkeit ins richtige Maß zu bringen«[283]. Die Kunst des Erziehers, seine Tätigkeit richtig abzumessen, schildert Montessori sehr treffend in einem Bilde: Das Kind

»gleicht einem Reisenden, welcher das Neue an seinem Wege beobachtet und sich bemüht, die ihm unbekannte Sprache zu verstehen, die um ihn herum gesprochen wird. Gewiß macht auch das Kind große und absichtliche Anstrengungen, zu verstehen und nachzuahmen. Die Unterweisung ... sollte darauf ausgehen, die Summe dieser vielfach mißleiteten Anstrengung zu verringern und sie zu verwandeln in leichte, reiche und frohe Anregung. Wir sind die Führer dieser Reisenden, die eben die große Welt des menschlichen Denkens betreten. Es sollte uns daran liegen, einsichtsvolle und gebildete Führer zu sein, die sich nicht in leeren Redensarten verlieren, sondern kurz und scharf das Kunstwerk erläutern, für welches der Reisende Interesse zeigt, und wir sollten ihm dann rücksichtsvoll gestatten, es solange zu beobachten, als ihm lieb ist.«[284]

Montessori fordert vom Erzieher die gleiche Haltung, die Buber eine aus dem »Wesensakt« aufsteigende »Kontrapunktik von Hingabe und Zurückhaltung, Vertrautheit und Distanz«[285] nennt.

»Wir müssen uns nun überwinden und zurückziehen und es beobachten, ihm gewissermaßen im gegebenen Abstand folgen, ohne es mit unserer Hilfe zu belasten, doch auch ohne es jemals zu verlassen.«[286]

3.2.3 Die Reifezeit

3.2.3.1 Das Experimentieren mit dem zwischenmenschlichen Bezug

Vollzog sich bisher die Bildungsbewegung in der unbewußten Verbundenheit mit dem Erzieher, so wird in der Reifezeit der zwischenmenschliche Bezug selbst Gegenstand des Interesses und der Bildungsbewegung. Das macht den erzieherischen Bezug plötzlich so strapaziös. Die bisherige Selbstverständlichkeit des Bezuges wird damit erschüttert und deshalb zunächst am stärksten betroffen. Der Jugendliche experimentiert mit ihm und probiert ihn aus. Nur auf diesem Wege kann er zu den notwendigen Einsichten kommen, indem er die Beziehung, in der er steht, immer wieder aktiv vollzieht. Er nimmt die Verbindung auf, die ihn zur Einsicht in das Wesen des Du, dessen »Individuallage« (Pestalozzi) verhilft, um sich dann wieder aus dieser Verbundenheit zurückzuziehen. In dieser Distanz gewinnt der junge Mensch Einsicht in sein eigenes Wesen und in die eigene »Individuallage«, die ihm bisher verschlossen und unbekannt geblieben waren. Diese neue Einsicht verhilft ihm zur Distanz zu sich selber, der Besinnung und Reflexion über sich selbst. Die wachsende Distanz sich selbst gegenüber ist ein Kriterium der Reifezeit. Diese Distanz wird nur gewonnen auf dem Wege der Verbundenheit mit Beziehungspersonen, in der Anderheit und Unterschiedenheit nun bewußt erfaßt werden. Das so betonte und bewußte Streben des Jugendlichen, im Kontakt mit anderen sich gerade von ihnen abzusetzen, betonte Distanz zu anderen und zu sich zu erlangen, ist der Auftakt und die Voraussetzung für freigewählte neue personale Beziehungen, sei es der Kameradschaft, der Freundschaft oder der Brautschaft. In den Reifejahren wird also einerseits die Fähigkeit zu personaler geistiger Bindung erworben. Andererseits wächst der junge Mensch auf dem Wege des Vollzugs der verschiedensten personalen Beziehungen in den Rhythmus hinein, der diese Beziehungen trägt und gestaltet. Hier gilt für alle zwischenmenschlichen Bezüge das, was Meinberg über die Erwerbung des rechten Abstandes in der Freundschaft sagt: Der rechte Abstand könne nur gewonnen werden im Leben zwischen den Extremen:

»sich zu identifizieren mit dem Freund, um ihn zu verstehen, aber auch um reicher zu werden durch das Hineinnehmen und Verarbeiten von seinem Wesen und sich abzusetzen, zu isolieren, zu lösen vom anderen, um ein eigenes zu werden, sind gleich notwendig«[287].

Die pädagogische Bedeutung der personalen Beziehungsvollzüge in der Reifezeit liegt in der Einsicht in die Struktur menschlicher Beziehungen: das Ausgespanntsein zwischen dem Selbstsein und dem Einssein mit dem anderen, – sowie der allmählichen bewußten Annahme und Übernahme der darin gegebenen Schwierigkeit:

»wir möchten beides so gerne ganz sein und wissen doch, wir können es nicht und dürfen es nicht einmal wollen. Dieser Widerspruch bringt die fruchtbare Unruhe in jede menschliche Beziehung, die getragen ist von der Mühe um den rechten Abstand der Menschen zu sich selbst und zueinander.«[288]

Die Bejahung und Annahme dieser mit dem Beziehungsvollzug gegebenen Situation, und zwar als einer bleibenden dynamischen »Kontrapunktik« ist gleichbedeutend mit dem Sich-fügen in die Menschlichkeit. Aufgabe der Erziehung dieser Jahre ist es, dem jungen Menschen zu helfen, diese »Kontrapunktik« im Vollzuge zwischenmenschlicher Beziehungen so in sein eigenes Wesen hineinzunehmen, daß sich nach und nach seine Begegnungen in Hingabe und Zurückhaltung, in Vertrautheit und Distanz vollziehen, die »aus dem Wesenstakt des natürlich-geistigen Menschen« aufsteigen[289]. Eine derartige Hilfe liegt primär in der Art und Weise, wie der Erzieher dem Jugendlichen begegnet: Vertrautheit und Distanz als eigenem Wesenstakt, Verständnis für das strapazierende Ausprobieren dieses Bezuges von Seiten des Jugendlichen und Bereitschaft, in diesen Beziehungsvollzug immer wieder mit einzugehen. Hier liegt ein großes Aufgabengebiet der Erwachsenenbildung: den Eltern die rechte Sicht für die Situation der Reifezeit ihrer Kinder zu eröffnen.

3.2.3.3.2 Die existentielle Bedeutung des Vertrauens

In der Zeit der Reife gewinnt das Vertrauen für den Jugendlichen eine existentielle Bedeutung: er muß der Verbundenheit mit dem Erzieher sicher sein, wenn er daran geht, dieses Verhältnis auszuprobieren. Andererseits wagt der Jugendliche die betonte Selbständigkeit und Distanz nur auf dem Fundament der in einem Vertrauen fortbestehenden Verbundenheit, »denn im Vertrauen ist der Erzieher in Distanz gegenwärtig«[290]. In diesem Vertrauen gibt der Erzieher frei, er bedrückt nicht mit seiner Überlegenheit, er bedrängt nicht, hat Geduld und kann warten. Er ist dennoch gegenwärtig, weil sich seiner Forderung nicht entfliehen läßt, die im Vertrauen ganz in das Innere des jungen Menschen verlegt ist[291]. Dieses Vertrauen ist Wagnis und Anspruch zugleich. Das Wagnis liegt in der Möglichkeit des Mißbrauches. Der erzieherische Anspruch des Vertrauens appelliert an die Freiheit des Jugendlichen und vermag gerade dadurch die guten Kräfte zu wecken und zu fördern. Echtes Vertrauen zieht einen Vertrauensmißbrauch erst gar nicht in Erwägung. Vielleicht vollzieht der junge Mensch auf dem Wege einer unbewußten Identifikation den »Glauben« des Erziehers an das Gute in ihm mit und empfängt von daher Ermutigung und Kraft, es auch zu verwirklichen[292]. Eine hohe Sensibilität, fremde Empfindungen mitzuvollziehen, ist charakteristisch für die Reifezeit.

Erzieherisches Vertrauen ist aber nicht gleichbedeutend mit Vertrauensseligkeit, d. h. »Verzicht auf den nüchternen Realismus des psychologischen Blicks«[293]. Im Vertrauen nimmt der Erzieher am Leben des jungen Menschen teil. Im Vertrauen weiß sich der Jugendliche bestätigt und in seinem Anderssein angenommen. Darum kann nicht erwartet werden, daß dort, wo Vertrauen herrscht, auch Übereinstimmung oder unbedingte Zustimmung besteht[294].

»Auch Konflikte erziehen, wenn sie nur in reiner Luft ausgetragen werden. Ein Konflikt mit dem Zögling ist die höchste Probe des Erziehers.«[295]

Bollnow weist darauf hin, daß das Vertrauen in keinem Augenblick so wichtig ist wie beim Neuanfang nach erzieherischen Krisen, weil ein Mensch ein Versprechen nur dann halten kann, wenn es von dem anderen Menschen, dem er etwas verspricht, auch angenommen wird[296]. Im Vertrauen des Erziehers sicher sein, d. h. davon überzeugt sein, daß dieser sich auf keinen Fall aus diesem Verhältnis zurückzieht, was immer auch der junge Mensch anstellen mag: Der Rückweg steht ihm immer offen. Des Erziehers sicher sein, d. h. auch, wissen, daß er da ist, wenn er gebraucht wird. Das erfordert vom Erzieher Zeit haben, gegenwärtig und erreichbar sein.

3.2.3.3 Das erzieherische Gespräch

Die Verbundenheit zwischen dem Erzieher bzw. dem Erwachsenen und dem Jugendlichen kommt mehr und mehr im Kontakt auf der Ebene des Gespräches zum Ausdruck. Das Gespräch erfordert Echtheit und Wahrhaftigkeit der Begegnung, in der jeder sich selber einbringt und den anderen »als eben diesen Menschen meint«[297]. Echtheit und Wahrhaftigkeit in der Begegnung erfordert vom Erzieher eine ständige innere Offenheit für die Begegnung mit dem Jugendlichen. Das bedeutet für ihn, im Hinblick auf die Begegnung mit dem Jugendlichen nicht schon von vornherein festgelegt zu sein, sich ihm gegenüber nicht schon ein Vor-Urteil gebildet zu haben.

»Liegt in dem Vertrauen ein höherer Anspruch, den der Erzieher an den Zögling stellt, so ist Wahrhaftigkeit die schwere Forderung, die der Erzieher in erster Linie an sich selbst zu stellen hat. Erziehung ist eine existentielle Situation auch für den Erzieher, in der er selbst erfährt, was an ihm ist.«[298]

Gerade das erzieherische Gespräch verlangt dieses existentielle persönliche Gefordertsein.

»Schulmeisterei ist ein Mangel an Bereitschaft, sich der erzieherischen Situation immer von neuem auszusetzen... In diesem Sich-Aussetzen verwirklichen wir uns auch erst selbst.«[299]

Im erzieherischen Gespräch, das auf der Anerkennung und der Annahme des Anderssein des Jugendlichen beruht, eröffnet sich noch einmal die Möglichkeit eines Nachholens von in der Kindheit Versäumtem. Die Hinwendung des Jugendlichen zu sich selbst, die Bereitschaft zur Einsicht in sein eigenes Wesen, in den Gang seiner Entwicklung und in seine persönliche Lage kommen dem Erzieher entgegen. »Er kann dazu helfen, daß das Gefühl des Mangels zur Klarheit des Bewußtseins und zur Kraft des Wunsches erwachse.«[300]

3.2.3.4 Der Prozeß der Idealbildung

W. Stern unterscheidet zwischen Inhalt und Form der Idealbildung: Es ist

»merkwürdig, wie wenig doch dieser ständig sich wandelnde, durch äußere Einwirkung bedingte Inhalt der Idealbildung an der innerlich bedingten jugendpsychologischen Form zu ändern vermag«[301].

Stern bezeichnet die »Ursachenfrage« der Idealbildung als ein dunkles Problem. Wir begegneten diesem Problem bereits bei der Untersuchung des wählenden und auslesenden Charakters der Identifizierung in ihrer konstruktiven Bedeutung für das Ich[302]. In der Reifezeit macht der Jugendliche die bewußte Entdeckung von sich als einem Ich, das es zu gestalten gilt. Identifizierungsprozesse waren bereits bei der unbewußten Gestaltung des frühkindlichen Ich von fundamentaler Bedeutung. Nun, da es sich um die bewußte Gestaltung des Ich durch den Jugendlichen handelt, begegnen wir ihnen wieder[303]. Auf dem Wege der Identifizierung erfaßt der junge Mensch die innere Form und Gestalt eines anderen zum Ideal oder Vorbild genommenen Ich[304]. Klages nennt die Ideale den Reichtum der Armut des Ich. Sie unterliegen dem Gesetz des Ausgleichs[305]. Schmeing weist darauf hin, daß der Jugendliche auf dem Wege der Idealbildung zu eigenen verbindlichen Lebensgrundsätzen gelange. Ideale lösen sich darin von ihrer personalen Bindung, bestehen aber in abstrakter Form weiter[306].

Diese wenigen Ausführungen mögen zeigen, daß es sich bei dem Prozeß der Idealbildung um ein sehr schwieriges und umfangreiches eigenes Problem der Bildung handelt. Es würde den Rahmen dieser Arbeit sprengen, darauf näher und gründlicher einzugehen[307].

Für den Jugendlichen bedeutet es eine große Hilfe, wenn es dem Erzieher gelingt, ihn nach und nach aus dem betont erzieherischen Verhältnis zu entlassen, indem er dieses allmählich in ein partnerschaftliches, d. h. voll gegenseitiges Verhältnis umwandelt.

3.2.4 Das Erwachsenenalter

Wir nennen jenen Menschen einen Erwachsenen, der Einsicht in die menschliche Situation gewonnen hat: daß wir nur Menschen sind

»durch den Mitmenschen, der es uns ermöglicht, aus uns herauszutreten in die Freiheit der Kommunikation und in diesem Verhältnis hörend zu entsprechen. Menschsein heißt Mitmensch sein, heißt durch den anderen und vom anderen her sein«[308],

– und der in freier Entscheidung bereit ist, dieser menschlichen Situation zu entsprechen, sich in sie zu fügen. Die Einsicht in diese menschliche Situation und ihre Bejahung schließt in sich die Erkenntnis und Annahme der darin mitgegebenen eigenen Begrenzung und der ständigen Bildungsbedürftigkeit. Es ist ein Charakteristikum echter Bildung, wenn ein Mensch jene Distanz sich selber gegenüber besitzt, in der er weiß, was er nicht weiß[309]. Aufgrund der ständigen Bildungsbedürftigkeit des Menschen kommt Buytendijk zu der Einsicht, daß die Gegenseitigkeit wirklicher Begegnung selten vollständig ist. »Meistens aber ... ist Ungleichheit in der Begegnung ebenfalls eine Bedingung.«[310] Innerhalb einer konkreten Begegnung kann diese Ungleichheit auf beiden Seiten vorhanden sein, nur in jeweils verschiedenen Punkten. Daraus erklärt sich das wechselseitige Wirken der Partner aneinander. »Mein Du wirkt an mir, wie ich an ihm wirke.«[311]

Identifikation und Distanz, Bindung und Lösung sind also jene, das konkrete menschliche Beziehungsgeschehen mitgestaltenden Faktoren. So ist es berechtigt, von der Selbstvermittlung als einem Bildungsprozeß zu sprechen, der sich in Distanzierung und Identifizierung auseinanderspannt[312].

4. Anmerkungen

1 J. G. Fichte, Reden an die deutsche Nation, 14
2 vgl. ebd., 2. Rede, 21
3 J. H. Pestalozzi, An Fellenberg 1805, in: E. Dejung, W. Feilchenfeld Fales, H. Stettbacher, Sämtliche Briefe, Bd. 4, 259
4 J. H. Pestalozzi, Schwanengesang, in: Pestalozzis Sämtliche Schriften, Bd. 13, 13
5 vgl. J. H. Pestalozzi, Die Abendstunde eines Einsiedlers, in: A. Buchenau, E. Spranger, H. Stettbacher, Sämtliche Werke, Bd. 1, 266, 268, 269, 280
6 J. H. Pestalozzi, Wie Gertrud ihre Kinder lehrt, ebd. Bd. 13, Berlin und Leipzig 1932, 350, 345
7 S. Freud, Über Psychotherapie, in: Gesammelte Werke, Bd. V, 25, 21
8 vgl. ebd., 25
9 S. Freud, Drei Abhandlungen zur Sexualtheorie, in: Gesammelte Werke, Bd. V, 118
10 S. Freud, Massenpsychologie und Ichanalyse, in: Gesammelte Werke, Bd. XIII, 113, 115, 117
11 S. Freud, Das Ich und das Es, ebd., 256
12 vgl. M. Montessori, Selbsttätige Erziehung im frühen Kindesalter, 29
13 vgl. M. Montessori, Kinder sind anders, 15–43, 105, 129, 212, 226, 234–237, 257
14 ebd. 257
15 vgl. M. Montessori, Selbsttätige Erziehung, 81, 82
16 ebd. 34
17 vgl. ebd. 26, 76, 82; ferner: M. Montessori, Grundlagen meiner Pädagogik, in: Handbuch der Erziehungswissenschaft, III. Teil, Bd. 1, S. 266–286, 282, 283; dies.: Kinder sind anders, 154, 162; dies.: Kinder, die in der Kirche leben, 95

18 M. Montessori, Selbsttätige Erziehung, 76, 11
19 vgl. M. Montessori, Mein Handbuch, Stuttgart 1922, 76
20 M. Montessori, Selbsttätige Erziehung, 109
21 vgl. ebd. 34, 38
22 M. Montessori, Grundlagen meiner Pädagogik, 270
23 M. Montessori, Das Kind in der Familie, 55
24 M. Montessori, Kinder sind anders, 147
25 ebd. 261
26 ebd. 22; dies.: Selbsttätige Erziehung, 110, 217; dies.: Grundlagen meiner Pädagogik, 270
27 M. Montessori (Erziehung für Schulkinder, 312) zitiert bei: P. Oswald, Das Kind im Werke Maria Montessoris, 81
28 H. Helming, Montessori-Pädagogik, 174
29 S. Freud, Massenpsychologie, 113
30 S. Freud, Drei Abhandlungen, 118
31 vgl. F. Krueger, Das Wesen der Gefühle, 12; ferner: H Volkelt, Grundbegriffe der Ganzheitspsychologie, in: Neue Psychologische Studien, Bd. XII, H. 1, S. 1 bis 46, 13, 14
32 vgl. F. Krueger, Das Wesen der Gefühle, 7
33 vgl. M. Scheler, Wesen und Formen der Sympathie, 9, 11 ff.
34 vgl. S. Freud, Massenpsychologie, 121 (Anm. 2), 119
35 vgl. F. Krueger, a.a.O., 22. 23
36 F. Krueger, Die Tiefendimension und die Gegensätzlichkeit des Gefühlslebens, 17. Mit dem Ausdruck »verschieden tiefe ›Wurzeln‹« meint Krueger »Höhenunterschiede« (a.a.O., 16) des Gefühls. Er spricht von einer »Tiefendimension« (a.a.O., 17) der Gefühle, die bemessen wird »nach der Breite und Tiefe ihres Ursprungs in der Persönlichkeit, d. h. nach der Mannigfaltigkeit und Festigkeit der Beziehungen, in denen ihr Gegenstand zu dem System unserer Wertungen steht« (a.a.O., 17). Krueger will diesen Ausdruck der Tiefe unterschieden wissen vom schichtentheoretischen Verständnis der Tiefe als der niederen oder einfacheren Schicht (vgl. a.a.O., 11 ff.). Dennoch schwingt in dem Ausdruck »verschieden tiefe ›Wurzeln‹ in der sich entwickelnden Gesamtpersönlichkeit« (a.a.O., 17) schichtentheoretisches Denken mit. Im Anschluß an Krueger kommt Wellek zu der Auffassung, daß im Hinblick auf die Tatsache der Entwicklung auf eine schichtentheoretische Betrachtung des Gefühls nicht ganz verzichtet werden kann. »Soll deshalb auf den Schichtenbegriff nicht ganz verzichtet werden, um vielleicht deshalb, um die Tatsache des entwicklungsmäßigen Aufbaus von einem – urtümlichen, frühen – »Grunde« auf nach den späten Bereichen des von Lersch so genannten »Oberbaus« hin festzuhalten und anschaulich vor Augen zu stellen. Denn jedenfalls liegen – wie etwa Rothacker ganz zurecht argumentiert – diese verschiedenen (wie er sich etwas vieldeutig ausdrückt) »seelischen Grundfunktionen« des Menschen entwicklungstheoretisch verglichen nicht in einer Ebene nebeneinander« (A. Wellek, Die Polarität im Aufbau des Charakters, 54)
37 vgl. A. Wellek, a.a.O., 54
38 vgl. F. Krueger, Die Tiefendimension, 16, 17
39 ebd. 16, 17

40 ebd. 17
41 M. Scheler, Wesen und Formen der Sympathie 1922²; die erste Auflage war 1913 erschienen unter dem Titel »Zur Phänomenanalyse und Theorie der Sympathiegefühle von Liebe und Haß«.
42 M. Scheler, Wesen und Formen (1948), XII
43 ebd. 15, 22
44 vgl. ebd. 31, 105, 106, 107, 111
45 vgl. ebd. 182
46 ebd. 81
47 vgl. ebd. 66, 71
48 ebd. 22, 70
49 ebd. 143
50 ebd. 151
51 vgl. ebd. 33, 133
52 vgl. ebd. 94; ebd. 94, 95
53 M. Scheler, Die Stellung des Menschen im Kosmos, 45
54 M. Scheler, Wesen und Formen, 105
55 ebd. 106
56 vgl. ebd. 31
57 vgl. A. Görres, Methoden und Erfahrungen der Psychoanalyse, 164
58 M. Scheler, Wesen u. Formen, X
59 ebd. 15
60 ebd. 31
61 vgl. ebd. 18, 34, 95
62 ebd. 95
63 ebd. 25. Scheler ist der Meinung, daß dieses Verhältnis die »stärkste Stütze« der »Identifikationstheorie der Liebe« geworden ist, nämlich der Auffassung, »daß ›Liebe‹ zum anderen in Aufnahme dieses Ich des anderen ins eigene Ich durch Einfühlung bestehe« (a.a.O., 25). Wenn das Modell aller Bildung und Erziehung, das frühe Mutter-Kind-Verhältnis, durch die Einfühlung konstituiert wird, diese Einfühlung wiederum der tragende Prozeß der Liebe ist, so ergibt sich von diesem psychologischen Prozeß der Einfühlung (d. i. der Identifikation) her die Möglichkeit einer Untersuchung des Zusammenhangs von Liebe und Bildung bzw. Erziehung. Auf diesen Zusammenhang kann in dieser Arbeit nur verwiesen werden. Es sei nur nochmals erwähnt, daß Fichte in der Liebe den einzigen Antrieb der Lebensregung und -bewegung sieht (Fichte, a.a.O., 2. Rede, 21); vgl. dazu auch O. Fenichel, Die Identifizierung, in: Internationale Zeitschrift für Psychoanalyse, Wien (1926), 12, 315: »... so muß auch am Grunde jeder Objektliebe eine Identifizierung ruhen.« Vgl. ferner S. Freud, Drei Abhandlungen, 124: »Die ganze Latenzzeit über lernt das Kind andere Personen, die seiner Hilflosigkeit abhelfen und seine Bedürfnisse befriedigen, lieben, durchaus nach dem Muster und in Fortsetzung seines Verhältnisses zur Amme.« Vgl. ferner F. J. J. Buytendijk, Erziehung zur Demut, 67. Ders.: Das Menschliche, 39–44; B. Linke, Eros und Liebe u. das Wesen der Erziehung, 86–104, 196–207.
64 S. Freud, Massenpsychologie, 115
Nach Freud gibt es noch eine andere Weise der Gefühlsbindung: die der Objekt-

wahl oder Objektbesetzung (vgl. ebd. 113). Gefühlsbindung durch Identifizierung richtet sich auf das, was man sein möchte, Gefühlsbindung durch Objektwahl auf das, was man haben möchte (vgl. ebd. 116). Zunächst ist Freud der Meinung, daß bei der Identifizierung das Objekt verlorengegangen oder aufgegeben worden ist: »Es wird dann im Ich wieder aufgerichtet, das Ich verändert sich partiell nach dem Vorbild des verlorenen Objekts.« (vgl. ebd. 125). Freud nennt die orale Einverleibung des Objekts das »Vorbild dessen, was späterhin als Identifizierung eine so bedeutsame psychische Rolle spielen wird« (vgl. Freud, Drei Abhandlungen, 98). »Die Identifizierung ... benimmt sich wie ein Abkömmling der ersten oralen Phase der Libidoorganisation, in welcher man sich das begehrte und geschätzte Objekt durch Essen einverleibte und es dabei als solches vernichtete« (Massenpsychologie 116). An anderer Stelle wird Freud diese Unterscheidung zwischen Objektbesetzung und Identifizierung selbst problematisch: »Steht es denn fest, daß die Identifizierung das Aufgeben der Objektbesetzung voraussetzt, kann es nicht Identifizierung bei erhaltenem Objekt geben? ... kann uns ... die Einsicht aufdämmern ... ›ob das Objekt an die Stelle des Ichs ... gesetzt wird‹« (Massenpsychologie 125, 126) »Die Identifizierung soll dort hinzukommen, wo die Objektwahl stattgefunden hat, und die Objektliebe dort, wo die Identifizierung besteht« (ebd. 151). Ist aber nicht gerade nach Freud die Objektwahl bzw. Objektfindung eine Liebesbeziehung? »Nicht ohne guten Grund ist das Saugen des Kindes an der Brust der Mutter vorbildlich für jede Liebesbeziehung geworden. Die Objektfindung ist eigentlich eine Wiederfindung« (Drei Abhandlungen 123). Auch auf diese Problematik kann hier nur hingewiesen werden. Vgl. dazu auch O. Fenichel, a.a.O., 309–318; ferner A. Freud in: R. A. Spitz, Die Entstehung der ersten Objektbeziehungen, 7.

65 F. Krueger, Die Tiefendimension, 18 ff.
66 S. Freud, Massenpsychologie 116; O. Fenichel, a.a.O., 314
67 Identifizierung als Abwehrmechanismus:
vgl. R. A. Spitz, Die Entstehung der ersten Objektbeziehungen, 64, 68, 72, 73, 74
vgl. A. Görres, a.a.O., 168
Zu den verschiedenen Arten der Identifizierung, auf die wir hier nicht näher eingehen können, siehe auch O. Fenichel, a.a.O., 318, 319
Freud betont mehrmals, daß er sich darüber klar sei, das Wesen der Identifizerung nicht erschöpfend behandelt zu haben (vgl. Freud, Massenpsychologie, 119, 121 (Anm. 2)), und daß »auch an den Äußerungen einer bestehenden Identifizierung ... noch vieles aufzuklären« sei (ebd. 121 (Anm. 2)). »Aber wir wollen uns hier auf die nächsten affektiven Wirkungen beschränken und ihre Bedeutung für unser intellektuelles Leben beiseite lassen« (ebd. 119).
68 S. Freud, Das Ich und das Es, 256. Im Rahmen dieser Arbeit wird im Hinblick auf die Ausformung des Ich nur der »gefühlsmäßige Lerncharakter der Identifizierung« herausgestellt. Dabei wird auf die psychologische Zergliederung des Ich – insbesondere die Bedeutung des Über-Ich und seine Bildung – der Klarheit halber bewußt verzichtet.
69 S. Freud, Das Ich und das Es, 262
70 vgl. S. Freud, Massenpsychologie, 125
71 R. A. Spitz, a.a.O., 105

72 ebd. 66
73 Über das Ich sagt Freud: »Wir haben uns die Vorstellung von einer zusammenhängenden Organisation der seelischen Vorgänge in einer Person gebildet und heißen diese das Ich« (Das Ich und das Es, 243). Dem Ich fällt die Aufgabe der Zentrierung, Regulierung und Zensierung zu: Funktionen, die Äußerungen des Geistes darstellen. Es handelt sich also um eine Instanz des menschlichen Geistes, an der einerseits das Bewußtsein hängt (vgl. ebd. 243), die aber zugleich mit alllen Bereichen des Unbewußten kommuniziert, und bei ihrer sonstigen Bewußtseinshelle gleichzeitig Unbewußtes in sich enthält (vgl. ebd. 244, 251, 252). »Das Ich repräsentiert, was man Vernunft und Besonnenheit nennen kann« (ebd. 253).
Freud nimmt an, daß »eine dem Ich vergleichbare Einheit nicht von Anfang an im Individuum vorhanden ist, das Ich muß entwickelt werden« (S. Freud, Zur Einführung des Narzismus, in: Gesammelte Werke, Bd. X, 142). Dazu mag vorerst nur gesagt werden, daß nur das entwickelt werden kann, was in irgendeiner anfänglichen Weise bereits vorhanden ist.
Auch Spitz sagt: »Das Neugeborene besitzt ... kein Ich« (a.a.O., 38). Es meint, daß im ersten Lächeln erste Spuren des Ich in Funktion treten (vgl. a.a.O., 37). Dieses rudimentäre Ich führt zur Bildung der »Vorstufe des Ichs« (a.a.O., 38). Nach und nach treten weitere Ich-Funktionen auf, so die Urteilsfunktion im Zusammenhang mit der Achtmonatsangst, die ein Funktionieren der ersten Erinnerungsspuren beweist (vgl. a.a.O., 54). Mit der Entwicklung der Denkfähigkeit ist eine weitere Unterlage »für die Schaffung von Ich-Systemen« gegeben (a.a.O., 56). Nach Spitz entsteht das Ich erst nach und nach im ersten Lebensjahr. Es ist sozusagen das Ergebnis der »Bewältigung der Reize der Umwelt sowie der Innenwelt« (a.a.O., 38).
Der Freud'sche Ausdruck der »Entwicklung« des Ich wie die Bemerkung Spitz über »erste Spuren« des Ich lassen vermuten, daß bereits etwas vorgegeben sein muß, das sich entwickelt oder von dem Spuren sichtbar werden: eine – wenn auch noch schwache und keimhafte – Zusammenfassung aller Kräfte, die Aktivität und Spontaneität ermöglicht. Wenn Maria Montessori sagt, »Das Kind besitzt ein aktives Seelenleben bereits dann, wenn es noch nicht imstande ist, es nach außen kundzugeben« (Kinder sind anders, 56), so dürfte ihre Erkenntnis sich mit der Portmanns decken.
In seiner Abhandlung über die Bedeutung des extrauterinen Frühjahrs legt Portmann dar, daß in diesem frühen Stadium der Ontogenese »diejenigen Kräfte am Werke sind, die aus einer Säugeranlage das Besondere einer Menschengestalt heranbilden« (A. Portmann, Die biologische Bedeutung des ersten Lebensjahres beim Menschen, in: Universitas 1949, 4, S. 1081–1088, 1087). Das »Geistige« erscheint dabei nicht als Epiphänomen, sondern »ist vielmehr Ausdruck von Geschehnissen, die das gesamte Dasein des Menschen in seinem Werdegang wie in seiner Reifeform gestalten« (ebd. 1088). »Das extrauterine Frühjahr, das uns als eine Notwendigkeit im Werden eines Menschen erscheint, darf nicht etwa so gedeutet werden, als biete es lediglich als eine von der geistigen Daseinsform zunächst unabhängige Einrichtung die Möglichkeit zur Entstehung dieser eigenartigen Daseinsart. Ontogenese und Daseinsart stehen in einem sehr viel komplexeren Zusammenhang als dem von Ursache und Wirkung« (ebd. 1088).
Sowohl die Freudschen wie die Spitzschen Anforderungen an die zu seiner Fest-

stellung notwendigen Äußerungen des frühkindlichen Ich scheinen daran zu kranken, daß dazu die Maße von den Äußerungen des vollentwickelten Ich bzw. der vollentwickelten Vernunft genommen werden. Im Anschluß an Montessori und Portmann dürfen wir davon ausgehen, daß das Ich im Kind – wenn auch unentwickelt – bereits vorgegeben ist (wie wäre es sonst möglich, davon zu reden, den Menschen im Kind zu erwecken und anzuregen bzw. zu beleben?), jedoch in einer »qualitativen Andersartigkeit« zum Ausdruck kommt und sich betätigt (vgl. H. Werner, Einführung in die Entwicklungspsychologie, 18).

74 S. Freud, Massenpsychologie, 116
75 A. Nitschke, Die Auswirkung fremder Motorik auf den jugendlichen Menschen, 20. Nitschke will dieses motorische Mitvollziehen als primären Vorgang wissen und setzt es ausdrücklich gegen die Einfühlung ab (vgl. ebd. 21), sieht es andererseits als Grundlage des Verstehens an (vgl. ebd. 20, 22), trifft in Wirklichkeit aber den Identifikationsprozeß auf motorischem Gebiet (vgl. ebd. 22).
76 ebd. 20
77 Das hier von der Einfühlung Gesagte darf deshalb begründet auf die Identifizierung übertragen werden, weil Freud sagt, daß ein Weg »von der Identifizierung ... über die Nachahmung zur Einfühlung« führt (Massenpsychologie, 121 (Anm. 2)). Dabei kann schwerlich ein Qualitäts- und Richtungswechsel des Gefühls angenommen werden.
78 A. Wellek, a.a.O., 171
Der aktive Charakter der Identifikation läßt es dann nicht zu, davon zu sprechen, daß der Mensch »der Identifikation unterliegt«, wie Sborowitz dies tut (vgl. A. Sborowitz, Beziehung und Bestimmung, 29). Ebenso ist es schwierig zu sagen, daß in ihr zwar das Zentrum des Du nicht fehle, so aber doch »in einem gewissen Sinne das Zentrum des Ich, der sich beziehenden Person, die sich selbst in der Identifikation gerade unwillkürlich aufgegeben hat« (ebd. 29). Wird aber nicht gerade der Identifikationsprozeß durch dieses Zentrum des Ich in Gang gesetzt, um durch die Aufnahme des Du ins Ich mit ihm jene umwandelnde Einheit einzugehen? (vgl. dazu Anm. 63).
79 vgl. A. Nitschke, a.a.O., 22
80 vgl. S. Freud, Das Ich und das Es, 259
81 vgl. A. Sborowitz, a.a.O., 29
82 M. Montessori, Kinder sind anders, 261. – Gerade Montessori hat sich leidenschaftlich dafür eingesetzt, daß dem Kinde im Bereiche des Guten jenes Maß an Freiheit zugestanden wird, das es ihm ermöglicht, für seine Entfaltung dazu zu wählen, was es jeweils individuell braucht. Diesem Ziel dient das, was sie die Befreiung des Kindes nennt. Die vorbereitete Umgebung soll dem Kind als Angebot für seine Wahl dienen.
83 L. Klages, Das persönliche Leitbild, in: Zur Ausdruckslehre und Charakterkunde, 163, 165
84 Hier dürfte sich die Möglichkeit einer Antwort abzeichnen auf die Problematik, die sich in Anmerkung 64 auftat: Die Objektwahl führt über die Identifizierung zur Objektliebe. Darin kommt ein Reifungs- und Vertiefungsprozeß zum Ausdruck.
85 vgl. M. Scheler, Die Formen des Wissens und der Bildung, Bonn 1925, 6

86 vgl. J. G. Fichte, Reden an die deutsche Nation, 1. Rede, 14
87 J. H. Pestalozzi, Schwanengesang, 13
88 vgl. M. Montessori, Selbsttätige Erziehung, 34, 38, 109
89 vgl. M. Scheler, a.a.O., 13
   Maritain weist darauf hin, daß die Tätigkeit der Erziehung nicht bedeute, »daß man den platonischen Menschen-an-sich, sondern daß man ein einzelnes Kind zu bilden sucht, das einer bestimmten Nation, einem bestimmten sozialen Milieu, einem bestimmten Zeitalter angehört, aber ehe dieses Kind ein Kind des 20. Jahrhunderts, ein aus Amerika oder Europa stammendes, ein begabtes oder zurückgebliebenes Kind ist, ist dieses Kind das Kind eines Menschen (J. Maritain, Erziehung am Scheidewege, 13). Es ist ein Unterschied, ob die Bildung des Menschen den Menschen meint, oder ob sie an Einzelaspekten seiner jeweiligen konkreten Situation anhebt, mit Fichte »etwas am Menschen« meint. »Für jeden von uns« ist »nichts so wichtig und so schwierig wie dieses ›ein Mensch zu werden‹. Die Hauptaufgabe der Erziehung ist daher vor allem, Menschen zu bilden oder den Reifevorgang zu lenken, durch den der Mensch sich selbst zum Menschen formt« (ebd. 14).
90 F. J. J. Buytendijk, Das Menschliche, 39
91 M. Buber, Urdistanz und Beziehung, in: Werke, 1. Bd.: Schriften zur Philosophie, 412
92 ebd. 412
93 vgl. ebd. 416; Menschsein bedeutet nach Buber: in Beziehung stehen, und zwar zur Natur (physische Sphäre), zu Menschen (psychische Sphäre) und zu geistigen Wesenheiten (noetische Sphäre) (vgl. M. Buber, Ich und Du, in: Werke, 1. Bd., a.a.O., 81, 147). Das Menschwerden vollzieht sich in der Verwirklichung dieser Beziehungen (vgl. ebd. 152). Dabei kommt der zwischenmenschlichen Sphäre eine besondere Bedeutung zu: in ihrer »erschließenden Funktion zwischen den Menschen« bietet sie die »Hilfe zum Werden des Menschen« (M. Buber, Elemente des Zwischenmenschlichen, in: Werke, 1. Bd., a.a.O., 284).
94 vgl. J. H. Pestalozzi, Wie Gertrud ihre Kinder lehrt, 350
95 Th. Ballauff, Vernünftiger Wille und gläubige Liebe, 105.
   vgl. dazu auch, was Hertz im Anschluß an Pestalozzi ausführt: »Darüber hinaus aber wird das Mutter-Kind-Verhältnis zum Vorbild aller sozialen Bezüge, ja es erscheint... als Prototyp des pädagogischen Bezuges überhaupt« (H. Hertz, Die Theorie des pädagogischen Bezuges, 15)
96 M. Buber, Ich und Du, 95
97 vgl. ebd. 95, 96. Buber spricht in diesem Zusammenhang von einem »Apriori der Beziehung«, einem »eingeborenen Du«. Vgl. ferner M. Buber, Reden über Erziehung, in: Werke, 1. Bd., a.a.O., 792, 802
98 M. Buber, Ich und Du, 97
99 ebd. 85, 152
100 M. Buber, Reden über Erziehung, 820
101 M. Buber, Elemente des Zwischenmenschlichen, 272
102 M. Buber, Reden über Erziehung, 803
103 vgl. M. Buber, Elemente des Zwischenmenschlichen, 275, 285; Reden über Erziehung, 805

104 vgl. M. Buber, Ich und Du, 84, 87, 138; 96, 120
105 M. Buber, Zu Bergsons Begriff der Intuition, in: Werke, 1. Bd., a.a.O., 1075, 1076
106 M. Buber, Ich und Du, 120, 121
107 ebd. 146
108 »... ist es auch von Grund aus irrig, die zwischenmenschlichen Phänomene als psychische verstehen zu wollen« (M. Buber, Elemente des Zwischenmenschlichen, 272)
109 vgl. M. Buber, Reden über Erziehung, 795
110 M. Buber, Elemente des Zwischenmenschlichen, 270
111 ebd. 271. An dieser Stelle muß auf die Kompliziertheit des Buberschen Begriffes der Beziehung eingegangen werden: Das Kind hat Zeit, naturhafte Verbundenheit mit geisthafter Verbundenheit einzutauschen. Geisthafte Verbundenheit, das ist Beziehung (vgl. Ich und Du, 95). Geist (wie Liebe) ist zwischen Ich und Du, »Geist ist nicht im Ich, sondern zwischen Ich und Du. Er ist nicht wie das Blut, das kreist, sondern wie die Luft, in der du atmest... Vermöge seiner Beziehungskraft allein vermag der Mensch im Geist zu leben« (ebd. 103, 141). Die Beziehung vollzieht sich nicht in der Seele, sondern zwischen Ich und Du (vgl. ebd. 132). Es ist sehr schwer, sich einen »freischwebenden Geist« als eines »Zwischen« vorzustellen. Hierdurch gerät Buber dann auch in eine Sackgasse: Er betont ausdrücklich, daß es sich im Moment der Beziehung nicht um Erlebnisse (vgl. ebd. 152) bzw. um psychische Phänomene (vgl. Elemente des Zwischenmenschlichen, 272) handelt, sondern um »Vorgänge *zwischen* Menschen (wie Auferlegung und Erschließung, vgl. ebd. 283), in denen »etwas am Menschen geschieht« (vgl. Ich und Du, 152). Buber nennt an anderer Stelle dieses Zwischen ein leibhaftes Zusammenspiel zweier Partner, dessen Phänomene aber nicht psychisch verstanden werden dürfen, psychische Erscheinungen sind höchstens »die heimliche Begleitung« dieses Zwischen (vgl. Elemente des Zwischenmenschlichen, 272). Wird Beziehung gefühlhaft verstanden, so wird sie verkannt (vgl. Ich und Du, 87). »Lebendig gegenseitige Beziehung schließt Gefühle ein, sie stammt nicht von ihnen« (ebd. 108). »Gefühle begleiten nur das Faktum der Beziehung« (ebd. 132). Andererseits aber nennt Buber die »Berührung des Du« einen »vitalen Kontakt mit dem Sein« (vgl. Zu Bersons Begriff der Intuition, 1076). Da es für eine echte Begegnung mit einem Partner immer notwendig ist, ihn als diesen konkreten Menschen zu erfahren, führt Buber den Begriff der »personalen Vergegenwärtigung« ein. Sie bedeutet das Innewerden eines Menschen, d. h. »also im besonderen seine Ganzheit als vom Geist bestimmte Person wahrnehmen, die dynamische Mitte wahrnehmen, die all seiner Äußerung, Handlung und Haltung das erfaßbare Zeichen der Einzigkeit aufprägt« (vgl. Elemente des Zwischenmenschlichen 277, 278). Dieses Innewerden als personale Vergegenwärtigung nennt Buber »Realphantasie«, ein »die intensivste Regung meines Seins beanspruchendes Einschwingen ins Andere« (vgl. ebd. 278, 280). »Auf den Umgang zwischen Menschen angewandt, bedeutet Realphantasie, daß ich mir vorstelle (!), was ein anderer Mensch eben jetzt will, fühlt, empfindet, denkt, und zwar nicht als abgelösten Inhalt, sondern eben in seiner Wirklichkeit, d. h. als eines Lebensprozesses dieses Menschen. Als ein geläufiges Beispiel dafür mag das sogenannte Mitgefühl dienen, wofern man nur die vage Sympathie außer acht läßt« (Urdistanz und Beziehung, 422).

Das konkrete Beziehungsgeschehen beansprucht den Menschen ganzheitlich, d. h. als Leib-Geist-Wesen und wird von ihm als ein Ganzes gestaltet. Es kann nicht allein auf die reine Ebene des Geistes, der in und nicht um den Menschen ist, eingegrenzt werden.

112 vgl. M. Buber, Elemente des Zwischenmenschlichen, 275, 285
113 vgl. ebd. 285; M. Buber, Urdistanz und Beziehung, 421, 422
114 M. Buber, Ich und Du, 82, 88
115 vgl. ebd. 281, 85
116 ebd. 85, 89, 145
117 vgl. M. Buber, Reden über Erziehung, 803
118 vgl. M. Buber, Ich und Du, 84, 88, 92, 152. Elemente des Zwischenmenschlichen, 284
119 vgl. M. Buber, Reden über Erziehung, 794. Ich und Du (Nachwort), 167
120 M. Buber, Reden über Erziehung, 803, 804, 806
121 ebd. 801. Auch hier setzt Buber den Vorgang der Umfassung (d. i. der Erfahrung der Gegenseite) ausdrücklich von dem der Einfühlung ab. (vgl. ebd. 802). Zu dieser Problematik vgl. Anmerkung 111)
122 M. Buber, Elemente des Zwischenmenschlichen, 281
123 M. Buber, Reden über Erziehung, 805
124 ebd. 803
125 ebd. 800
126 vgl. Anmerkung 9
127 M. Montessori (Erziehung für Schulkinder), zit. bei: P. Oswald, Das Kind im Werke, 81
128 J. Pieper, Die Lernenden, in: Neue Deutsche Hefte 1, 2 1954/55, H. 9, S. 654 bis 660, 658
129 E. Weniger, Didaktische Voraussetzungen der Methode in der Schule, 11
130 M. Montessori, Mein Handbuch, 75
131 F. J. J. Buytendijk, Bildung der Jugend durch lebendiges Tun, in: Die Schildgenossen, 12. Jahrg. (1932), H. 1, S. 17–32, 26
132 F. Copei, Der fruchtbare Moment im Bildungsprozeß, 72
133 ebd. 40
134 H. E. Hengstenberg, Philosophische Anthropologie, 12
135 M. Scheler, Die Formen des Wissens und der Bildung, 12
136 Hierin bestätigt sich die Auffassung Pestalozzis, »daß, wie tief auch der erste Daseinszustand des Menschen eingeschätzt werden mag, doch dessen primitive Formen die nachfolgende Entwicklung der geistigen Natur durchdringen und bestimmen« (J H. Pestalozzi, Mutter und Kind, zitiert b. W. Hofmann, Pestalozzi und die Psychoanalyse, in: Zeitschrift für Psychoanalytische Pädagogik, 1. Jahrg. 1926/27, S. 149–151, 150)
137 F. J. J. Buytendijk, Das Menschliche, 59
138 Th. Ballauff, die Grundstruktur der Bildung, 12
139 vgl. Th. Ballauff, a.a.O., 93; Die Idee der Paideia, 74
140 Th. Ballauff, Die Grundstruktur der Bildung, 8, 10, 79
141 ebd. 5, 12
142 ebd. 20

143 ebd. 82
144 Th. Ballauff, Grundstruktur der Bildung, 85
145 vgl. ebd. 96
146 ebd. 54
147 vgl. ebd. 54, 55
148 F. Copei, a.a.O., 33
149 H. E. Hengstenberg, a.a.O., 12
150 Th. Ballauff, Die Idee der Paideia, 78
151 Th. Ballauff, Die Grundstruktur der Bildung, 10
152 ebd. 82
153 ebd. 80
154 Th. Ballauff, Die Grundstruktur der Bildung, 41
155 vgl. F. Copei, a.a.O., 64
156 vgl. M. Montessori, Selbsttätige Erziehung, 38
157 M. Scheler, Die Formen des Wissens und der Bildung, 6
158 F. J. J. Buytendijk, Das Menschliche, 131
159 A. Berge, Autorität und Freiheit in der Erziehung, in: Erziehung und Psychologie, Beihefte der Zeitschrift »Schule und Psychologie«, H. 20, München/Basel 1961, 18
160 F. Bohnsack, Bildung und Begegnung, in: Internationale Zeitschrift für Erziehungswissenschaft, VII/1961, Nr. 3, S. 257–270, 265, 266
161 A. Berge, a.a.O., 11
162 M. Montessori, Selbsttätige Erziehung, 15
163 A. Berge, a.a.O., 11
164 ebd. 29
165 vgl. ebd. 34
166 ebd. 88
167 M. Montessori, Kinder sind anders, 146
168 vgl. M. Montessori, Selbsttätige Erziehung, 82, 337
169 M. Montessori, Grundlagen meiner Pädagogik, 277, 288
170 M. Lavelle, zitiert in: F. J. J. Buytendijk, Das Menschliche, 133
171 vgl. M. Buber, Reden über Erziehung, 820
172 A. Nitschke, Angst und Vertrauen, in: Die Sammlung 7 (1952) S. 175–180, 177
173 vgl. M. Wagenschein, Vertrauen und Distanz, in: Neue Sammlung 1 (1961), S. 202–206, 204
174 A. Berge, a.a.O., 29–31
175 vgl. ebd. 29
176 vgl. M. Buber, Reden über Erziehung, 795
177 vgl. A. Berge, a.a.O., 31
178 M. Montessori, Die Umgebung, in: Die neue Erziehung XII. Jahrg. 1930, H. 2, S. 86–90, 86, 88
179 F. Copei, a.a.O., 101, 109
180 vgl. L. Klages, Das persönliche Leitbild, 163
181 vgl. Th. Ballauff, Die Idee der Paideia, 28
182 vgl. K. Schaller, Vom ›Wesen‹ der Erziehung, 42
183 vgl. F. J. J. Buytendijk, Das Menschliche, 133

184 vgl. ebd. 133
185 vgl. Th. Ballauff, die Idee der Paideia, 64
186 ebd. 29, 30
187 ebd. 45, 56
188 M. Buber, Reden über Erziehung, 795
189 vgl. A. Berge, a.a.O., 17
190 F. J. J. Buytendijk, a.a.O., 131
191 A. Görres, Methode und Erfahrungen, 90
192 vgl. Th. Ballauff, Vernünftiger Wille und gläubige Liebe, 86
193 ebd. 41
194 vgl. ebd. 43, 149
195 vgl. Th. Ballauff, Die Idee der Paideia, 29, 30, 56
196 M. Buber, Ich und Du, 95
197 J H. Pestalozzi, Wie Gertrud ihre Kinder lehrt, 351
198 M. Montessori, Grundlagen meiner Pädagogik, 270
199 vgl. M. Montessori, Das Kind in der Familie, 39, 40
200 vgl. O. Kroh, Die Phasen der Jugendentwicklung, 48
201 J. H. Pestalozzi, Wie Gertrud ihre Kinder lehrt, 341
202 ebd. 342
203 J. H. Pestalozzi, An die Unschuld, den Ernst und den Edelmut meines Vaterlandes, Pestalozzis Sämtliche Schriften, 6. Bd., 22, 285
204 vgl. J. H. Pestalozzi, Wie Gertrud ihre Kinder lehrt, 345
205 vgl. J. H. Pestalozzi, An die Unschuld, 279
206 vgl. J. H. Pestalozzi, Schwanengesang, 14
207 J. H. Pestalozzi, Mutter und Kind, zitiert bei Th. Ballauff, Vernünftiger Wille und gläubige Liebe, 107
208 vgl. J. H. Pestalozzi, Mutter und Kind, zitiert bei I. v. Rappard, Die Bedeutung der Mutter bei J. H. Pestalozzi, 129
209 vgl. M. Montessori, Das Kind in der Familie, 55
210 vgl. W. Hofmann, Pestalozzi und die Psychoanalyse, in: Zeitschrift für Psychoanalytische Pädagogik, 1. Jahrg. 1926/27, S. 149–151, 149
211 vgl. J. H. Pestalozzi, Idee der Eelementarbildung, zitiert bei Th. Ballauff, Vernünftiger Wille und gläubige Liebe, 110
212 vgl. P. Oswald, Die Psyche des Kindes und ihre Entwicklungsfaktoren im pädagogischen Werk Maria Montessoris, 61
213 ebd. 61
214 vgl. G. Pfahler, Die Eltern als Erzieher, in: Erziehung wozu? S. 109–122, 118, 119
215 O. F. Bollnow, Die Ehrfurcht, 50, 51
216 ebd. 56, 57
217 ebd. 56
218 vgl. G. Pfahler, a.a.O., 120
219 ebd. 111. Den Begriff »Baumeister« möchten wir mit Maria Montessori abwehren. »Die Eltern sind die Wächter des Kindes, aber nicht seine Bauherren« (M. Montessori, Kinder sind anders, 290). In solcher Sicht fassen die Eltern »das Kind zu sehr als Besitz auf, und so behandeln sie es. Das Kind soll dann so sein, wie die

Eltern wünschen, daß es sei« (M. Montessori, Gott und das Kind, 16). »Es ist also nicht ganz richtig, wenn man von Vater und Mutter als den Schöpfern des Kindes spricht« (M. Montessori, Kinder sind anders, 58). »Es gilt den Erwachsenen zu ändern ... Schließlich fühlt sich der Erwachsene als Schöpfer des Kindes und beurteilt Gut und Bös der Handlungen des Kindes nach dessen Beziehungen zu ihm selbst. So wird der Erwachsene zum Maßstab von Gut und Bös« (ebd. 25, 27).

220 G. Pfahler, a.a.O., 119
221 ebd. 116
222 M. Montessori, Kinder sind anders, 145
223 ebd. 145
224 vgl. ebd. 129–131
225 J. H. Pestalozzi, Lienhart und Gertrud, Sämtliche Werke, Zürich 1960, Bd. 6, 362
226 M. Montessori, Kinder sind anders, 274
227 M. Montessori, Das Kind in der Familie, 17, 10
228 vgl. O. F. Bollnow, a.a.O., 78, 79
229 P. Oswald, Die Psyche des Kindes, 4, 6, 7, 45
230 Lichtenberg, zitiert bei M. Wagenschein, Vom Wesen und Unwesen der Schule, in: Erziehung wozu? 59
231 F. J. J. Buytendijk, Bildung der Jugend durch lebendiges Tun, 23
232 vgl. ebd. 19, 20, 21
233 M. Montessori, Das Kind in der Familie, 98, 99
234 vgl. H. Helming, Montessori-Pädagogik, 53
235 vgl. M. Montessori, in: Die neue Erziehung, VIII. Jahrg. 1926, H. 4, S. 241–247, 243
236 vgl. H. Helming, a.a.O., 32–38
237 vgl. M. Montessori, Kinder sind anders, 133, 134
238 ebd. 133
239 ebd. 134
240 M. Montessori, Das Kind in der Familie, 82
241 ebd. 87
242 ebd. 90
243 ebd. 101
244 ebd. 90
245 ebd. 90, 91
246 M. Montessori, Die Umgebung, 87
247 M. Montessori, Das Kind in der Familie, 58
248 F. J. J. Buytendijk, Das Menschliche, 135
249 M. Montessori, Das Kind in der Familie, 68
250 H. Helming, a.a.O., 65, 67
251 M. Montessori, Das Kind in der Familie, 81, 76, 77
252 vgl. P. Oswald, die Psyche des Kindes, 33
253 M. Montessori, Das Kind in der Familie, 78, 81
254 ebd. 78, 79
255 ebd. 102
256 ebd. 103. Ferner: M. Montessori, Mein Handbuch, 113: »Wie bekannt, lassen wir den Kindern Freiheit bei ihrer Arbeit und bei allem Tun, das nicht störend wirkt,

d. h. wir merzen die Unordnung aus, die ›schlecht‹ ist, aber gewähren allem, was ordentlich und ›gut‹ ist, die vollständigste Freiheit der Betätigung«. In diesen Worten zeigt sich, daß Montessori sehr wohl um die Unordnung im Kinde weiß und sie berücksichtigt. Ihr stellenweise übertrieben wirkender Optimismus hat ihr häufig den Vorwurf eingebracht, das Kind in seiner Gutheit zu überschätzen (vgl. G. Schulz, Der Streit um Montessori, 24). Zu dem Problem von Gut und Bös äußert sich Montessori an anderer Stelle selbst kritisch: »Andererseits möchte ich jedoch nicht behaupten, daß das Gutsein unserer Kleinen ... die Frage nach dem unbedingten Gutsein oder Bösesein des Menschen löse. Wir können nur sagen, daß wir durch Wegräumung der Hindernisse als Ursachen zur Gewalttätigkeit und Widersetzlichkeit einen Beitrag zum Gutsein geleistet haben« (Mein Handbuch, 119). Montessori spricht aber auch deutlich aus, daß der Erwachsene oft die Handlungen des Kindes für »gut« oder »bös« hält, je nachdem, ob sie für ihn lästig oder ärgerlich sind oder nicht (vgl. ebd. 114).

257 M. Montessori, Mein Handbuch, 80
258 F. J. J. Buytendijk, Bildung der Jugend durch lebendiges Tun, 25
259 M. Montessori, zitiert bei F. J. J. Buytendijk, Erziehung zur Demut, Ratingen 1962, 70
260 F. J. J. Buytendijk, Bildung der Jugend durch lebendiges Tun, 25
261 vgl. Th. Ballauff, zum Problem der Schulbildung, in: Zeitschrift für Pädagogik, 7. Jahrg. (1961), H. 2, S. 135–152, 138
262 vgl. F. J. J. Buytendijk, Erziehung zur Demut, 87; 73
263 M. Wagenschein, Vom Wesen und Unwesen der Schule, 54
264 vgl. ebd. 55
265 M. Montessori, in: Die neue Erziehung, VIII. 1926, H. 4, S. 241–247, 247
266 H. Helming, a.a.O., 156
267 vgl. ebd. 156
268 vgl. P. Oswald, Das Kind im Werke, 22
269 vgl. Th. Ballauff, zum Problem der Schulbildung, 145
270 M. Montessori, Kinder sind anders, 145
271 vgl. P. Oswald, Das Kind im Werke, 22
272 vgl. M. Wagenschein, Vom Wesen und Unwesen der Schule, 58
273 Th. Ballauff, Schule der Zukunft, Bochum 1964, 28
274 vgl. H. Helming, a.a.O., 63
275 vgl. P. Oswald, Bildungsprinzipien im Unterricht, Ratingen 1964, 53. – M. Montessori, Selbsttätige Erziehung, 103. – F. J. J. Buytendijk, Erziehung zur Demut, 55, 72
276 F. J. J. Buytendijk, Erziehung zur Demut, 73
277 ebd. 75
278 ebd. 75
279 H. Helming, a.a.O., 21
280 M. Montessori, Das Kind in der Familie, 80
281 M. Wagenschein, Vom Wesen und Unwesen der Schule, 56
282 vgl. G. Schulz, Der Streit um Montessori, 33
283 M. Montessori, Selbsttätige Erziehung, 104
284 ebd. 223, 224

285 M. Buber, Reden über Erziehung, 800
286 M. Montessori, Das Kind in der Familie, 94
287 A. Meinberg, Das Problem der Distanz in der Erziehung, 75
288 ebd. 75
289 M. Buber, Reden über Erziehung, 800
290 E. Lichtenstein, Vom Sinn der erzieherischen Situation, in: Vierteljahrsschrift für wissenschaftliche Pädagogik, 31 (1955), S. 22–34, 32
291 vgl. ebd. 32
292 vgl. O. F. Bollnow, Die pädagogische Atmosphäre, 46, 47, 48
293 E. Lichtenstein, Vom Sinn der erzieherischen Situation, 32
294 M. Buber, Reden über Erziehung, 820, 821
295 ebd. 821
296 vgl. O. F. Bollnow, Die pädagogische Atmosphäre, 50
297 M. Buber, Elemente des Zwischenmenschlichen, 285; 277
298 E. Lichtenstein, Vom Sinn der erzieherischen Situation, 32
299 E. Lichtenstein, Zur Metaphysik der pädagogischen Verantwortung, in: Pädagogische Rundschau, 7. Jahrg. 1952/53, H. 2, S. 49–57, 51
300 M. Buber, Reden über Erziehung, 830
301 W. Stern, Über die Entwicklung der Idealbildung in der reifenden Jugend, in: Zeitschrift für Pädagogische Psychologie, 24. Jahrg., 1923, S. 34–45, 38 (Anmerkung)
302 vgl. Kapitel 2. 2
303 vgl. A. Schlesinger, Der Begriff des Ideals, in: Archiv für Psychologie, Bd. 29, 1913, S. 313–384, 359, 383
304 vgl. E. Spranger, Psychologie des Jugendalters, 86, 165, 166; W. Stern, a.a.O., 37
305 vgl. L. Klages, Das persönliche Leitbild, 163, 165
306 vgl. K. Schmëing, Ideal und Gegenideal, in: Beihefte zur Zeitschrift für angewandte Psychologie u. Charakterkunde, Beiheft 70, 1935, 90
307 vgl. zu dieser Problematik: G. Bittner, Für und wider die Leitbilder, 14, 15, 16, 20 ff., 35, 36, 45 ff.
308 E. Lichtenstein, Zur Metaphysik der pädagogischen Verantwortung, 51
309 vgl. Th. Ballauff, Zum Problem der Schulbildung, 150, 151
310 F. J. J. Buytendijk, Das Menschliche, 88
311 M. Buber, Ich und Du, 88
312 vgl. dazu Th. Ballauff, Grundstruktur der Bildung, 74

5. Literaturangaben

Ballauff, Th.: Die Idee der Paideia, Meisenheim 1952
– Die Grundstruktur der Bildung, Weinheim 1953
– Vernünftiger Wille und gläubige Liebe, Meisenheim 1957
– Zum Problem der Schulbildung, in: Zeitschrift für Pädagogik, 7. Jahrg. (1961), H. 2, S. 135–152
– Schule der Zukunft, Bochum 1964
Berge, A.: Autorität und Freiheit in der Erziehung, in: Erziehung und Psychologie, Beihefte der Zeitschrift »Schule und Psychologie«, Heft 20, München/Basel 1961

Bittner, G.: Für und wider die Leitbilder, Heidelberg 1964
Bohnsack, F.: Bildung und Begegnung, in: Internationale Zeitschrift für Erziehungswissenschaft VII. 1961, Nr. 3, S. 257–270
Bollnow, O. F.: Die Ehrfurcht, Frankfurt/Main 1947
– Die pädagogische Atmosphäre, Heidelberg 1964
Buber, M.: Urdistanz und Beziehung, in: Werke, 1. Band: Schriften zur Philosophie, München und Heidelberg 1962
– Ich und Du, ebd.
– Elemente des Zwischenmenschlichen, ebd.
– Reden über Erziehung, ebd.
– Zu Bergsons Begriff der Intuition, ebd.
Buytendijk, F. J. J.: Bildung der Jugend durch lebendiges Tun, in: Die Schildgenossen, 12. Jahrg., Rothenfels 1932, Heft 1, S. 17–32
– Das Menschliche, Stuttgart 1958
– Erziehung zur Demut, Ratingen 1962
Copei, F.: Der fruchtbare Moment im Bildungsprozeß, Heidelberg 1962[6]
Fenichel, O.: Die Identifizierung, in: Internationale Zeitschrift für Psychoanalyse, Wien (1926), 12, S. 309–322
Fichte, J. G.: Reden an die deutsche Nation, Leipzig, o. J. (im Druck erschienen 1808)
Freud, S.: Über Psychotherapie, in: Gesammelte Werke, Bd. V, Frankfurt/Main 1961[3]
– Drei Abhandlungen zur Sexualtheorie, ebd.
– Zur Einführung des Narzismus, ebd. Bd. X, 1963[3]
– Massenpsychologie und Ichanalyse, ebd. Bd. XIII, 1963[4]
– Das Ich und das Es, ebd.
Görres, A.: Methode und Erfahrungen der Psychoanalyse, München 1961[2]
Helming, H.: Montessori-Pädagogik, Freiburg 1958
Hengstenberg, H. E.: Philosophische Anthropologie, Stuttgart 1957
Hertz, H.: Die Theorie des pädagogischen Bezuges, Langensalza – Berlin – Leipzig 1932
Hofmann, W.: Pestalozzi und die Psychoanalyse, in: Zeitschrift für Psychoanalytische Pädagogik, 1. Jahrg. 1926/27, S. 149–151
Klages, L.: Das persönliche Leitbild, in: Zur Ausdruckslehre und Charakterkunde, Heidelberg 1927
Kroh, O.: Die Phasen der Jugendentwicklung, Weinheim/Berlin 1958
Krueger, F.: Das Wesen der Gefühle, Leipzig 1929[2]
– Die Tiefendimension und die Gegensätzlichkeit des Gefühlslebens, München 1931[2]
Lichtenstein, E.: Zur Metaphysik der pädagogischen Verantwortung, in: Pädagogische Rundschau, 7. Jahrgang 1952/53, H. 2, S. 49–57
– Vom Sinn der erzieherischen Situation, in: Vierteljahrsschrift für wissenschaftliche Pädagogik 31 (1955), S. 22–34
Linke, B.: Eros und Liebe und das Wesen der Erziehung, Dissertation München 1954
Maritain, J.: Erziehung am Scheidewege, Berlin – Hamburg 1951
Meinberg, A.: Das Problem der Distanz in der Erziehung, Dissertation Tübingen 1960
Montessori, M.: Selbsttätige Erziehung im frühen Kindesalter, Stuttgart 1913
– Mein Handbuch, Stuttgart 1922
– Das Kind in der Familie, Wien o. J. (Vorträge aus dem Jahre 1923)

- in: Die neue Erziehung, VIII. Jahrg. 1926, Heft 4, S. 241–247
- Die Umgebung, in: Die neue Erziehung, XII. Jahrg. 1930, H. 2, S. 86–90
- Grundlagen meiner Pädagogik, in: Handbuch der Erziehungswissenschaft, III. Teil Bd. 1. Herausgegeben v. Eggersdorfer, Ettlinger, Raederscheidt, Schröteler. – München 1934
- Kinder sind anders, Stuttgart 1952
- Gott und das Kind, Köln 1956
- Kinder, die in der Kirche leben, Freiburg 1964

Nitschke, A.: Angst und Vertrauen, in: Die Sammlung 7 (1952), S. 175–180
- Die Auswirkung fremder Motorik auf den jugendlichen Menschen, Tübingen 1960

Oswald, P.: Die Psyche des Kindes und ihre Entwicklungsfaktoren im pädagogischen Werk Maria Montessoris, Dissertation Bonn 1954
- Das Kind im Werke Maria Montessoris, Mühlheim (Ruhr) 1958
- Bildungsprinzipien im Unterricht, Ratingen 1964

Pestalozzi, J. H.: An die Unschuld, den Ernst und den Edelmut meines Vaterlandes, Pestalozzi's Sämtliche Schriften, Bd. 6, Stuttgart und Tübingen 1820
- Schwanengesang, ebd. Bd. 13, Stuttgart und Tübingen 1826
- Die Abendstunde eines Einsiedlers, in: A. Buchenau, E. Spranger, H. Stettbacher, Sämtliche Werke, Bd. 1, Berlin und Leipzig 1927
- Lienhart und Gertrud, ebd. Bd. 6, Zürich 1960
- Wie Gertrud ihre Kinder lehrt, ebd. Bd. 13, Berlin und Leipzig 1932
- An Fellenberg 1805, in: E. Dejung, W. Feilchenfeld Fales, H. Stettbacher, Sämtliche Briefe, Bd. 4, Zürich 1951

Pfahler, G.: Die Eltern als Erzieher, in: Erziehung wozu? Stuttgart 1956

Pieper, J.: Die Lernenden, in: Neue Deutsche Hefte, 1, 2 1954/55, H. 9, S. 654–660

Portmann, A.: Die biologische Bedeutung des ersten Lebensjahres beim Menschen, in: Universitas 1949, 4, S. 1081–1088

Rappard, I. v.: Die Bedeutung der Mutter bei J. H. Pestalozzi, Bonn 1961

Sborowitz, A.: Beziehung und Bestimmung. Die Lehren v. M. Buber und C. G. Jung in ihrem Verhältnis zueinander, Darmstadt 1956

Schaller, K.: Vom ›Wesen‹ der Erziehung, Ratingen 1961

Scheler, M.: Die Formen des Wissens und der Bildung, Bonn 1925
- Die Stellung des Menschen im Kosmos, München 1947
- Wesen und Formen der Sympathie, Frankfurt 1948[5]

Schlesinger, A.: Der Begriff des Ideals, in: Archiv für Psychologie, Bd. 29, 1913, Seite 313–384

Schmëing, K.: Ideal und Gegenideal, in: Beihefte zur Zeitschrift für angewandte Psychologie und Charakterkunde, Beiheft 70, 1935

Schulz, G.: Der Streit um Montessori, Freiburg 1961

Spitz, R. A.: Die Entstehung der ersten Objektbeziehungen, Stuttgart 1960[2]

Spranger, E. Psychologie des Jugendalters, Heidelberg 1955[24]

Stern, W.: Über die Entwicklung der Idealbildung in der reifenden Jugend, in: Zeitschrift für Pädagogische Psychologie, 24. Jahrg. 1923, S. 34–45

Wagenschein, M.: Vom Wesen und Unwesen der Schule, in: Erziehung wozu? Stuttgart 1956
- Vertrauen und Distanz, in: Neue Sammlung 1 (1961), S. 202–206

Wellek, A.: Die Polarität im Aufbau des Charakters, Bern 1950
Weniger, E.: Didaktische Voraussetzungen der Methode in der Schule, Weinheim 1960
Werner, H.: Einführung in die Entwicklungspsychologie, München 1959[4]
Volkelt, H.: Grundbegriffe der Ganzheitspsychologie, in: Neue Psychologische Studien, Bd. XII, H. 1, Neuauflage München 1954, S. 1–46

IV. Entwicklungspädagogische Aspekte frühkindlicher Emanzipations- und Sozialisationsprozesse

1. Einleitung

1.1 Bei der Wahl des Themas für diese Gastvorlesung – Entwicklungspädagogische Aspekte frühlindlicher Emanzipations- und Sozialisationsprozesse – habe ich mich von folgenden Überlegungen leiten lassen:

1.1.1 An einer Reihe Erziehungswissenschaftlicher oder Pädagogischer Hochschulen besteht heute neben der Ausbildung für den Lehrberuf die Möglichkeit, das pädagogische Diplom zu erwerben, für das als Schwerpunkt u. a. Pädagogik der frühen Kindheit gewählt werden kann.

1.1.2 Aber auch im Studium für den Lehrberuf kann heute der Bereich der frühen Kindheit nicht mehr ausgespart bleiben. Dafür ließen sich eine Reihe von Gründen anführen, aus denen ich nur die folgenden herausgreifen möchte:

- Der »Strukturplan für das Bildungswesen«, dessen Grundkonzeption wohl die künftigen Reformbestrebungen im deutschen Bildungswesen bestimmen dürfte, fordert im Hinblick auf die Individualisierung des Lernens vom Lehrenden die Kenntnis der jeweiligen kindlichen Entwicklungs- und Lerngeschichte, um daran anknüpfen zu können[1].
- Unter dem Aspekt der Längsschnittchancengleichheit wird im Strukturplan die Kontinuität im Verlauf der Lernprozesse gefordert. Das hat zur Folge, daß den Eingangscurricula aus dem Vorschul- oder Elementarbereich Anschlußcurricula im Primarbereich zugeordnet werden müssen[2].
- Für den im Strukturplan vorgesehenen Lehrer nach dem Studientyp A_1, A_2, B_1 (Lehrer im Elementar- und Primarbereich)[3] bzw. für den jetzigen Grundschullehrer ergibt sich damit die Forderung nach elementaren Kenntnissen im Bereich frühkindlicher Entwicklung und Erziehung.

1.2 Einleitend möchte ich ebenfalls einen *skizzenhaften Umriß der Thematik* geben, die ich für diese Vorlesung ausgewählt habe: es sollen entwicklungspädagogische Aspekte frühkindlicher Emanzipations- und Sozialisationsprozesse behandelt werden.

Der Akzent liegt auf den Phasen der frühen Kindheit; die folgenden Ausführungen werden sich auf Entwicklungsvorgänge in der Zeit von 0–4 Jahren beziehen.

Entsprechend der Thematik – entwicklungspädagogische Aspekte – interessieren im Rahmen dieser Überlegungen frühkindliche Entwicklungsphasen unter dem Gesichtspunkt der Erziehung.

Es ist unmöglich, in einer einstündigen Vorlesung das mögliche Spektrum pädagogisch relevanter Perspektiven zu behandeln, die sich aus den frühkindlichen

Entwicklungsphasen ergeben. Deshalb sollen nur einige Aspekte im Hinblick auf Emanzipations- und Sozialisationsprozesse herausgearbeitet werden. Auch hier handelt es sich nur um die Herausstellung einiger dominierender Gesichtspunkte in dem Wissen, daß damit die Thematik nicht erschöpfend behandelt ist.

Die Untersuchung der pädagogischen Relevanz der Emanzipations- und Sozialisationsprozesse erfolgte aus der Überlegung, daß es sich hier um Strukturelemente einer als dynamische Kategorie verstandenen Mündigkeit handeln könnte.

Am Ende dieser Vorbemerkungen möchte ich noch darauf hinweisen, daß die folgenden Darlegungen das Ergebnis zweier Lehrveranstaltungen zur Pädagogik der frühen Kindheit sind, die ich bisher in Worms gehalten habe. Anerkennend möchte ich hervorheben, daß ich bei der Erarbeitung dieser Problematik der guten Mitarbeit von Teilnehmern an diesen Übungen Denkanstöße und weiterführende Einsichten verdanke.

2. *Begriff einer Entwicklungspädagogik und ihr Ziel*

2.1 Der *Begriff* »Entwicklungspädagogik« stammt von Heinrich Roth, der ihn im II. Band seiner »Pädagogische(n) Anthropologie« erläuternd einführt: Entwicklung in der Perspektive der Erziehung[4].

Alle Wissenschaften vom Menschen und seiner Entwicklung befassen sich jeweils mit einem Aspekt der Entwicklung. »Was den Pädagogen interessiert, ist die Ermöglichung aktiver Entwicklungshilfe, aktiver Entwicklungssteigerung bis zum Optimum der potentiellen Möglichkeiten eines Kindes und Jugendlichen.«[5] Entwicklung wird in erzieherischer Perspektive als ein beeinflußbares und lenkbares Geschehen betrachtet.

Bei der Darlegung seiner pädagogischen Entwicklungstheorie stellt Roth zwei Perspektiven heraus: 1. Entwicklung des Menschen ist eine aktiv zu betreibende Aufgabe, eine fördernde Beeinflussung[6]. 2. Entwicklungsförderung ist abhängig »von einer angemessenen Herausforderung des sich entwickelnden Kindes und Jugendlichen durch initiierende Entwicklungsaufgaben ...«[7].

2.2 Aus dieser Erkenntnis ergeben sich für eine Entwicklungspädagogik folgende *Aufgaben:* Wenn Entwicklung pädagogisch als eine aktiv fördernde Beeinflussung verstanden wird, so ergibt sich daraus die Frage nach der Veränderbarkeit des Menschen und ihrer Bedingungen. Roth zeigt dafür drei Problemkreise auf: 1. die Frage nach dem faktischen Entwicklungsverlauf der Masse der Kinder und Jugendlichen in unserer Zeit und Kultur, 2. die Frage nach den Bedingungsfaktoren für abweichendes Verhalten, 3. die Frage nach dem »Entwicklungssoll«.[8] »Die Fragen, *wann* kann, wann darf man eingreifen, sind ebenso wichtig wie die, *wie* kann, wie darf man eingreifen? Wenn man fragt, wann und wo sind Eingriffe effektiv, so muß man sofort hinzusetzen: In welchem Sinne effektiv, in Hinsicht auf welchen *Endzweck* der Entwicklungsförderung?«[9] Mit diesen drei Grundfragen charakterisiert Roth primäre Forschungsanliegen einer pädagogischen Entwicklungstheorie.

Die Problematik, wann und wie entwicklungsfördernd eingegriffen werden darf, stellt Roth als gesonderte Aufgaben einer Entwicklungspädagogik heraus. Zunächst nennt er das »Problem der Passung«, bei dem es um die Frage geht, »welche Aufgaben als Entwicklungsaufgaben zu welcher Zeit ihr günstigstes, die Entwicklung anregendstes Optimum haben.«[10] Hier geht es um den *richtigen Zeitpunkt*, jene »sensiblen Phasen«, in denen die Beeinflussung durch die Umwelt eine besondere Wirksamkeit gewinnt. Eine weitere pädagogisch bedeutsame Frage ist die nach der »Passung« der Entwicklungsaufgabe, d. h. nach der *Angemessenheit der intendierten Herausforderung* des sich entwickelnden Kindes und Jugendlichen. Diese Frage bezieht sich »auf die Art und Qualität der Aufgaben, die als Entwicklungsaufgaben in Frage kommen, damit sie jenen Entwicklungsanreiz enthalten, der die Entwicklung fördert«[11].

2.3 Roths Frage, welche Entwicklungstendenzen bevorzugt von der Erziehung zu unterstützen seien[12], hängt eng zusammen mit seiner bereits zitierten Frage nach dem Endzweck der Entwicklungsförderung, dem sogenannten *Erziehungsziel*.

Die Entwicklungsfähigkeit des Menschen, seine Bildsamkeit, korrespondiert nach Roth mit der Bestimmung des Menschen. Unter anthropologischem Aspekt – d. h. im Blick auf die individuelle Entwicklung – nennt er als durchgängigen Bezugspunkt menschliche Reife und Mündigkeit als Chance und Aufgabe der Erziehung[13]. Reife und Mündigkeit dürfen nach Roth als jene Ziele gelten, die auch heute noch einer Kritik der Erziehungsziele, jenen Umschreibungen möglichen »Entwicklungssolls«, standhalten[14].

Unter soziologischem Gesichtspunkt – d. h. im Blick auf die soziale Entwicklung – weist Roth darauf hin, daß die Richtung der menschlichen Entwicklung grundsätzlich auch davon abhängt, welche Zielvorstellungen eine Gesellschaft hat und welche Anstrengungen sie unternimmt, diese zu realisieren. »Solange das Ziel freie Menschen in einer freien Gesellschaft sind, ist die Realisierung dieses Zieles nur zu erhoffen, wenn die Erziehung die definitve Aufgabe hat, das Indviduum angesichts einer Pluralität von Möglichkeiten und Lebensrollen zu seiner individuellen Selbstbestimmung auszurüsten, ihm zu einer Identität mit sich selbst zu verhelfen, es seine Ich-Rolle im Rollengefüge der Gesellschaft finden zu lassen, seine ›eigene Biographie organisieren‹ zu helfen.«[15]

Die hier anklingende Vorbetonung der individuellen Entwicklung und ihre Unterstützung wird von Roth an anderer Stelle ausdrücklich bejaht[16]. Roth untersucht die menschliche Entwicklung und ihre fördernde Unterstützung im Spannungsgefüge der Relation zwischen Individuum und Gesellschaft. Diese Relation – das Spannungsgefüge zwischen Individuum und Gesellschaft – offen und frei zu halten, vermag nach seiner Ansicht nur die Erziehung[17]. Sie hat –

wie zitiert – freie Menschen in einer freien Gesellschaft zu bilden. Dazu soll sie dem einzelnen zu seiner individuellen Selbstbestimmung und zur Identität mit sich selbst verhelfen, ihn seine Ich-Rolle im Rollengefüge der Gesellschaft finden helfen.

Die genannten Zielsetzungen lenken Roths Aufmerksamkeit auf die Frage, welche Entwicklungs- und Erziehungsprozesse den Menschen in mündige Selbstbestimmung zu führen vermögen, d. h. in Richtung einer Erziehung zur Mündigkeit pädagogisch relevant sind. Im Mittelpunkt der Betrachtung stehen damit Probleme der Persönlichkeitslehren, die sich auf die Erfassung innerseelischer und erzieherischer Bedingungen richten, die die Voraussetzung zu verantwortlichem Handeln bilden. Es geht um die Untersuchung des menschlichen Verhaltens und der menschlichen Handlungsfähigkeit in Sach-, Sozial- und Wertzusammenhängen. Für Roth ist die zentrale Frage, »wie sich aus instinkthaftem kindlichen Verhalten mündige, selbstverantwortliche Handlungsfähigkeit entwickelt«[18]. Eine solche autonome und verantwortliche Handlungsfähigkeit setzt Sacheinsicht und Sachkompetenz (intellektuelle Mündigkeit), Sozialeinsicht und Sozialkompetenz (soziale Mündigkeit), schließlich Werteinsicht und Ich-Kompetenz (Selbstbestimmung und moralische Mündigkeit) voraus[19].

2.4 Es bedurfte dieses weiten Ausgreifens auf H. Roths Konzeption einer Entwicklungspädagogik und ihrer Ziele, da bei der folgenden Darlegung einiger entwicklungspädagogischer Aspekte auf manche dieser Ansätze zurückgegriffen und daran angeknüpft wird. Insbesondere handelt es sich um folgende Gesichtspunkte: 1. Aus dem Bereich entwicklungspädagogischer Aufgaben wird das Problem der »Passung« aufgegriffen: Zu welchem Zeitpunkt haben welche Förderungsmaßnahmen ihre optimale Wirkung? Solche Förderungsmaßnahmen werden nur auf dem Hintergrund der Trieb- und Affektentwicklung, d. h. der menschlichen Antriebsstruktur, behandelt. 2. Hinsichtlich des durchgängigen Bezugspunktes der Erziehung werden in dem von Roth dreifach aufgefächerten Mündigkeitsbegriff vorwiegend Probleme der Sozial- und Ich-Kompetenz berührt. 3. Die genannten zwei Bezugspunkte werden aus dem Grunde tangiert, weil das Interesse in diesen Ausführungen auf frühkindliche Emanzipations- und Sozialisationsprozesse gerichtet ist. Sie scheinen mir Strukturelemente der Relation zwischen Individuum und Gesellschaft zu sein, jenes Spannungsgefüges, das offen und frei zu halten nach Roth Aufgabe der Erziehung ist. Emanzipation, die Roth in der zweiten Auflage des I. Bandes seiner »Pädagogische(n) Anthropologie« als neu hinzugekommenes Erziehungsziel einführt[20], wird hier zu einem Komplementärbegriff der Sozialisation. Emanzipations- und Sozialisationsprozesse als Strukturelemente des Spannungsgefüges (Relation) zwischen Individuum und Gesellschaft wären Entwicklungstendenzen, die eine Erziehung bevorzugt zu unterstützen hätte, deren Ziel eine dynamisch verstandene Mündigkeit des Menschen ist.

3. Phasenlehren der frühen Kindheit auf dem Hintergrund der Trieb- und Affektentwiklung unter besonderer Beachtung der Emanzipations- und Sozialisationstendenzen

Die Frage nach dem »Wann« entwicklungspädagogischen Eingreifens hat die Kenntnis des Verlaufes der Entwicklung vom Kind zum Jugendlichen und Erwachsenen in allen menschlichen Bereichen zur Voraussetzung. Innerhalb dieser Vorlesung habe ich die Fragestellung auf Aspekte der Entwicklung frühkindlicher Emanzipations- und Sozialisationstendenzen eingegrenzt.

3.1 Zum *Begriff der Phasen* wäre zu sagen, daß es sich um Intervalle, um Unterteilungen größerer Entwicklungsabschnitte wie z. B. Kindheit, Jugend, Erwachsenenalter handelt.

Die Phasenlehren können sehr speziell bestimmte Funktionen wie biologische, psychische, soziale, zum Gegenstand haben. Leitende Gesichtspunkte wären dann jeweils biologische, psychologische oder soziologische, von denen jede Betrachtungsweise wegen der Ganzheitlichkeit des Menschen immer auch mit anderen verknüpft ist.

Da Emanzipations- und Sozialisationsprozesse – d. h. Prozesse der Ich- und Wirbildung – der menschlichen Antriebs- und Gefühlsstruktur entspringen, habe ich zur Erhellung dieser Entwicklungsvorgänge Phasenlehren gewählt, die aus biologischer und psychologischer Perspektive die Trieb- und Affektentwicklung verfolgen.

3.2 Phasenlehren auf dem Hintergrund der Trieb- und Affektentwicklung

H. Roth weist darauf hin, daß jeder Mensch als ein Organismus geboren werde, der biologisch nach dem Modell der Gattung zur Selbstverwirklichung drängt und naturbedingt das Bedürfnis entwickelt, in einen »Lebensaustausch« – eine Interaktion – mit seiner Umwelt zu treten[21].

Das Problem, dieses menschliche Streben auf sein ursprüngliches Prinzip zurückzuverfolgen, ist sehr alt, hat seit Leibniz jedoch eine bis heute nachhaltig wirkende Wende erfahren.

Um die Jahrhundertwende haben Charakterforschung und Psychoanalyse diese Problematik erneut aufgegriffen. McDougall entwickelte eine dynamische Psychologie, die in den affektiven Antrieben die Grundlage des Charakters sieht, an dessen Formationsprozeß individuelle und soziale Faktoren beteiligt sind[22]. Diese dynamische Psychologie legt den Akzent auf den »dem Lebewesen innewohnenden Drang oder Antrieb. McDougall nennt ihn ›drive‹ oder häufiger (griechisch) ›horme‹ und seine psychologische Auffassung daher hormische Psychologie.«[23]

In dieser Tradition entwickelt M. Montessori ihre sogenannten »sensiblen Phasen«, auf die noch näher eingegangen wird. Sie beruft sich ausdrücklich auf McDougall und übernimmt ihrerseits von Percy Nunn und McDougall den Begriff der »Horme«, den sie im Sinne von Energie, von Lebenskraft und -anreiz versteht, und der eine zentrale Stellung in ihrer Pädagogik einnimmt[24]. Nach ihrer eigenen Aussage kann der Begriff der »Horme« mit dem der »Libido« von Freud verglichen werden[25].

S. Freuds Interesse und das seiner Schüler gilt mehr den stark gefühlsgeladenen Antriebselementen, deren nachhaltig prägende Wirkungen im Menschen er analytisch untersuchte. Die emotionale oder affektive Antriebsstruktur entwickelt sich nach Freud in einem Rhythmus, in dem jeweils verschiedene Körperzonen als emotionale Erregungsquellen dominierend hervortreten, wie die orale, anale oder genitale.

Die beiden Phasenlehren von Montessori und Freud wurden aus folgenden Gründen in diesen Ausführungen herangezogen: 1. Sie haben mit der bereits erwähnten Konzeption von H. Roth den biologischen Ansatz gemeinsam: Entwicklung der Lebenskraft, der vitalen Energie, die zu ihrer Entfaltung des »Lebensaustausches« mit der Umwelt bedarf. Dieser Antrieb ist das Grundelement aller Strebungen, aus denen sich menschliches Verhalten und menschliche Handlung als Folge eines Willensentschlusses aufbaut. Letztere aber ist eine der notwendigen Voraussetzungen für menschliche Selbstbestimmung, die als Mündigkeit definiert wurde. Diese läßt sich mit Adornos Worten umschreiben als Entschließung und Mut, sich seiner ohne Leitung eines anderen zu bedienen[26]. 2. In den genannten beiden Phasenlehren werden die Akzente unterschiedlich gesetzt. Während Montessori das phasenbedingte Unabhängigkeitsstreben des Kindes, also seine Emanzipationstendenzen stärker beachtet, erforscht Freud betonter den emotionalen oder affektiven phasengebundenen Austausch zwischen den Individuen – also Sozialisationstendenzen – mit ihren prägenden oder fixierenden Bindungen. Freuds Entwicklungsphasen scheinen sich deshalb als Grundlage für die Erarbeitung von pädagogisch relevanten Entwicklungsaspekten bei Sozialisationsprozessen, Montessoris Phasenlehren mehr für solche bei Emanzipationsprozessen nahezulegen.

Die Unterscheidung von Unabhängigkeits- und Bindungstendenzen mit ihren möglicherweise zu fordernden Unterstützungen kann nur eine gedankliche sein. In Wirklichkeit dürfte es sich um einen rhythmisch oszillierenden Prozeß handeln, der eine Einheit bildet. Unterschiedlich akzentuierte Beeinflussungen können jedoch ein stärkeres Ausschlagen des Pendels nach einer Seite mit prägender Wirkung zur Folge haben.

Wenn Adorno die Mündigkeit eine »dynamische Kategorie« nennt[27], so dürfte sich darunter ein dialektisches Spannungsgefüge lebenslänglicher Emanzipations- und Sozialisationsprozesse verstehen lassen.

Im Folgenden werden nur einige Aspekte aus Montessoris und Freuds Phasenlehren herausgegriffen, an denen sich einige Grundlinien für entwicklungspädagogische Aufgaben bei Emanzipations- und Sozialisationsprozessen herausarbeiten lassen.

3.2.1 Die Theorie der sensiblen Phasen nach M. Montessori unter dem Gesichtspunkt auftretender Emanzipationstendenzen

H. Roths Theorie einer Entwicklungspädagogik sieht aktive Entwicklung als eine Aufgabe, jemanden zu entwickeln, d. h. den Wechselbezug zwischen Organismus und Umwelt herzustellen[28]. Unter diesem Gesichtspunkt gewinnt die Theorie der »sensiblen Phasen« ein besonderes Interesse, handelt es sich doch um Phasen, »in denen die Beeinflußbarkeit durch die Umwelt eine besondere Effektivität gewinnt«[29].

Den Begriff »sensible Perioden« übernimmt M. Montessori von dem Holländer de Vries[30]. Entsprechend ihrer biologischen Grundvoraussetzung, »daß wir mit einem vitalen Antrieb (Horme) geboren werden, der schon organisiert ist«[31], beobachtete Monteressori, daß im Verlaufe der kindlichen Entwicklung unterschiedliche Potentialitäten erwachen. Für bestimmte Tätigkeiten und Verhaltensweisen, wie z. B. im Bereich der Bewegungs-, Sinnes-, Sprach-, Denk- und Kommunikationsfunktionen treten sensitive Perioden auf. Es handelt sich dabei um Zeiten gesteigerter Empfänglichkeiten für die Übung ganz bestimmter menschlicher Funktionen[32].

Sensitivitätspunkte lösen eine Reihe von Aktionen aus, die beobachtbar sind. Auf ihr Erwachen hat die Umwelt zwar keinerlei Einfluß, ihre äußeren Kundgebungen aber sollten ihr als Leitfaden dienen, diese auftretenden Phänomene aktiv zu unterstützen und auf diese Weise zur Grundlage der Erziehung zu machen. Montessori betont immer wieder, daß das Kind seine entscheidenden Erwerbungen in diesen Empfänglichkeitsperioden macht und daß es dabei der äußeren Anregung durch menschliche Hilfe bedarf. »Stößt das Kind jedoch während einer Empfänglichkeitsperiode auf ein Hindernis für seine Arbeit, so erfolgt in der Seele des Kindes eine Art Zusammenbruch, eine Verbildung.«[33] Seine Entwicklung wird dann zur Geschichte versäumter Gelegenheiten.

Die erste, in zwei Phasen unterteilte Periode von 0–6 Jahren nennt Montessori die schöpferische oder formative. Mit dieser befaßt sie sich insbesondere in ihrem Spätwerk, das in deutscher Sprache 1972 unter dem Titel »Das kreative Kind« erschienen ist. In dem Kapitel »Die Eroberung der Unabhängigkeit« legt sie ihre Beobachtungen und Überlegungen zu frühkindlichen Emanzipationstendenzen dar.

Die erwachenden Potentialitäten des strukturierten vitalen Antriebs, der Horme, werden in ihrer physischen und psychischen Entwicklungstendenz – hier der Unabhängigkeit – verfolgt.

Betrachten wir diese Entwicklung aus Montessoris Sicht und unter Verwendung ihrer z. T. recht provozierenden Ausdrucksweise:

3.2.1.1 »Bei der Geburt befreit sich das Kind aus dem Gefängnis des mütterlichen Leibes und macht sich von den Funktionen der Mutter unabhängig.«[34]

3.2.1.2 Die Autorin ist der Meinung, daß im Neugeborenen der Trieb bestehe, der Umwelt entgegenzutreten, sie zu absorbieren und so die eigene Psyche zu bilden[35]. Montessori spricht dabei von der Tätigkeit des »absorbierenden Geistes«, die das Charakteristikum der ersten Lebensperiode sei. Den absorbierenden Geist nennt sie die unbewußte Intelligenz, eine Kraft der Sensibilität, durch die die Umgebung des Kindes ein so starkes Interesse in ihm hervorruft, daß sie das kindliche Leben zu durchdringen scheint. »Das Kind assimiliert all diese Eindrücke nicht mit dem Verstand, sondern mit dem eigenen Leben.«[35] Auf Grund des sogenannten vitalen Gedächtnisses, der Mneme (P. Nunn), dringen die Umwelteindrücke nicht nur in seinen Geist ein, sondern formen ihn.

»Die Eindrücke inkarnieren sich in ihm. Das Kind schafft gleichsam sein ›geistiges Fleisch‹ im Umgang mit den Dingen seiner Umgebung. Wir haben seine Geistesform absorbierenden Geist genannt.«[36]

Die Tätigkeit des absorbierenden Geistes steht nach Montessori im Dienste der Erwerbung kindlicher Unabhängigkeit.

3.2.1.3 Wenn das Kind vom 6. Lebensmonat an auf Grund physiologischer Vorgänge ohne Muttermilch leben kann, so sieht sie darin einen weiteren Grad erworbener Unabhängigkeit.

»Es scheint, als wolle das Kind mit sechs Monaten sagen: ›Ich will nicht mehr auf Kosten meiner Mutter leben, ich bin ein lebendiges Wesen und kann mich mit allem ernähren.‹«[37]

3.2.1.4 In die gleiche Zeit fallen die Anfänge der Spracherwerbung. »Es macht sich frei von der Stummheit«, formuliert Montessori[38]. Durch das Erlernen der Sprache kann das Kind sich allmählich selbst verständlich machen und ist nicht mehr auf Auslegung seiner Bedürfnisse durch Erwachsene angewiesen.

»Das Erlernen der Sprache und die Möglichkeit, auf intelligente Weise mit anderen in Verbindung zu treten, stellen einen eindrucksvollen Schritt auf dem Weg zur Unabhängigkeit dar.«[39]

3.2.1.5 Den Beginn des Laufenlernens am Ende des ersten Lebensjahres nennt Montessori die »Befreiung aus einem zweiten Gefängnis«. Das Kind kann auf eigenen Füßen stehen, es kann fortlaufen und ausreißen, es ist seiner Beine sicher, die es dorthin tragen, wohin es will. Montessori sagt, daß es sich zwar um physiologische Errungenschaften handelt, um einen Zustand lokalisierter Reife, daß diese Reife aber abhängt von »Erfahrungen in der Umwelt«[40]. Sobald ein Organ vollendet ist, muß es sofort in der Umwelt in Funktion treten. (Hinsichtlich des Erwerbs von Sprechen und Gehen sei darauf hingewiesen, daß ihm Muskel- und Bewegungsübungen sowie Koordinationsübungen bereits vorausliegen.)

»Das Kind kann sich also nur durch Erfahrungen in der Umwelt entwickeln: Dieses Experimentieren bezeichnen wir als Arbeit. Sobald das Kind die Sprache erlernt hat, beginnt es zu plaudern, und niemand kann es zur Ruhe zwingen. Es ist eines der schwierigsten Dinge, ein Kind zum Schweigen zu bringen. Würde das Kind weder sprechen noch laufen, könnte es sich nicht normal entwickeln, und es träte ein Stillstand in seiner Entwicklung ein. Das Kind hingegen läuft, rennt, springt und entwickelt dadurch seine Beine. Die Natur schafft zwar zuerst die Instrumente und entwickelt sie dann durch ihre Funktion und durch die Erfahrungen in der Umwelt. Demzufolge kann sich das Kind, das seine Unabhängigkeit durch das Erlangen neuer Fähigkeiten erweitert hat, nur dann normal entwickeln, wenn man es frei wirken läßt. Das Kind wird sich entwickeln mit der Übung der gewonnenen Unabhängigkeit.«[41]

3.2.1.6 Mit jedem Grad erreichter Unabhängigkeit hat das Kind die Tendenz, noch mehr Unabhänigkeit zu erlangen.

»Es möchte nach seinem eigenen Willen handeln, das heißt, es will etwas tragen, sich selbst an- und ausziehen, allein essen usw.«[42]

Montessori sieht darin einen vitalen Impuls am Werke und macht darauf aufmerksam, daß gerade hier der Erwachsene es ist, der das Kind häufig vom Handeln zurückhalten möchte.

3.2.1.7 Nachdem das Kind sich (etwa um das 3. Lebensjahr) von der Hilfe des es umgebenden Erwachsenen freigemacht hat, möchte es auch seine geistige Unabhängigkeit erobern.

»Es wird dann seinen Verstand durch eigene und nicht durch fremde Erfahrungen entwickeln wollen. Es wird beginnen, nach dem Grund der Dinge zu suchen.«[43] Indem es versucht, allein zu verstehen, strebt es nach Unabhängigkeit des Geistes.

Nicht auf Grund einer Theorie oder Ansicht, sondern gestützt auf ihre Beobachtungen, sagt Montessori, daß sich die menschliche Individualität während der Kindheit auf der hier umrissenen Entwicklungslinie aufbaue. Dazu fordert sich im Hinblick auf das Kind Freiheit der Initiative und Erfahrungen in der Umwelt. Das Kind selbst erstrebt seine Unabhängigkeit durch ständige Tätigkeit, die Montessori auch Arbeit nennt.

»Der Hauptantrieb des Kindes ist, selbst zu handeln ohne fremde Hilfe, und seine erste bewußte Tat der Unabhängigkeit ist die Verteidigung denen gegenüber, die versuchen, ihm zu helfen.«[44]

Die hier unmittelbar angesprochene Problematik möchte ich bis zum Punkt 4.0 zurückstellen und zunächst die von S. Freud und seinen Schülern entwickelten frühkindlichen Phasen unter dem Aspekt des Verlaufs von Sozialisationsprozessen behandeln.

3.2.2 Die Theorie der Triebentwicklung in der Freud'schen Schule unter dem Aspekt der beobachteten Sozialisationstendenzen

Die Freudsche Trieblehre arbeitet mit dem Libidobegriff. Dieser Ausdruck aus der Affektivitätslehre dient Freud als Hilfsvorstellung zur Bewältigung psychischer Äußerungen, mit der er die Energie solcher Triebe zu verfolgen sucht,

»welche mit alldem zu tun haben, was man als Liebe zusammenfassen kann«[45]. In dieser Libidotheorie unterscheidet er zwischen Ich- und Objekt-Libido. Die Ich-Libido wird von Freud auch narzistische genannt, sie ist das Reservoir, »aus welchem die Objektbesetzungen ausgeschickt und in welches sie wieder einbezogen werden«[46]. Der Libido stellt Freud die Aggression gegenüber. Diese beiden Triebgruppen meint er, seinen analytischen Untersuchungen entnehmen zu können.

Die Beobachtung der Triebentwicklung erstreckt sich in der Freudschen Schule auf die Entstehung und Differenzierung der Libido im Sinne der Ich- und Objektlibido. Sie hat gleicherweise zum Gegenstand die Entstehung und den frühen Verlauf menschlicher Gefühlsbindungen und Beziehungen sowie die Entstehung und den Aufbau des kindlichen Ich. Das eine hat das andere zur Voraussetzung. Zum besseren Verständnis werde ich im folgenden auf die Entwicklung dieser beiden Libido-Dimensionen getrennt eingehen. Dabei werden auch hier nur einige Grundlinien hervorgehoben, die im Rahmen dieses Themas interessieren.

3.2.2.1 Entstehung und Verlauf menschlicher Gefühlsbindungen und Beziehungen in der frühen Kindheit

R. Spitz, ein Schüler Freuds, hat die Entstehung der Objektbeziehungen im ersten Lebensjahr untersucht. Fortschritt und Entwicklung im Psychischen sind nach seiner Auffassung wesentlich von der Herstellung der sozialen Beziehungen abhängig[47]. Gegenstand seiner Untersuchung ist die Entstehungsgeschichte der ersten Objektbeziehung, d. h. der Beziehung zwischen dem Kind und der Mutter bzw. deren Vertreterin, in der »die Entwicklung sozialer Beziehungen gleichsam in statu nascendi« beobachtet werden kann[48].

Bei diesem frühesten Sozialkontakt handelt es sich um ein Kommunikationssystem, das primär in einem wechselseitigen Affektaustausch besteht, in dem die Rollen sehr unterschiedlich verteilt sind. Ein Unterschied liegt in der psychischen Struktur von Kind und Mutter bzw. deren Vertreterin. Während der Erwachsene in diesem Sozialkontakt eine bereits strukturierte und organisierte Persönlichkeit einbringt,

»fehlt dem Kinde bei der Geburt – auch wenn eine Individualität nachweisbar wäre – eine vergleichbare organisierte Persönlichkeit; es entwickelt keine persönliche Initiative, seine Wechselwirkung mit der Umwelt ist rein physiologischer Natur«[49].

Ein weiterer Unterschied ergibt sich aus der Umwelt des mit dem Kind kommunizierenden Erwachsenen. Für das Neugeborene besteht die Umwelt gleichsam nur aus einem Individuum: aus dem Menschen, der seine Bedürfnisse befriedigt. Spitz betont jedoch,

»daß die Welt des Kindes nichtsdestoweniger aus seiner ganzen es umgebenden Wirklichkeit gebildet wird, d. h. aus den verschiedenen Familienmitgliedern und ihren Beziehungen zueinander, oder, falls das Kind in einem Heim untergebracht ist, aus den es umgebenden Personen dieses Heimes. Als Mittler, der aus der Umwelt stammenden Kräfte fungiert jedoch die Person, die die Bedürfnisse des Kindes befriedigt, also die Mutter oder ihre Vertreterin.«[50]

Die im frühkindlichen Sozialkontakt dominierenden affektiven Austauschbeziehungen sind also im Normalfall dadurch charakterisiert, daß der diffusen und undifferenzierten Affektivität des Kindes das differenzierte Gefühl der erwachsenen Beziehungsperson begegnet. Aus der Begegnung mit dieser organisierten und strukturierten erwachsenen Persönlichkeit empfängt das Kind die Stimuli zur Organisation und zum Aufbau seiner eigenen Persönlichkeit, die im ersten Lebensjahr überwiegend durch affektive Vorgänge vermittelt werden. Spitz spricht in diesem Zusammenhang von der Bedeutung und der formenden Kraft des affektiven Klimas zwischen Mutter und Kind[51].

Im folgenden möchte ich an der Trieb- und Phasenlehre der Freudschen Schule nur jene Kräfte und Bedingungen hervorheben, durch die der Mensch zu einem Sozialwesen wird. Es handelt sich um Triebentwicklungsprozesse, die in den sog. oralen, analen und ödipalen Phasen auftreten. Ohne direkte Phasenzuordnung soll im Anschluß an Spitz kurz die Entwicklung von Sozialbeziehungen in statu nascendi umrissen werden.

Im Rückgriff auf einen anderen Freudschüler, Th. Lidz, werde ich dann auf die Bedeutung der ödipalen Situation und ihre Überwindung eingehen; hier haben wir es mit den Phänomenen zu tun, die Inhalt und Gegenstand primärer Sozialisationsprozesse sind: dem Erlernen der Geschlechts- und Altersrollen.

Bei der Entwicklung der Objektbeziehungen in den ersten eineinhalb Jahren unterscheidet Spitz drei Stufen, wobei der Objektbildung die Subjektbildung, d. h. die Ich-Bildung korrespondiert. Die objektlose Stufe ist gleichzeitig die Ich- und konfliktlose Stufe; sie ist hinsichtlich der Affektivität des Kindes gekennzeichnet durch die sogenannte Triebvermischung, d. h. die Undifferenziertheit von Lust und Unlust, von Libido und Aggression.

Wenn um den dritten Lebensmonat das Lächeln als eine Wahrnehmungsfunktion (ersten Erinnerns und Wiedererkennens) auftritt, so beginnt nach Spitz die Objekt- und Ich-Vorstufe, die zur Objektfindung und Ich-Konstituierung führt. Das zentrale Phänomen für die erfolgte Objektfindung ist die 8 Monatsangst, ein Ausdruck für die erwachte Urteilsfunktion im affektiven Sozialkontakt: das Kind unterscheidet zwischen vertrauten und fremden Personen und reagiert entsprechend. Im Hintergrund steht der Vorgang zunehmender Triebdifferenzierung. Lust ist verbunden mit der Gewährung durch die Anwesenheit geliebter und bekannter Personen; Unlust kommt zum Ausdruck durch die Versagung ihrer Anwesenheit bzw. durch die Anwesenheit fremder Personen.

Damit wird die dritte Stufe eingeleitet, die zur eigentlichen Objektbeziehung führt, in der die Abgrenzung und Absetzung der eigenen Person von anderen erfolgt. Hier treten Phänomene der Distanz und Distanzverständigung auf. Ich-Integrierung mit Hilfe von Identifikationsprozessen setzt ein. Der erlebten Triebunterscheidung von

Lust und Unlust, Libido und Aggression durch Gewährung und Versagung folgt nun die zunehmende Triebreintegration. Es handelt sich um eine konfliktgeladene Zeit, in der das Kind die Erfahrung verarbeiten muß, daß in der menschlichen Kommunikation Gewährung und Versagung nebeneinander bestehen. Das Kind lernt nach Spitz »den Affekt für mich« und den »Affekt gegen mich«[52]. Damit erwirbt es die emotionale Basis für das Verständnis von Ja und Nein, jenen Urteilsfunktionen, die von fundamentaler Bedeutung für die weitere kindliche Entwicklung sind, die aber nur auf der Grundlage affektiver Austauschbeziehungen im Sozialkontakt erworben werden.

Das Kommunikationssystem wechselt igen Affektaustausches in der frühen Kindheit erweist sich als das unverzichtbare Fundament sowohl für die individuelle als auch für die soziale Entwicklung des Menschen. Es bildet nach Spitz »die Voraussetzung und das Vorbild aller späteren sozialen Beziehungen«[53]. Die Erfahrungen im Sozialkontakt dieser frühesten Zeit begründen das Urvertrauen oder Urmißtrauen. Von ihnen hängt es ab, ob weitere Sozialkontakte aufgenommen werden oder nicht und in welcher Weise sie sich gestalten. Die hier auftauchenden pädagogischen Aufgaben und Probleme möchte ich ebenfalls bis zum Punkt 4.0 zurückstellen.

An dieser Stelle sind nun noch die in der ödipalen Situation ablaufenden Sozialisationsprozesse zu erläutern. Ich möchte dabei auf die Schrift von Th. Lidz »Familie und psychosoziale Entwicklung« zurückgreifen, in der sich dieser mit »Grundvoraussetzungen für eine gelungene Ich-Entwicklung und gesellschaftliche Integration der Kinder« befaßt[54].

Auf die Entwicklung der kindlichen Affektivität von Diffusität zur Differenziertheit wurde bereits eingegangen. Aus dieser Entwicklung soll hier ein besonderer Aspekt herausgegriffen werden: die stark erotisch gefärbte Komponente des Kindes in seinen Gefühlsbindungen, m. a. W. die Klärung seiner Gefühle zu den beiden Elternteilen oder – wie Lidz formuliert –: die Befreiung der Eltern-Kind-Beziehung von der Sexualität[55]. Dieser Klärungs- und Lösungsprozeß gilt in unserem Kulturkreis als Gegenstand primärer Sozialisation.

Die ödipale Situation besteht darin, daß auf Grund des ungeklärten kindlichen Gefühles in der Eltern-Kind-Beziehung die Tochter den Vater so lieben möchte wie die Mutter ihn liebt, der Sohn die Mutter, so wie der Vater sie liebt. Das Kind gerät dabei in einen Konflikt: Der Sohn, die Tochter dürfen in mancher Hinsicht sein oder handeln wie der Vater oder wie die Mutter, in anderer Hinsicht jedoch dürfen sie es nicht. Durch das Erlernen der Grenzen in Gefühlszuwendungen werden in unserem Kulturkreis gleichzeitig die Geschlechts- und Altersrollen erlernt. Es ist wichtig, »daß das Kind die Zusammengehörigkeit der Eltern und die Verschiedenheit der Generationen erkennt und akzeptiert«[56]. Wir haben es bei diesem Lernprozeß mit dem psychischen Vorgang der Internalisation von Rollen und Normen (der Sozialisation im engeren Sinne) zu tun.

Die ödipale Situation gilt als überwunden und die primäre Sozialisation als abgeschlossen, wenn das Kind in seine eigene Stellung in der Familie hineingefunden und seine Position in der Beziehung zu seinen Eltern eingenommen hat. Diese zum Abschluß gekommene Sozialisation gibt den Weg für weitere, insbesondere außerfamiliare Sozialisierungsbahnen frei, im gegenteiligen Fall kommt es zu Blockierungen, die weitere Sozialisationen beeinträchtigen oder gar verhindern.

3.2.2.2 Entwicklung und Aufbau des kindlichen Ich

Bei dem Umriß der Entstehung der ersten Objektbeziehungen wurde bereits auf die stufenweise Entfaltung des kindlichen Ich in den ersten eineinhalb Lebensjahren hingewiesen. Die Subjekt-, d. h. die Ich-Bildung korrespondiert mit der Objektbildung. Das Ich bedarf zu seiner Entwicklung des Sozialkontaktes.

Die Ich-Entwicklung in der Freudschen Schule beschreibt das Triebschicksal. »Das Ich entwickelt sich von der Triebwahrnehmung zur Triebbeherrschung, von dem Triebgehorsam zum Triebhemmung.«[57] Diese Ich-Entwicklung unter dem Gesichtspunkt der Triebentwicklung vollzieht sich großenteils durch Identifizierungen.

Die Identifizierung ist nach Freud die »früheste Äußerung einer Gefühlsbindung an eine andere Person ...«[58], in der das Ich sich »um die Eigenschaften des Objekts bereichert ...«[59]. In der Identifizierung strebt das Ich danach, sich dem zum Vorbild genommenen ähnlich zu gestalten. Identifizierungen bewirken auf affektivem Wege eine Ich-Veränderung. Sie gebärden sich nach Freud als eine besondere Instanz im Ich, die er das Über-Ich oder Ich-Ideal nennt[60]. An diesem Über-Ich oder Ich-Ideal wird das aktuelle, das handelnde Ich gemessen. Die psychische Instanz, die die Funktion des Beobachtens und Vergleichens ausübt, nennt Freud das Gewissen oder den Wächter des Ich-Ideals[61].

An der Ich-Entwicklung, die sowohl für Sozialisations- als auch für Emanzipationsprozesse von eminenter Bedeutung ist, haben also Identifikationsvorgänge entscheidenden Anteil. Auf sie soll deshalb noch kurz eingegangen werden. A. Görres nennt die Identifizierung als Angleichung Einverleibung und Einverseelung von Vorbildern den wichtigsten und mächtigsten Vorgang der Formung und Verformung von Ichstrukturen, durch die ganzheitlich auch der Gesamtcharakter mitbestimmt wird[62]. Identifizierungen dürfen als die frühesten, affektgebundenen Lernvorgänge gelten. Spitz nennt die Identifikationen, von denen man nicht wisse, was im Einzelfall nachgeahmt und wodurch diese Auswahl bestimmt werde, »eine Verarbeitung affektiver Beziehungen im Unbewußten ...., durch welche eine Ich-Veränderung stattfindet«[63].

An dieser Stelle dürfte es nicht uninteressant sein, daran zu erinnern, daß Montessori mit der Tätigkeit des absorbierenden Geistes ganz ähnliche Vorgänge beschrieben hat. Die pädagogische Relevanz dieser Theorie dürfte nicht unerheblich sein.

4. Entwicklungspädagogische Aufgaben bei Emanzipations- und Sozialisationsprozessen in der frühen Kindheit

Entwicklungspädagogische Aufgaben haben es mit dem richtigen Zeitpunkt und der Angemessenheit intendierter Herausforderung im Entwicklungsprozeß zu tun. Bei der Darlegung einiger Entwicklungslinien von Emanzipations- und Sozialisationstendenzen in der frühen Kindheit traten pädagogisch relevante Phänomene bereits zu Tage. Die Frage nach den dabei entstehenden angemessenen Entwicklungsaufgaben bezieht sich auf das *Wie* der Entwicklungsförderung, auf ihre Art und Qualität.

4.1 Entsprechend dem durchgängigen Bezugspunkt der Erziehung – Reife und Mündigkeit – wurden Emanzipations- und Sozialisationsprozesse als jene Entwicklungstendenzen herausgegriffen, die in Richtung einer Erziehung zur Mündigkeit bevorzugt zu unterstützen sind.

4.2 Unter Beachtung des Prinzips der »Passung« – zu welchem Zeitpunkt welche Förderungsmaßnahmen eine optimale Wirkung haben – war es notwendig, entwicklungspsychologisch besondere Empfänglichkeitsperioden für die unterstützende Förderung von Emanzipations- und Sozialisationstendenzen in der frühen Kindheit herauszustellen. Dazu wurden Phasenlehren von Montessori und der Freudschen Schule herangezogen.

4.3 Montessori hat die von ihr beobachtete Entwicklungstendenz des kindlichen Unabhängigkeitsstrebens zur Grundlage ihrer Erziehung gemacht.

4.3.1 Die kindliche Aktivität kann sich nur entfalten, wenn ihr die Freiheit der Initiative gewährt wird. Dazu ist erforderlich, daß sich der Erwachsene mit seiner eigenen Aktivität zurückhält und beobachtend der sich äußernden kindlichen Initiative folgt. Damit ist verbunden eine Sparsamkeit des Eingreifens in kindliche Aktivitäten. Die Hilfe des Erwachsenen soll in einem indirekten Eingreifen bestehen.

4.3.2 Nach der Devise: Hilf mir, es selbst zu tun, fordert Montessori, daß das Kind nicht bedient wird in Situationen, in denen es sich selbst helfen kann. Entsprechend seinem jeweiligen Entwicklungsstande soll das Kind, wenn es das will, selbst stehen, laufen, sprechen, handeln und seine Erfahrungen sammeln.

Neben der Freiheit zu diesen Initiativen bedarf es dazu einer Umgebung, die reich an Aktivitätsmomenten ist, so daß die Tätigkeit angeregt und das Kind dazu eingeladen wird, seine Erfahrungen zu sammeln[64].

4.3.3 Indirektes Eingreifen nennt Montessori ihre Erziehungsmethode, die darin besteht, für das Kind eine seinem Entwicklungsstande jeweils angepaßte Umgebung zu schaffen, »in der es die Möglichkeit hat, die ihm von der Natur zugeteilten Funktionen zu entwickeln«[65]. Die Vorbereitung der Umgebung, als die eigentliche Aufgabe des Erziehers, besteht darin, die von Montessori erarbeiteten phasenspezifischen Entwicklungsmaterialien für die verschiedenen Funktionsübungen – z. B. der Muskeln, Bewegungen oder Sinne – bereitzustellen und dem Kinde, wenn es das wünscht, bei seinen selbstgewählten Beschäftigungen Hilfsstellung zu leisten.

4.4 R. Spitz und Th. Lidz haben in der Tradition der Freudschen Schule auf pädagogische Aufgabenbereiche hingewiesen, die sich unter dem Gesichtspunkt frühkindlicher Sozialisationsprozesse ergeben.

4.4.1 R. Spitz weist auf die formende Kraft des affektiven Klimas hin, in dem sich die ersten Sozialbeziehungen des Kindes entwickeln[66]. In diesem frühen Sozialkontakt fällt dem erwachsenen Partner eine dominierende und damit für die kindliche Entwicklung bedeutende Rolle zu, um die zu wissen und sie zu bedenken eine primäre Erziehungsaufgabe für ihn sein sollte. Von der Quantität und Qualität seiner affektiven Zuwendungen zum Kinde wird die gesamte spätere soziale Entwicklung des Kindes beeinflußt. Konstanz, Verläßlichkeit und Gewißheit in der affektiven Zuwendung, ein dem Entwicklungsstande angepaßtes und ausgewogenes Maß an Gewährung und Versagung sind jene Stimuli, die dem Kind für seine Entwicklung in dieser frühen Austauschbeziehung geboten werden müssen.

4.4.2 Th. Lidz nennt für die in der ödipalen Situation ablaufenden Sozialisationsprozesse, in der sich die kindlichen Gefühle in Bezug auf seine Eltern klären und das Kind die Geschlechts- und Altersrollen erlernt, drei Entwicklungsaufgaben, die von den Eltern wahrzunehmen sind:

1. Übereinstimmung der Eltern sowie Einheit und Festigkeit der elterlichen Koalition, in die das Kind nicht einbrechen darf;
2. Wahrung der Generationsschranke, durch die es dem Kinde ermöglicht wird, Generationsrollen zu erkennen und zu akzeptieren;
3. Deutliche Wahrung der Geschlechtsrolle, damit das Kind seine eigene Geschlechtsrolle erkennen und seine Geschlechtsidentität erwerben kann[67].

Eltern fungieren in diesem Zusammenhang als Vermittler von Rollendefinitionen und Verhaltensmustern in der zwischenmenschlichen Beziehung. Zur Erfüllung dieser Aufgaben bedarf es des verantwortlichen Wissens um die Bedeutung dieser ihrer Funktion für die soziale Entwicklung des Kindes.

4.4.3 Die Bedeutung von Identifikationsprozessen für den Aufbau des kindlichen Ich enthält pädagogosische Aufgaben für Beziehungspersonen, die mit dem Kind in der Frühphase seiner Entwicklung zu tun haben.

Identifizierungen, tiefenpsychologisch verstanden als psychische Einverleibung von Eigenschaften geliebter Beziehungspersonen, sind ähnliche Vorgänge wie sie Montessori in der Tätigkeit des absorbierenden Geistes beschreibt. Es handelt sich um die Aktivität der unbewußten Intelligenz, in der das Kind die Umgebung assimiliert, die ihm angeboten wird und die sich ihm zunächst in der Person des Erwachsenen repräsentiert, der seine Bedürfnisse befriedigt.

Als spezifische Aufgabe wäre hier mit dem Blick auf den beteiligten Erwachsenen das Wissen um seine Bedeutung als Identifikationsperson zu nennen. Dieses

Wissen impliziert Verantwortung, in der sich mit der Fähigkeit zur Selbsterkenntnis und Selbstkritik die eigene Wandlungs- und Bildungsbereitschaft verbindet. Der Prozeß kindlichen Mündigwerdens aktiviert erneut den Mündigkeitsprozeß seines Beziehungspartners. Die assimilierten Erfahrungen, die das kleine Kind in diesem Sozialkontakt hinsichtlich der Sozialkompetenz seines Partners macht, dürfte eine nachhaltig prägende Wirkung auf die Sozialentwicklung des Kindes haben.

5. *Thesenartige Zusammenfassung*

5.1 Unter dem Aspekt der Individualisierung und Kontinuität der kindlichen Lernprozesse sind auch für das Lehrerstudium elementare Kenntnisse möglicher Verlaufsformen frühkindlicher Entwicklungs- und Erziehungsprozesse notwendig.

5.2 Entwicklungspädagogik (H. Roth) betrachtet die menschliche Entwicklung in erzieherischer Perspektive als ein beeinflußbares und lenkbares Geschehen. Drei Fragenkomplexe tauchen dabei auf:

5.2.1 Wann – zu welchem Zeitpunkt – kann und darf man eingreifen? In welcher Phase gewinnt die Beeinflussung durch die Umwelt eine besondere Effektivität?

5.2.2 Wie kann und darf man eingreifen? Das Prinzip der »Passung« von Entwicklungsaufgaben bezieht sich auf die Angemessenheit der intendierten Herausforderung.

5.2.3 Welche Entwicklungstendenzen sollen bevorzugt unterstützt werden? Damit hängt zusammen die Frage nach dem Endzweck der Entwicklungsförderung, dem »Entwicklungssoll«.

Unter anthropologischem und soziologischem Aspekt dürfen Reife und Mündigkeit des Menschen als durchgängige Bezugspunkte der Entwicklungspädagogik gelten.

Emanzipations- und Sozialisationstendenzen sind Entwicklungsrichtungen, die den Menschen in mündige Selbstbestimmung zu führen vermögen, also unter dem Gesichtspunkt einer Erziehung zur Mündigkeit bevorzugt zu unterstützen sind.

5.3 Die Frage nach dem *Wann* pädagogischen Eingreifens im Sinne einer frühkindlichen Erziehung zur Mündigkeit lenkt das Interesse auf besondere Empfänglichkeitsperioden bei Emanzipations- und Sozialisationsprozessen.

5.3.1 Auf dem Hintergrund ihrer hormisch orientierten Phasenlehre behandelt Montessori frühkindliche Unabhängigkeitsbetrebungen (Geburtsvorgang, Eigeninitiative bei Nahrungsaufnahme, Bewegung und Fortbewegung, Spracherwerbung, absorbierendes Aufnehmen und assimilierendes Verarbeiten der Umwelt, eigenständige Erfahrungssammlung und selbständiges Handeln).

5.3.2 Unter dem Aspekt der Trieb- und Affektentwicklung trägt die Freudsche Schule entscheidende Einsichten hinsichtlich der in der frühen Kindheit ablaufenden Sozialisationsprozesse bei (Entstehung und Verlauf menschlicher Gefühlsbindungen und Beziehungen mit ihren prägenden Wirkungen – die Bedeutung der ödipalen Situation als Internalisationsprozeß von geschlechts- und altersspezifischen Rollen und Normen – die Bedeutung von Identifikationen (affektiver Lernvorgänge) für den Aufbau des kindlichen Ich.)

5.4 Die beschriebenen Sensitävitätspunkte in den genannten Triebentwicklungsphasen unter dem Aspekt der Emanzipations- und Sozialisationstendenzen bedürfen einer angemessenen Unterstützung, für die sich spezifische Entwicklungsaufgaben ergeben:

5.4.1 Montessori nennt Freiheit der Initiative und Erfahrungen in einer bereitgestellten, dem Kinde angepaßten Umgebung als erzieherische Grundprinzipien für die intendierte Förderung frühkindlicher Unabhängigkeit und Selbständigkeit.

5.4.2 Der tiefenpsychologische Beitrag der Freudschen Tradition zu entwicklungspädagogischen Aufgaben unter dem Aspekt der Sozialerziehung liegt in dem Nachweis der prägenden Wirkung affektiver Austauschbeziehungen in der frühen Kindheit. Wegen der dabei führenden Rolle der Beziehungspersonen und der identifizierend assimilierenden kindlichen Lernaktivität kommt der bisher verwirklichten und in den Bezug eingebrachten entfalteten Menschlichkeit des erwachsenen Partners eine besondere Bedeutung zu. Als fundamentale Entwicklungsaufgabe entsteht hier die Forderung an die erwachsene Bezugsperson, die eigene Sozialkompetenz kritisch zu überprüfen.

6. *Anmerkungen*

1 vgl. Deutscher Bildungsrat: Strukturplan für das Bildungswesen, 1. Aufl. 1970. II.1.1.6 – S. 43 –; III.1.4.2 – S. 111 –; III.2.4 – S. 135 –.
2 vgl. ebd. III.2.1 – S. 123 –; III.2.3.1 – S. 127 –; III.2.3.3 – S. 131 –.
3 vgl. ebd. IV.3.2.1.2 – S. 234
4 vgl. Roth, H.: Pädagogische Anthropologie. Bd. II, S. 23 f., S. 14; vgl. Bd. I, unpag. Vorwort zur 2. Aufl. 1968
5 ebd. Bd. II, S. 26
6 vgl. ebd. Bd. II, S. 34; vgl. Bd. II, S. 17, 28
7 ebd. Bd. II, S. 34
8 vgl. ebd. Bd. II, S. 26–28
9 ebd. S. 28
10 ebd. S. 34
11 ebd.
12 vgl. ebd. S. 15
13 vgl. ebd. Bd. I, unpag. Vorwort zur 1. Aufl.

14 vgl. ebd. unpag. Vorwort zur 2. Aufl.
15 ebd. Bd. II, S. 30
16 vgl. ebd. S. 19
17 vgl. ebd. Bd. I, unpag. Vorw. z. 2. Aufl.; Bd. II, S. 24
18 ebd. Bd. II, S. 17
19 vgl. ebd.
20 vgl. ebd. Bd. I, unp. Vorwort z. 2. Aufl.
21 vgl. ebd.. Bd. II, S. 35
22 vgl. Hehlmann, W.: Geschichte der Psychologie, S. 228
23 ebd. S. 364
24 vgl. Montessori, M.: Das kreative Kind. S. 74, 77, 88, 227, 228
25 vgl. ebd. S. 77
26 vgl. Adorno, Th.: Erziehung zur Mündigkeit, S. 140
27 vgl. ebd. S. 151
28 vgl. Roth, H.: a.a.O., Bd. II, S. 48
29 vgl. ebd. .S 27
30 vgl. Montessori, M.: Kinder sind anders, S. 61
   dies.: Das kreative Kind, S. 47, 88, 89
31 Montessori, M.: Das kreative Kind, S. 89
32 vgl. Montessori, M.: Kinder sind anders, S. 61
33 ebd. S. 64
34 Montessori, M.: Das kreative Kind, S. 78
35 vgl. ebd.
35a) ebd. S. 21
36 ebd. S. 23
37 ebd. S. 79
38 ebd., Faltblatt 1
39 ebd. S. 79
40 ebd. S. 82
41 ebd.
42 ebd. S. 83
43 ebd.
44 ebd. S. 84
45 Freud, S.: Massenpsychologie und Ich-Analyse. S. 4
46 Freud, S.: Drei Abhandlungen zur Sexualtheorie. 1920, S. 119, vgl. S. 118
47 Spitz, R. A.: Die Entstehung der ersten Objektbeziehungen.^{2}1960, S. 11
48 ebd. S. 14
49 ebd. S. 15
50 ebd. S. 16
51 vgl. ebd. S. 47
52 vgl. ebd. S. 74
53 ebd. S. 32
54 Lidz, Th.: Familie und psychosoziale Entwicklung. S. VI
55 vgl. ebd. S. 60
56 ebd.
57 Freud, S.: Das Ich und das Es. S. 72

58 Freud, S.: Massenpsychologie und Ich-Analyse, S. 66
59 ebd. S. 84
60 vgl. Freud, S.: Das Ich und das Es, S. 60
61 vgl. Freud, S.: Zur Einführung des Narzißmus, S. 104
62 vgl. Görres, A.: Wege und Erfahrungen der Psychoanalyse, S. 260
63 Spitz, R. A.: a.a.O., S.66
64 vgl. Montessori, M.: Das kreative Kind, S. 86
65 ebd. S. 82
66 vgl. Spitz, R. A.: Die Entstehung der ersten Objektbeziehungen, S. 47
67 vgl. Lidz, Th.: Das menschliche Leben, S. 100, 101, 102

7. Literaturangaben

Adorno, Th.: Erziehung zur Mündigkeit. In: Erziehung zur Mündigkeit. Frankfurt: Suhrkamp 1970, S. 140–155
Deutscher Bildungsrat: Strukturplan für das Bildungswesen. 1. Aufl., Stuttgart: Klett, 1970
Freud, S.: Das Ich und das Es. In: Gesammelte Werke, Bd. XIII, Frankfurt/M. ^{4}1963
Freud, S.: Drei Abhandlungen zur Sexualtheorie, ebd. Bd. V, ^{3}1961
Freud, S: Massenpsychologie und Ich-Analyse, ebd. Bd. XIII, ^{4}1963
Freud, S.: Zur Einführung des Narzißmus, ebd. Bd. X, ^{3}1963
Görres, A.: Methode und Erfahrungen der Psychoanalyse. 2. Aufl., München: Kösel 1961
Hehlmann, W.: Geschichte der Psychologie. 2. Aufl., Stuttgart: Kröner 1967 (Kröners Taschenausgabe, Bd. 200)
Lidz, Th.: Das menschliche Leben. Frankfurt: Suhrkamp 1970 (Literatur der Psychoanalyse)
Lidz, Th.: Familie und psychosoziale Entwicklung. Frankfurt: Fischer 1971 (Conditio humana)
Montessori, M.: Das kreative Kind. Freiburg: Herder 1972
Montessori, M.: Kinder sind anders. 8. Aufl., Stuttgart: Klett 1967
Roth, H.: Pädagogische Anthropologie. 2 Bde. Hannover: Schroedel 1966, 1971
Spitz, R. A.: Die Entstehung der ersten Objektbeziehungen. 2. Aufl., Stuttgart: Klett 1960

V. Erziehung zur Mündigkeit?

Ein Gespräch mit Eltern von Kindern bis zu 10 Jahren

Erziehen wir unsere Kinder zur Mündigkeit? Diese Frage möchte ich an den Anfang unserer gemeinsamen Überlegungen stellen. Diese Frage löst sogleich eine ganze Kette weiterer Fragen aus: Was ist Mündigkeit? Wie können Eltern ihre Kinder zur Mündigkeit erziehen? Können wir schon unsere noch sehr kleinen Kinder zur Mündigkeit erziehen? Zu diesen notwendigerweise auftauchenden Fragen möchte ich zunächst grundsätzlich einiges sagen. Meine eigenen Ausführungen verstehe ich dabei nur als eine Art Gesprächseinführung.

1. *Begriff, d. h. Umschreibung dessen, was hier mit Mündigkeit gemeint ist*

In seinem Aufsatz »Erziehung zur Mündigkeit« sagt Th. Adorno, daß die Forderung der Mündigkeit durch die Demokratie gegeben sei[1]. Unter Berufung auf Kant beschreibt er – negativ – selbstverschuldete Unmündigkeit nicht als »Mangel des Verstandes, sondern der Entschließung und des Mutes..., sich seiner ohne Leitung eines anderen zu bedienen«[2]. Positiv ausgedrückt, bedeutet Mündigkeit nach Adorno die Fähigkeit zur Entschließung und zum Mut, sich seiner ohne Leitung eines anderen zu bedienen. Diese Fähigkeit stellt sich nicht von selbst ein, sie will erlernt werden. Dazu bedarf es aber vom ersten Augenblick des Lebens an ganz spezifischer Hilfen; diese Hilfen müssen dem jeweiligen Entwicklungsstand des Kindes entsprechend gewährt werden.

2. *Abgrenzung, d. h. Erziehung zur Mündigkeit innerhalb d. Kindheitsphasen*

Die Entwicklungspsychologie teilt die menschliche Entwicklung von der Geburt bis zum Erwachsenenalter in Abschnitte oder Phasen ein. Sie kommt zu diesen Unterscheidungen durch die Beobachtung, daß sich in bestimmten Zeitabschnitten ganz bestimmte menschliche Bereiche, Funktionen oder Fähigkeiten feststellbar entwickeln (biologische Funktionen: z. B. Zahnung, Bewegung; psychische Funktionen: z. B. lächeln, affektive Zuwendung; geistige Funktionen: z. B. erkennen, wiedererkennen, denken, sprechen). Phasenlehren unterscheiden sich je nach menschlichen Bereichen oder Funktionen, deren Entwicklung im Längsschnitt, d. h. von der Geburt an bis zum Erwachsenenalter oder gar bis

zum Tode verfolgt und unterteilt wird (z. B. biologische, psychische oder geistige Entwicklung).
Die folgenden Ausführungen beschränken sich auf die Kindheitsphasen, d. h. die Zeit der frühen Kindheit (0–4 Jahre) und die Zeit der mittleren und reifen Kindheit (5–10 Jahre).
Dabei werde ich auf Phasenlehren zurückgreifen, die sich entweder mit der Trieb- und Affektentwicklung befassen (S. Freud, R. Spitz, E. H. Erikson, Th. Lidz), oder mit den sensiblen Perioden in der physisch-psychischen Entwicklung (M. Montessori).
Im Rahmen dieser Gesprächseinführung können dabei nur einige mir wichtig erscheinende Grundlinien hervorgehoben werden, die unter dem Aspekt einer Erziehung zur Mündigkeit von besonderer Bedeutsamkeit sind. Es ist auch nicht möglich, diese Überlegungen nur auf die Zeit der mittleren und reifen Kindheit zu beschränken; in der frühen Kindheit werden bereits die Weichen für die Entwicklung des ganzen späteren Menschenlebens gestellt.

3. Akzentuierung, d. h. Bedeutung der Eltern als Partner des Kindes im Prozeß einer Erziehung zur Mündigkeit

Eltern sind nicht die einzigen Partner oder Bezugspersonen im kindlichen Erziehungsprozeß. Es gibt Geschwister, mit in der Familie lebende Angehörige wie z. B. Großeltern; in der Kindergartenzeit gibt es die Kindergärtnerinnen und die Gleichaltrigen, in der Schule die Lehrer und die Gleichaltrigen. Da es sich hier um ein Gespräch mit Eltern handelt, habe ich den Akzent auf die Bedeutung der Eltern als Partner im kindlichen Erziehungsprozeß gelegt.

Die kindlichen Entwicklungsphasen interessieren uns hier »in der Perspektive der Erziehung«[3], und zwar der Erziehung zur Mündigkeit. Welche Erziehungsaufgaben kommen dabei den Eltern zu, und zwar unterschiedlich je nach dem erreichten kindlichen Entwicklungsstand?

3.1 Mündigkeit als Entschließung und Mut, sich seiner ohne Leitung eines anderen zu bedienen

Wie eingangs erwähnt, definierte Adorno Mündigkeit als Entschließung und Mut, sich seiner ohne Leitung eines anderen zu bedienen. Die Worte Entschließung und Mut verweisen darauf, daß es sich um die Heranbildung eines festen und entschlossenen Willens handelt. Das setzt eine feste und starke Ichbildung voraus. Diese Ichbildung vollzieht sich von Anfang an im dialektischen Rhythmus von Prozessen der Identifizierung und Distanzierung, d. h. der Bindung an Menschen und der Lösung von ihnen.

In heutiger Terminologie sprechen wir dabei von Emanzipations- und Sozialisationsprozessen. Emanzipationsprozesse sind Ausdruck menschlichen Strebens, »selber jemand sein (zu) wollen« (M. Langeveld), Individualität zu erwerben. Sozialisationsprozesse sind notwendige Vorgänge der Wirbildung; es geht darum, sich in Sozialsysteme, d. h. in Gruppen, deren erste in unseren Kulturkreisen die Familie ist, einzufügen, die Spielregeln des menschlichen Zusammenlebens zu erlernen. Dieser Prozeß wird häufig als Anpassung bezeichnet.

Adorno nennt die Mündigkeit eine »dynamische Kategorie«[4]. Damit meint er, daß Mündigkeit nicht als Zustand eines Tages gesichert erworben sein kann; er meint einen lebenslänglichen Prozeß, der durch jene Spannung charakterisiert ist, daß fortwährend Emanzipations- und Sozialsationsprozesse einander ablösen und sich gegenseitig in Frage stellen. Das ist eine anstrengende Situation, die auf das ganze Leben hin auszuhalten viel Festigkeit und Beweglichkeit zugleich erfordert. Erikson drückt das aus, wenn er von der Notwendigkeit spricht, ein starkes Ich zu bilden, das als individueller Kern fest und elastisch zugleich ist[5]. Mündigwerden würde unter diesen Voraussetzungen bedeuten: hineinwachsen in die gegebene dialektische Spannung von Emanzipations- und Sozialisationsprozessen, die Bereitschaft erwerben, Vorgänge der Anpassung und Distanzierung im zwischenmenschlichen Bereich auszuhalten.

Wie aber sieht dieses Mündigwerden nun konkret aus in den Phasen der Kindheit? Welche Aufgaben kommen dabei speziell den Eltern zu? Wie kann Mündigkeit behindert und wie kann sie gefördert werden? Das sind Fragen, die uns in den folgenden Ausführungen beschäftigen werden.

3.2 Erziehung zur Mündigkeit innerhalb der Kindheitsphasen

Der Biologe A. Portmann nennt den Menschen eine »physiologische Frühgeburt«[6]. Damit will er sagen, daß der Mensch – physiologisch betrachtet – ein Jahr zu früh zur Welt kommt. Die Bedeutung dieser biologischen Tatsache sieht er darin, daß der Mensch zur vollen Ausprägung menschlicher Eigenart (wie aufrechter Gang, Sprache, Handeln) des Sozialkontaktes bedarf. Portmann spricht von einem »Sonderjahr im sozialen Mutterschoße« der Familie[7]. Von der Beschaffenheit dieses sozialen Mutterschoßes der Familie hängt die Entwicklung des kleinen Menschen ab.

3.2.1 Überlegungen auf dem Hintergrund von Trieb- und Affektentwicklung

Der frühe Sozialkontakt zwischen dem kleinen Kind und den Eltern beruht in den ersten beiden Lebensjahren überwiegend auf unbewußten affektiven, d. h. gefühlsmäßigen Austauschbeziehungen. Das Kind lernt auf dem Gefühlswege. Pädagogisch bedeutsam sind die Qualität und Quantität, d. h. die Beschaffenheit und der Umfang der elterlichen affektiven Zuwendungen zum Kinde. Sie gemeinsam zu bedenken, wäre hier eine erste pädagogische Aufgabe für die Eltern.

Ein amerikanischer Psychologe, R. Spitz, hat die Bedeutung des sogenannten affektiven Klimas in der Familie für die kindliche Entwicklung in den ersten beiden Lebensjahren untersucht. Er kommt auf Grund klinischer Untersuchungen von bereits kontaktgestörten Kleinkindern zu dem Ergebnis, daß die dem Kind gebotene affektive Zuwendung sich durch Wärme, Sicherheit, Beständigkeit und Verläßlichkeit auszeichnen müsse[8], weil aus der Bilanz dieser Erfahrung das Urvertrauen erwächst. Dieses Urvertrauen ist die emotionale Basis für das kindliche Streben nach Selbständigkeit und seine Bereitschaft, sich auf andere Menschen einzulassen, d. h. weitere Sozialkontakte einzugehen. Die emotionale Basis des Urvertrauens ist die unverzichtbare Voraussetzung für alle weiteren Sozialisations- und für Emanzipationsbestrebungen des Kindes. Fallen die ersten Erfahrungen schlecht aus, so besteht die Gefahr, daß das Kind sich auf weitere Versuche erst gar nicht mehr einläßt.

Pädagogisch betrachtet, ist in dieser Zeit das bereits erwähnte elterliche Gespräch sehr wichtig. Es geht um eine gemeinsame Besinnung auf die Beschaffenheit des affektiven Klimas im Bezug zwischen Eltern und Kind. Konkret bedeutet das, die Beschaffenheit, die Qualität und ebenso den Umfang von Gefühlszuwendungen zum Kinde zu bedenken. Eine überhitzte wie unterkühlte Atmosphäre sind gleich schädlich. Solche Überlegungen der Eltern setzen – wenn sie pädagogisch wirksam werden sollen – auch eine Bereitschaft zur Selbstkritik und zum Wandel voraus. Hier wird also der elterliche Prozeß der Mündigkeit angesprochen, der sich im Gegenüber zum Kind neu aktiviert. Nicht nur das Kind, auch die Eltern gehen Bindungen, Sozialkontakte mit ihren Kindern ein, die richtig gestaltet werden müssen, damit auch die Ablösungen seitens der Eltern möglich werden. Diese Bereitschaft ist eine der Bedingungen, damit kindliche Ablösungsprozesse, Emanzipationen gelingen können.

Da in der sehr frühen Kindheit affektive Austauschbeziehungen zwischen Kind und Eltern überwiegen, ist es notwendig, diesen gefühlsmäßigen Beziehungen eine besondere Aufmerksamkeit zu schenken. Was geschieht in diesen Prozessen, die überwiegend unbewußt verlaufen und welche Einwirkungsmöglichkeiten haben die Eltern?

Das Kind lernt auf dem Gefühlswege, indem es unbewußt die Grundhaltungen seiner Eltern assimiliert. Eine solche Assimilation bedeutet in der Sprache Freuds eine Einverleibung elterlicher Eigenschaften, um die das Kind sich bereichert, mit deren Hilfe es sein eigenes Ich aufbaut. Diesen Strebungen liegt die Grundhaltung voraus: sein wollen *wie*. Diesen Prozeß nennt die Tiefenpsychologie Identifizierung. Identifikationen sind affektive höhere Lernvorgänge, in denen sich das Kind auf dem Gefühlswege um Eigenschaften geliebter Menschen in seiner Umgebung bereichert. Da diese Menschen in der frühesten Kindheit die Eltern sind, ist es wichtig, daß sie um ihre Bedeutung als Identifikationspersonen, d. h. als erste Beziehungspersonen wissen. Konkret bedeutet das: In der Person der Eltern wird dem Kinde eine ganz bestimmte Weise entfalteter Menschlichkeit angeboten, aus der das Kind zum Aufbau seines eigenen Ich ganz bestimmte Züge auswählt. Eigenschaften, die dem Kind unbewußt als erstrebenswert erscheinen, und die es sich einverleibt, nehmen bei der kindlichen Ichbildung die Funktion des Ideals ein. Ich-Ideal oder Über-Ich nennt die Tiefenpsychologie diesen Bereich des Ich, der dem empirischen Ich, d. h. dem erfahrbaren Ich gegenübersteht. Die Instanz, die nun das praktisch handelnde Ich am Ich-Ideal mißt, ist das Gewissen. Das Gewissen wird in diesem Zusammenhang psychologisch verstanden. Identifikationsprozesse haben in der frühen Kindheit einen großen Anteil am Aufbau und an der Differenzierung des kindlichen Ich. Die Bedeutung der Eltern als Bezugspersonen oder als Identifikationspersonen dürfte dabei einsichtig werden. In pädagogischer Perspektive ist es wichtig hervorzuheben, daß die Qualität des Angebotes in der Person der Eltern – Vorzüge, Schwächen, Mängel – die Richtung kindlicher Entwicklung, insbesondere seiner Ichbildung, mitbestimmen.

Auf dem Hintergrund dieser Ausführungen läßt sich die Aussage Adornos verstehen, daß das Moment der Autorität »ein genetisches Moment« im Prozeß des Mündigwerdens darstellt[9]. Identifikationspersonen sind für das Kind in dieser Zeit Autoritätspersonen, denen es in ganz bestimmten Punkten gleichen möchte. Indem das Kind Zug um Zug geliebter Personen sich »einverleibt«, erwirbt es sich damit gleichzeitig Voraussetzungen für eine zunehmende Selbständigkeit. Diese Angleichung an bestimmte Züge der Erwachsenen ermöglicht es dem Kinde, zunehmend in die Rolle des Partners hineinzuwachsen – vorausgesetzt, daß der erwachsene Partner dies zuläßt. Diese Zulassung durch den Erwachsenen ist unser pädagogisches Problem, das zu erhellen ich mich in diesem Zusammenhang bemühe.

Auf dem Wege des gefühlsmäßigen Lernens durch Identifikationen entwickelt und differenziert sich auch die kindliche Affektivität selbst. Die elterliche Zuwendung im ersten Lebensjahr ist gekennzeichnet durch überwiegende Gewährung. Das Kind erlebt darin die gefühlsmäßige Bejahung. Im zweiten Lebensjahr setzt durch die Möglichkeit eigener Fortbewegung die Notwendigkeit ein, kindliche Expansionsbestrebungen zu beschränken, d. h. Versagungen werden notwendig. Sie werden vom Kind erlebt als eine Verneinung. Zu dem bisherigen kindlichen Erleben »Affekt für mich« tritt nun die Erfahrung des »Affekts gegen mich« (A. Freud). Das Kind gerät in einen Gefühlskonflikt, den es nur in enger gefühlsmäßiger Anlehnung an die Identifikationspersonen aushalten und bewältigen lernt. In dieser Situation, in der Eltern dem Kind gegenüber die Versagenden, d. h. Verbietenden, sind, braucht das Kind unbedingt die Erfahrung, daß die gleichen Eltern es gleichzeitig gern haben. Um Gefühle differenzieren zu lernen, ist für das Kind die Erfahrung von Gewährung und Versagung erforderlich. Gewährung und Versagung sind die gefühlsmäßigen Grundlagen für die Erlernung der Urteilsfunktionen von Ja und Nein. Diese aber sind unverzichtbare »Bausteine« in der kindlichen Ichbildung und notwendige Voraussetzungen für das Erlernen der Selbstbestimmung. Diese Fähigkeit zur Selbstbestimmung ist die Voraussetzung für eine Mündigkeit. Sie wurde nach Adorno definiert als Entschließung und Mut, sich seiner ohne Leitung eines anderen zu bedienen. Selbständigkeit wäre ein anderes Wort dafür. Die Weichen in Richtung einer Erziehung oder Leitung zur Selbständigkeit durch die Eltern werden gestellt durch die Art und Weise, wie sie an der kindlichen Ich-Bildung mitwirken. Die bedeutsamste Zeit ist die der ersten vier Lebensjahre, in denen das kindliche Ich entwicklungsgeschichtlich im Aufbau begriffen, noch plastisch und wenig widerstandsfähig ist. Ermutigungen kindlicher Unternehmungen und Aktivitäten stärken das wachsende kindliche Ich. Fortwährendes Eingreifen und Korrigieren sowie Entmutigungen im kindlichen Aktivitätsprozeß schwächen das kindliche Ich.

Auf dem Wege des gefühlsmäßigen Lernens erwirbt das Kind auch die Unterscheidung zwischen Elternrolle und Kindesrolle. In der Freudschen Tradition hat der amerikanische Psychoanalytiker Th. Lidz darauf hingewiesen, daß das Kind sich in die elterlichen Beziehungen untereinander einzufühlen vermöge. Daraus entsteht die sogenannte ödipale Situation: Die Tochter möchte den Vater lieben so wie die Mutter ihn liebt, der Sohn die Mutter, so wie der Vater sie liebt. Das Kind gerät dabei in einen Konflikt: Der Sohn, die Tochter dürfen in mancher Hinsicht sein oder handeln wie der Vater oder wie die Mutter, in anderer Hinsicht jedoch dürfen sie es nicht. Durch das Erlernen der Grenzlinien in Gefühlszuwendungen werden in unserem Kulturkreis gleichzeitig die Geschlechts- und die Altersrollen erlernt. Um dem Kinde in diesem Prozeß zu helfen, hält Lidz mit dem Blick auf die Eltern dreierlei für notwendig: 1. Einheit und Festigkeit der elterlichen Koalition, 2. Wahrung der Generationsschranke, 3. Wahrung der Geschlechtsrolle[10].

Die bisher beschriebenen Prozesse im kindlichen Gefühlsleben sind gleichzeitig jene Prozesse, unter denen wir in unseren Breiten die primäre Sozialisation verstehen. Dieser Vorgang zieht sich etwa bis zum 4. oder 5. Lebensjahr hin. Die primäre Sozialisation meint die geglückte Anpassung und Einfügung des Kindes in die Familie, d. h. die Anerkennung der Elternrolle und die Übernahme der Kindesrolle unter Beachtung der hierzulande üblichen Spielregeln im Leben miteinander.

Der Eintritt des Kindes in den Kindergarten und dann in die Schule leitet bereits eine äußere Lösung von den Eltern ein. Sie geht zusammen mit dem Eingehen neuer Sozialkontakte, neuer menschlicher Bindungen (Kindergärtnerinnen, Lehrer, Gleichaltrige). Damit werden neue Sozialisationsprozesse eingeleitet, deren Gelingen mit davon abhängt, in welcher Weise Eltern diese Vorgänge bejahen und dabei unterstützend mitwirken. Die Aufnahme neuer Sozialkontakte des Kindes sind Prüfsteine, an denen die Eltern ihre wirkliche Einstellung zum Kinde – ob sie es freigeben, oder ob sie es an sich binden wollen – kritisch unter die Lupe nehmen können. Diese Situationen sind gleichzeitig Marksteine im Prozeß der elterlichen Mündigkeit, an denen sie sich für den weiter einzuschlagenden Weg jeweils neu entscheiden müssen. Man darf deshalb sagen, daß sich die Mündigkeit der Eltern mit dem Mündigwerden des Kindes weiterentwickelt.

3.2.2 Überlegungen auf dem Hintergrund sensibler Phasen in der physisch-psychischen Entwicklung

M. Montessori greift die Tatsache auf, daß das Kind von Geburt an »als soziales Individuum« von Bindungen umgeben ist, die seine Freiheit und Aktivität einschränken[11]. Ihre Erziehung will deshalb bewußt dem Kinde helfen, selbständig zu werden. Eine Voraussetzung sieht sie in der »Erneuerung des Erwachsenen«[12]. Als Eltern werden Sie jetzt wahrscheinlich die Frage haben, wie denn praktisch ein Verhältnis zu Ihren Kindern aussehen müsse, wenn Sie ihnen in ihrem Selbständigkeitsstreben helfen sollten.

Montessori wird sehr konkret. Als erstes fordert sie die Freigabe des Kindes auf seine eigenen Möglichkeiten. Das bedeutet, daß Eltern ihre Kinder nicht nach ihren eigenen Wünschen und Vorstellungen erziehen sollten. Dann fordert sie den Verzicht auf alte Vorurteile und Gewohnheiten, d. h. der Erwachsene solle sich mit seiner vorgreifenden Aktivität zurückhalten und dem noch langsamen und unbeholfenen Kinde die Initiative überlassen. Es bedarf der Geduld und der Zeit, z. B. ein Kind selbst essen zu lassen oder ein Kind sich selbst waschen und anziehen zu lassen, wenn zum Einkauf oder zum Spaziergang gerüstet wird. Es ist ein Unterschied, ob der Erwachsene dabei den Rhythmus angibt, oder ob man sich dem Rhythmus des Kindes anzupassen versteht.

Montessori empfiehlt den Müttern, ihre Kinder nicht zu bedienen, sondern sie alles das selbst tun zu lassen, was sie selber tun können: anziehen, ausziehen, waschen, Tisch decken, spülen. Sie hat Hilfsmittel erfunden, wie das Kind die verschiedenen Bewegungen und Schwierigkeiten, die dabei auftreten, isoliert üben kann (Übungen des täglichen Lebens).

Montessori geht die Erziehung des Kindes zur Selbständigkeit und Freiheit vom ersten Augenblick seines Daseins sehr gezielt an. Dabei greift sie physische oder psychische Sensibilitäten, d. h. Neigungen bestimmter Funktionen, die zum Vorschein kommen, auf und unterstützt sie. Sie läßt sich dabei leiten von der Bitte eines Kindes, das einmal zu ihr sagte: Hilf mir, es selbst zu tun.

Bei dem kleinen Kind ist es wichtig, auf seine ersten Muskel- und Bewegungsübungen zu achten und sie zu unterstützen. Willkürlich greifen z. B. setzt eine Koordinierung verschiedenster Muskelbewegungen voraus, die das Kind zuvor bereits getrennt geübt hat. Kindliches Stehen und Gehen bauen auf dieser Koordination auf und sind Ausdruck erster kindlicher Beherrschung von Bewegungen. Diese Beherrschung ist nach Montessori Ausdruck erster Konzentration, die wieder Ausdruck der bereits erwachten Tätigkeit des kindlichen Ich ist.

Vom Erwachsenen fordert Montessori, daß er die kindlichen Bewegungsübungen respektiert und es dabei in seiner Konzentration nicht fortwährend durch Ermahnungen zur Vorsicht stört. Er soll dem Kind etwas zutrauen, das es selbst gerne tun möchte. In ihrer Schrift »Das Kind in der Familie« sagt Montessori einmal, daß der Erwachsene, der z. B. dem kleinen Kind nicht zutraue, daß es ihm ein Glas Wasser bringe, einen Gegenstand von wenigen Groschen für wichtiger halte als das Bestreben des Kindes, geordnete Bewegungen zu erlernen[13].

Die Erziehung zu geordneten Bewegungen ist für Montessori die Grundlage für die Erwerbung der Fähigkeit zu echtem inneren Gehorsam. Sie sagt von diesem Gehorsam, daß er seine Wurzeln in der Geordnetheit kindlicher Bewegungen habe. Der Gehorsam ist nach ihrer Auffassung »eine Art geistiger Geschicklichkeit, deren notwendige Voraussetzung das innere Gleichgewicht ist ... Kann jemand, der kein seelisches Gleichgewicht besitzt und sich nicht sammeln kann, der nicht die Herrschaft über sich selbst hat, in diesem Zustand sich unter den Willen anderer beugen, ohne in Gefahr zu geraten, ›umzufallen‹?«[14]

Diese Gehorsamsfähigkeit und -willigkeit ist für Montessori die Voraussetzung für die durch ihre Erziehung intendierte Selbständigkeit und Freiheit. Mit dieser Gehorsamsfähigkeit erwirbt sich das Kind die Voraussetzung, durch die es sich selbst an Menschen oder an Sachgesetzlichkeiten binden kann. Es soll dadurch fähig werden, jene Verantwortung zu übernehmen und zu tragen, für die es sich entscheiden gelernt hat. Diese Gedanken Montessoris dürften den Inhalt dessen widergeben, was Adorno in seiner Definition von Mündigkeit – Entschließung und Mut, sich seiner ohne Leitung eines anderen zu bedienen – meint.

Die skizzenhaften Ausführungen einiger Grundlinien der Erziehung zur Mündigkeit in Montessoris Pädagogik zeigen, wie wichtig die Besinnung über die Art und Häufigkeit elterlichen Einschreitens in kindliche Unternehmungen, die zunächst jenseits des Erziehungsbereiches zu liegen scheinen, ist.

Bei solchen elterlichen Besinnungen sollte immer wieder die Frage gestellt werden: Welchen Interessen dienen erzieherische Einwirkungen auf das Kind? Dienen sie elterlichen Interessen oder dienen sie dem Interesse an einer zunehmenden Selbständigkeit des Kindes?

3.2.3 Mögliche elterliche Erwartungen im Hinblick auf die Erziehung des Kindes

Für eine Erziehung zur Mündigkeit erscheint eine elterliche Grundhaltung unverzichtbare Voraussetzung zu sein: Wollen, daß das Kind »es selber« werden kann. Was das bedeutet, möchte ich gleichsam in Form von Negationen (wann es nicht »es selber« werden darf) skizzenhaft umreißen. Ich möchte dazu verfehlte Eltern-Kind-Beziehungen wählen, da sie – gleichsam um ein Vielfältiges vergrößert – Schattierungen aller möglichen Erwartungseinstellungen der Eltern gegenüber ihren Kindern enthalten.

H. E. Richter stellt zwei Rollen-Skalen auf, in denen Kinder den Eltern entweder als Partnerersatz oder zur Selbstbespiegelung dienen[15].

Als Partnerersatz steht das Kind für eine Elternfigur und hat Liebe »nachzuliefern«. Es kann den Gatten ersetzen sollen. Diese dem Kind zugemutete Rolle ist nicht ungefährlich für die kindliche Entwicklung. Das Kind kann auch als »Neuauflage« einer Geschwisterfigur erlebt werden, mit der man in Rivalität stand.

Dient das Kind der elterlichen Selbstbespiegelung und Rechtfertigung, so kann es als Abbild fungieren sollen. Es kann auch für das »ideale Selbst« der Eltern stehen müssen, d. h. es soll erreichen, was Eltern erstrebt, aber nicht erreicht haben. Hat es den negativen Aspekt des elterlichen Selbst zu vertreten, d. h. das, was nicht gut war, so erhält das Kind die Sündenbockrolle. Die gefährlichste, weil für das Kind negativste Rolle ist die des umstrittenen Bundesgenossen: Das Kind wird zum Zankapfel im Streit der Eltern.

Die genannten Erwartungshaltungen sind den Eltern nicht bewußt. Darlegungen solch möglicher Rollenerwartungen vom Kind können aber als Anhaltspunkte in einer elterlichen Besinnung auf mögliche innere Einstellungen zum Kinde hilfreich sein. M. Langeveld hat dazu gesagt, daß das Verhältnis der Eltern zum Kinde dadurch geprägt werde, wie sie die je neue Beziehung zu einem ankommenden Kinde, das in ihren Bund eintritt, verarbeiten[16].

Freigabe des Kindes auf seine eigenen Möglichkeiten als Mensch wäre Ausdruck der Achtung und Ehrfurcht der Eltern vor ihrem Kinde.

Die Beziehung zum Kinde immer wieder gemeinsam auf diese grundlegende Einstellung zu überprüfen, wäre Ausdruck einer besonnenen und denkenden elterlichen Liebe.

4. Zusammenfassung der Überlegungen in Form von Thesen als Gesprächshilfe

4.1 Mündigkeit wird verstanden als Entschließung und Mut, sich seiner ohne Leitung eines anderen zu bedienen. Mündigkeit ist ein lebenslänglicher Prozeß von sich ablösenden und gegenseitig infragestellenden Emanzipations- und Sozialisationsprozessen. In diese Spannung gilt es hineinwachsen und sie übernehmen zu helfen. Dabei wird gleichzeitig die Mündigkeit des Helfenden aktiviert.

Mündigwerden bedeutet zunehmende Selbstleitung bei abnehmender Fremdleitung. Wer zur Mündigkeit erziehen will, muß sich zunehmend überflüssig machen.

4.2 Erziehung zur Mündigkeit in den Kindheitsphasen (0–10 Jahren) fordert unterschiedliche Hilfe im jeweiligen Entwicklungsabschnitt. Die frühe Kindheit (0–4 Jahre) ist von besonderer Bedeutung, weil hier nachhaltig die Weichen für die weitere Entwicklung gestellt werden.

4.3 Erziehung zur Mündigkeit durch die Eltern muß die prägende Wirkung der frühen affektiven Austauschbeziehungen berücksichtigen.

4.3.1 Ein Sozialkontakt ist für die menschliche Entwicklung existenznotwendig.

4.3.2 Dieser Sozialkontakt muß, unter erzieherischem Aspekt gesehen, bestimmte Forderungen hinsichtlich des Maßes und der Beschaffenheit elterlicher affektiver Zuwendungen erfüllen. Durch sie wird das Urvertrauen begründet. Dieses Urvertrauen ist die emotionale Basis für kindliche Emanzipations- und Sozialisationsprozesse. Eine pädagogische Aufgabe ist die elterliche Besinnung auf ihre affektive Beziehung zum Kind sowie die Bereitschaft zur Selbstkritik und zum Wandel.

4.3.3 Im Bezug zu den Eltern lernt das Kind auf dem Gefühlswege durch Identifikationen. Es bereichert sich um die Eigenschaften seiner Bezugspersonen, mit deren Hilfe es sein Ich aufbaut. Pädagogisch ist es von Bedeutung, daß Eltern um ihre Situation als Identifikationspersonen wissen. Ihre eigene Person, in der sich eine ganz bestimmte Art von Menschlichkeit entfaltet hat, darf nur Angebot für das Kind, nicht Nötigung sein. Identifikationspersonen sind für das Kind Autoritätspersonen, auf die es bei dem Aufbau seines Ich angewiesen ist.

4.3.4 In seiner Beziehung zu den Eltern lernt das Kind seine Gefühle unterscheiden. Das gefühlsmäßige Erleben von Bejahung und Verneinung wird die Gefühlsbasis für die Urteilsfunktionen von Ja und Nein. Dazu sind eine angemessene Gewährung und Versagung durch die Eltern unverzichtbare Voraussetzungen.

4.3.5 Durch Identifikationen erlernt das Kind auf dem Gefühlswege die Eltern- und die Kindesrolle: In mancher Hinsicht dürfen der kleine Sohn, die kleine Tochter, sein oder handeln wie Mutter und Vater, in anderer Hinsicht jedoch dürfen sie es nicht. Pädagogische Forderungen für das Erlernen der Alters- und Geschlechtsrollen sind: 1. Einheit und Festigkeit der elterlichen Koalition, in die das Kind nicht einbrechen darf und kann, 2. Wahrung der Generationsschranke, 3. Wahrung der Geschlechtsrollen.

4.3.6 Die erste Ablösung von den Eltern setzt durch das Eingehen neuer Sozialkontakte von seiten des Kindes ein (Kindergarten, Schule, Gleichaltrige). Für das Gelingen ist die Haltung der Eltern in dieser Situation von pädagogischer Bedeutung: Wird dem Kind die Aufnahme neuer Sozialbeziehungen gestattet oder verweigert? Eine weitere Frage ist die der positiven Unterstützung durch die Eltern bei der Aufnahme neuer Sozialbeziehungen durch das Kind. Erziehung zur Mündigkeit als Unterstützung bei Emanzipationsprozessen (hier Lösung des Kindes von den Eltern) und Sozialisiationsprozessen (hier Eingehen neuer Bindungen) wird in diesen Phasen zum Prüfstein elterlicher Mündigkeit. Sie entwickelt sich also weiter mit dem Mündigwerden des Kindes.

4.4 Erziehung zur Mündigkeit durch die Eltern muß die erkennbaren Selbständigkeitsbestrebungen des Kindes berücksichtigen und unterstützen.

4.4.1 In der Entwicklung kindlicher Aktivität kommt ein Streben zum »selber-Tun« zum Ausdruck. Unter dem Aspekt der Erziehung zur Selbständigkeit ist es wichtig, daß Eltern nicht mit ihrer Aktivität vorgreifen, sondern dem Kinde die Initiative lassen. Das erfordert Zeit und Geduld.

4.4.2 Was Kinder selber tun können und selber tun wollen, sollten sie tun dürfen: anziehen, ausziehen, waschen, Tisch decken, spülen. In der elterlichen Besinnung ist es wichtig zu erkennen, ob nicht Vorurteile bestehen, hinsichtlich dessen, was ihre Kinder selber tun können und dürfen. Das Kind sollte nicht bedient werden in Situationen, in denen es sich selber helfen kann. »Hilf mir, es selbst zu tun!« wäre die erzieherische Devise.

4.4.3 Kindliche Bewegungsübungen und -koordinationsversuche dienen der inneren Sammlung und Selbstbeherrschung. Das Kind muß sich konzentrieren können. Fortwährendes elterliches Eingreifen und Ermahnen würde es verwirren und laufend stören.

4.4.4 Wichtig wäre eine elterliche Besinnung, ob ihre Wohnung auf das Kind und seine Erziehung hin angelegt ist, oder ob die Kindererziehung Gegenständen untergeordnet ist. Frage: Welchen Interessen dienen erzieherische Einwirkungen auf das Kind? den Eltern? dem Wohnkomfort? der Sauberkeit? – oder dem Kind?

4.4.5 Die Erwerbung der Gehorsamsfähigkeit hängt zusammen mit der Erwerbung der Fähigkeit, sich selbst zu bestimmen. Elterliche Einstellungen zum Gehorsam sollten darauf befragt werden, ob Gehorsamserziehung im Dienste einer Erziehung zur Mündigkeit steht oder ob sie auf Anpassung ausgerichtet ist. Es geht darum, dem Kind durch die gesamte Erziehung zu helfen, sich frei an Menschen und an Sachgesetze binden zu können und die Verantwortung aus den eingegangenen Bindungen zu übernehmen.

4.5 Die bisherigen Thesen stellen alle die Rückfrage an die grundsätzliche Einstellung der Eltern zu ihrem Kind: Steht es im Dienste elterlicher Interessen oder darf und soll es »es selbst« werden?

4.5.1 Das Kind kann als Ersatz für einen anderen Partner dienen müssen.

4.5.2 Das Kind kann Eltern zur Selbstbespiegelung dienen sollen.

4.5.3 Das Kind wird als Mensch mit eigenen Rechten und Möglichkeiten gesehen und mit Respekt und Ehrfurcht behandelt.

Jede der drei Grundhaltungen bestimmt die erzieherische Einwirkung der Eltern. Kritische Besinnungen über mögliche insgeheime Erwartungen an das Kind und die Bereitschaft zu einem Wandel gehören deshalb in den Bereich der erzieherischen Verantwortung der Eltern. Sie sind Ausdruck einer besonnenen und denkenden elterlichen Liebe, die das Kind auf seine eigenen Möglichkeiten freigeben möchte.

5. Anmerkungen

1 Adorno, Th.: Erziehung zur Mündigkeit, S. 140
2 ebd.
3 Roth, H.: Pädagogische Anthropologie, 2. Aufl. Bd. I, unpag. Vorw. zur 2. Aufl.
4 vgl. Adorno, Th., a.a.O., S. 151
5 vgl. Erikson, E. H.: Kindheit u. Gesellschaft, 4. Aufl., S. 181
6 vgl. Portmann, A.: Biologische Fragmente zu einer Lehre vom Menschen, 3. Aufl., S. 58
7 vgl. Portmann, A.: Die Menschengeburt im System der Biologie. In: Das Kind in unserer Zeit, S. 16
8 vgl. Spitz, R. A.: Die Bedeutung der ersten Lebensjahre. In: Das Kind in unserer Zeit, S. 24
9 vgl. Adorno, Th.: a.a.O., S. 147
10 vgl. Lidz, Th.: Familie und psychosoziale Entwicklung, S. 100–102
11 vgl. Montessori, M.: Die Entdeckung des Kindes, S. 63
12 ebd. S. 57
13 vgl. Montessori, M.: Das Kind in der Familie, S. 90, 91
14 ebd. S. 82
15 vgl. Richter, H. E.: Eltern, Kind und Neurose, S. 81
16 vgl. Langeveld, J. M.: Die Beziehungen der Eltern zum Kind. In: Das Kind in unserer Zeit, S. 44

6. Literaturangaben

Adorno, Th.: Erziehung zur Mündigkeit. In: Erziehung zur Mündigkeit, Frankfurt, Suhrkamp 1970, S. 140–155
Erikson, E. H.: Kindheit und Gesellschaft. 4. Aufl. Stuttgart, Klett 1971
Langeveld, J. M.: Die Beziehungen der Eltern zum Kind. In: Das Kind in unserer Zeit. Mit Beiträgen von ... Stuttgart, Kröner 1964, S. 37–53
Lidz, Th.: Familie und psychosoziale Entwicklung, Frankfurt, Fischer 1971 (Conditio humana)
Montessori, M.: Das Kind in der Familie, Wien 1923
Montessori, M.: Die Entdeckung des Kindes. Freiburg, Herder 1969
Portmann, A.: Biologische Fragmente zu einer Lehre vom Menschen. 3. Aufl. Basel, Stuttgart, Schwabe & Co. 1969
Portmann, A.: Die Menschengeburt im System der Biologie. In: Das Kind in unserer Zeit. Mit Beiträgen von ... Stuttgart, Kröner 1964, S. 9–19
Richter, H. E.: Eltern, Kind und Neurose. 2. Aufl. Reinbek, Rowohlt 1967, (rororo Bd. 6082, 6083)
Roth, H.: Pädagogische Anthropologie, 2. Bde., Hannover, Schroedel 1966–1971
Spitz, R. A.: Die Bedeutung der ersten Lebensjahre. In: Das Kind in unserer Zeit. Mit Beiträgen von ... Stuttgart, Kröner 1964, S. 23–36

VI. Der Lehrer vor dem Anspruch einer Erziehung zu Sozialkompetenz und sozialer Mündigkeit

1. Einleitende Vorbemerkungen

Erziehung zu Sozialkompetenz und sozialer Mündigkeit stellt eine Dimension des von H. Roth dreifach aufgefächerten Mündigkeitsbegriffes dar. Auf ihn werde ich in Punkt 2. näher eingehen.

Erziehung zur Mündigkeit und damit zur Sozialkompetenz muß als ein lebenslänglicher Prozeß verstanden werden, an dem alle jene Erziehungsinstitutionen beteiligt sind, mit denen das Individuum im Laufe seines Lebens in Berührung kommt. Ich habe das Thema eingeschränkt auf die Institution Schule mit ihren spezifischen Aufgaben und Möglichkeiten. Die Schule aber, so sagt H. Roth im 2. Band seiner »Pädagogische(n) Anthropologie«, der 1971 erschienen ist, »hat ihre Aufgabe zur Erziehung und Erweckung von Sozialeinsicht, Sozialintelligenz und Sozialkompetenz noch kaum erfaßt. Sozialerzieherische und sozialethische Belehrungen und Diskussionen, die auf Kosten der Pensumserfüllung der Fächer gehen, erzeugen bei den Lehrern Angst und ein schlechtes Gewissen«[1]. Im Punkt 3. dieser Ausführungen werde ich mich mit den Aufgaben des Lehrers bezüglich einer Erziehung zu sozialer Mündigkeit befassen.

Erzieherische Aufgaben hinsichtlich der sozialen Dimension stellen Rückfragen an den bereits erreichten eigenen Grad an Sozialkompetenz des Lehrers. Sie haben Auswirkungen auf die pädagogische Definition der Lehrerrolle. Auf diese Konsequenz soll im 4.0 Punkt eingegangen werden. Hier ist dann auch danach zu fragen, ob und in welchem Umfang die Erziehungswissenschaftlichen bzw. Pädagogischen Hochschulen ihren Beitrag zur Bildung der Sozialkompetenz zukünftiger Lehrer leisten. Zur Zeit in der Entstehung befindliche Studienpläne für das Erziehungswissenschaftliche Grundstudium lassen berechtigte Zweifel entstehen. Es hat den Eindruck, daß gegenüber der Sozialkompetenz der Akzent zu Gunsten der Fachkompetenz verschoben wird.

2. Der Anspruch einer Erziehung zu sozialer Mündigkeit

Wie schon erwähnt, wird Sozialkompetenz von H. Roth, auf dessen Auffassungen ich in diesem Zusammenhang zurückgreife, als eine der dreifach aufgefächerten Dimensionen im Mündigkeitsprozeß verstanden. Er legt Mündigkeit aus »als freie Verfügbarkeit über die eigenen Kräfte und Fähigkeiten für jeweils neue Initiativen und Aufgaben. Mündigkeit«, wie sie von ihm verstanden wird,

»ist als Kompetenz zu interpretieren, und zwar in einem dreifachen Sinne: a) als Selbstkompetenz..., d. h. als Fähigkeit, für sich selbst verantwortlich handeln zu können, b) als Sachkompetenz, d. h. als Fähigkeit, für Sachbereiche urteils- und handlungsfähig und damit zuständig sein zu können, und c) als Sozialkompetenz, d. h. als Fähigkeit, für sozial, gesellschaftlich und politisch relevante Sach- oder Sozialbereiche urteils- und handlungsfähig und also ebenfalls zuständig sein zu können.«[2]

Mündigkeit als Kompetenz für verantwortliche Handlungsfähigkeit bezieht Roth zunächst auf die seelische Verfassung einer Person, bei der die Fremdbestimmung soweit wie möglich durch Selbstbestimmung abgelöst ist. Das Ziel entwicklungsfördernder Maßnahmen der Erziehung müßte in dieser Intention die optimale Förderung der Selbstbestimmung sein. Diese Selbstbestimmung im Sinne der Selbstkompetenz ist aber in die Entwicklung und Förderung der Sach- und Sozialkompetenz integriert und umgekehrt. Erzieherische Maßnahmen, die auf diese Mündigkeit zielen, müssen nach Roth auf die Entwicklung pädagogischer Leistungsformen bedacht sein, durch die Produktivität und Kritikfähigkeit angestrebt werden[3].

Auf die Begründung dieses Anspruchs einer Erziehung zur Mündigkeit möchte ich in diesem Zusammenhang nicht näher eingehen. Nur soviel sei gesagt, daß Roth, der seiner Theorie einer Entwicklungspädagogik Kategorien der Bildsamkeit und der Bestimmung des Menschen zu Grunde legt, unter anthropologischem und soziologischem Aspekt als durchgängigen Bezugspunkt menschliche Reife und Mündigkeit die Chance und Aufgabe der Erziehung nennt[4]. Reife und Mündigkeit dürfen nach ihm als jene Ziele gelten, die auch heute noch einer Kritik der Erziehungsziele standhalten.

2.1 Zum Begriff der Sozialkompetenz

Wie schon zitiert, versteht Roth Sozialkompetenz als die Fähigkeit, für sozial, gesellschaftlich und politisch relevante Sach- oder Sozialbereiche urteils- und handlungsfähig und damit zuständig sein zu können. Sozialkompetenz wird erworben durch die Erweckung von Sozialeinsicht und Sozialverhalten aus der erworbenen Einsicht.

2.1.1 Die Erweckung von Sozialeinsicht zielt darauf, durch Denken Einsicht in soziale Sachverhalte zu gewinnen.

»Was kann sozialeinsichtiges und sozialkonstruktives Denken anderes meinen, als daß immer bessere, effektivere, gerechtere soziale Gleichgewichtsformen gedacht werden und als Handlungsanweisungen dienen, die zwischen Mensch und Mensch, Gruppen und Gruppen und dem einzelen und der Gesellschaft immer freiere und gerechtere Formen der Vermittlung zu realisieren erlauben. Freiere und gerechtere Formen sozialer Vermittlung, in der Konflikte erkannt, artikuliert und ausgetragen werden, Alternativen aufgedeckt und aufgezeigt werden, aber auch um einen Konsens in den Entscheidungen gerungen wird, wo Offenheit und Sensibilität für soziale Fragen und sozialen Wandel das Entwicklungs- und Erziehungsziel ist, wo die angeblich sozialen und moralischen Selbstverständlichkeiten reflektiert und auf ihre produktive Effektivität und Gerechtigkeit hin befragt werden dürfen und wo der Mensch fähig wird und bleibt für Solidarität und Engagement mit den Leidenden.«[5]

2.1.2 Die Erweckung kritischen und kreativen Sozialverhaltens aus eigener Einsichtsfähigkeit muß zu dem Bedenken sozialer Sachverhalte hinzukommen.

»Die menschliche und soziale Bedeutsamkeit einer Situation zu erfassen und sozial produktiv auf die Aufgabe und Herausforderung, die sie stellt, zu antworten, erfordert oft gerade im Entscheidungsfall – auch im Alltag – ein exploratives Hinausgreifen über die gewußten, gekannten und bewährten sozialen Rollen und Verhaltensmuster.«[6]

Ziele der Erweckung von Sozialeinsicht und der Entwicklung von Sozialverhalten sind also die kritische Reflexion sozialer Sachverhalte und intelligentes Sozialverhalten, das ständig sich erneuernde soziale Initiative produziert. Roth spricht von

»Produktivität, die kritisch und kreativ im Sinne einer vorwärtsstrebenden Dynamik zu immer besseren, gerechteren und freieren sozialen Gleichgewichtsformen strebt...«[7]

2.1.3 Sozialkompetenz als Sozialeinsicht und Sozialverhalten wird nur allmählich und auch nicht endgültig gesichert erworben. Der Mensch muß dazu eine Stufenreihe von Verhaltensweisen durchlaufen, in denen er sein eigenes Verhalten am anderen Menschen orientiert.

Zu Beginn des Lebens herrscht ein instinkthaftes Sozialverhalten des Kindes zur Mutter vor. Dieses wird weiterentwickelt in ein erlerntes Sozialverhalten zur Umwelt. Das angelernte Sozialverhalten soll dann zu einem kritischen und kreativen befreit werden[8].

Die Entwicklung der Sozialkompetenz kann sich nur entsprechend den jeweiligen menschlichen Entwicklungsphasen und -stufen vollziehen. Die Soziologie nennt diesen Vorgang Sozialisation, unter dem sich ein ganzer Komplex von Lernprozessen verbirgt.

Roth stellt der Sozialisation, unter die er funktionale Einwirkungen verstanden wissen will, die intentionalen Einflußnahmen der Erziehung gegenüber. Es geht ihm um die Frage nach den Eingriffen in diesen Sozialisationsprozeß, um die bewußte Steuerung und Lenkung der Entwicklung des Sozialverhaltens in Richtung auf Kreativität bzw. Produktivität und Kritikfähigkeit. Dazu ist es erforderlich, den Sozialisationsprozeß in Teilvorgänge zu gliedern, um auf diese Weise besondere Dimensionen von Lernprozessen zu gewinnen, »die ineinander einwirkend den Komplex ausmachen, den wir soziale Entwicklung, Sozialisation und soziale Erziehung nennen«[9].

2.2 Dimensionen, in denen sich Sozialkompetenz entwickeln kann

Die Aufgabe, Sozialkompetenz entwickeln zu helfen, schließt die Ermöglichung von Sozialeinsicht und die Erweckung und Ermunterung von Sozialintelligenz, d. h. die Anregung und Lenkung des Sozialverhaltens auf Grund eigener Sozialeinsicht ein. Im folgenden werden im Anschluß an Roth einige Dimensionen dargelegt, in denen sich diese Vorgänge vollziehen können.

2.2.1 Die Dimension der Interaktionen

Es handelt sich um direkte und symbolische Austauschbeziehungen, die sich in ihrer Genese zwischen Eltern und Kind, Kind und Kind ereignen. Diese Austauschbeziehungen werden Interaktionen genannt. Damit ist gemeint die »unmittelbare Gegenseitigkeit des handelnden Aufeinanderbezogenseins«[10]. Sie umschließt sowohl den direkten Handlungsaustausch von Person zu Person als auch die Kommunikation durch den Austausch von Symbolen wie z. B. Sprache und Ausdruck.

In diesem Bereich der Sozialentwicklung und -erziehung geht es um den allmählichen Erwerb von Sozialeinsichten und Sozialnormen im Umgange zwischen Mensch und Mensch, Individuum und Gesellschaft.

Der Erwerb der Fähigkeit, zunehmend die Steuerung der Reaktionen und Handlungen in den mitmenschlichen Bezügen selbst zu übernehmen, also sozial handlungsfähig zu werden, hängt ab von der Art und dem Niveau der sozialen Beziehungen, dem mitmenschlichen Milieu, in dem der Aufwachsende lebt. Unter diesem Aspekt wird die kritische Reflexion dieser Bezüge und ihre Gestaltung selbst zu einer erzieherischen Aufgabe, die sich primär an den beteiligten erwachsenen Partner richtet.

2.2.2 Die Dimension der diversen sozialen Lernprozesse

Es handelt sich um Lernprozesse, die primär in der frühen Kindheit erforscht sind und die als Basis und Modelle aller späteren Sozialisationsprozesse gelten: Sozialentwicklung durch Identifikation, Imitation, Internalisation, Sanktionen und Lernen von ganzen Rollen. Diese Prozesse laufen nicht zeitlich nacheinander ab, sondern verschieben sich gegenseitig komplex ineinander.

Die Identifikation gilt der Psychoanalyse als die früheste Gefühlsbindung des Kindes an eine andere Person, durch die das Kind auf affektivem Wege lernt, indem es sich um die Eigenschaften geliebter Personen bereichert und dadurch das eigene Ich aufbaut.

Die Imitation kann (sie muß nicht) eine Folge dieser Identifikationen sein, durch die das Verhalten des Vorbildmodells nachgeahmt und eigenes Verhalten im Sozialkontakt aufgebaut wird.

Die Internalisation stellt die Verinnerlichung von Verhaltensnormen dar, so daß sie zu selbständigen inneren Instanzen werden, die Kontrollfunktionen übernehmen. Über-Ich-Bildung nennt die Tiefenpsychologie diesen Vorgang und die kontrollierende psychische Instanz, die das Ich-Ideal am empirischen, d. h. handelnden Ich mißt, das Gewissen.

Das Lernen durch Sanktionen stellt eine Verhaltensregulierung durch den Eingriff der Erziehenden dar nach dem Muster von Belohnung und Bestrafung.

Das Lernen von Rollen ist ein komplexer Vorgang, an dem die zuvor beschriebenen sozialen Lernprozesse beteiligt sind. Der Inhalt primärer Sozialisation – das Erlernen von Geschlechts- und Altersrollen, das nach der Auffassung der Tiefenpsychologie in unserem Kulturkreis durch die ödipale Situation begünstigt wird – ist ein gutes Beispiel für die Komplexität dieses Lernprozesses.

Nach dem Beispiel dieses frühen Rollen-Lernens durch die Nachahmung aktueller Modelle aus dem direkten Umgang werden auch bei späteren Sozialisationsprozessen Modellpersonen eine soziale Macht über den Heranwachsenden und wohl auch über den Erwachsenen haben. Nach Roth erweitert sich diese soziale Lernform »zum Erlernen symbolischer Modelle von Rollen, wie sie sich z. B. aus dem Umgang mit literarisch vorgegebenen Modellen und Leitfiguren anbieten«[11].

Primär lernt also der Heranwachsende vom anderen aus sozial zu handeln (durch Identifikation, Imitation, Sanktion und Beobachtung). Unter dem Aspekt einer Erziehung zu sozialer Mündigkeit muß das Interesse der Erziehenden darauf gerichtet sein, daß der Aufwachsende lernt, von sich aus – durch Einsicht in die Gründe und Zusammenhänge sozialer Sachverhalte – sozial zu handeln.

2.2.3 Die Dimension der Einsicht in die Normierung von Sozialverhalten

Hier geht es um die Entwicklungslinie, die von der Normenbefolgung zur Normenerörterung und weiter zu einsichtigem Sozialverhalten führt. Ein Präzedenzfall für diese Situation ist die sogenannte erste Trotzphase des Kindes, jene zugespitzte Situation, aus der es zwei erzieherische Auswege gibt: »das weitere Erzwingen der Gehorsamsmoral oder den behutsamen Beginn mit einer Erörterung der Gründe für das erwünschte oder geforderte Verhalten.«[12]

Damit beginnt die direkte und rationale Bewußtseinserhellung des sozialen Verhaltens und seiner Normen. Im Anschluß an Piaget stellt Roth die Bedeutung des Umgangs mit Altersgenossen in dieser sozialen Lernphase heraus. Durch den Umgang mit Gleichaltrigen entdeckt der Heranwachsende, daß soziales Verhalten auch »auf veränderbaren Regeln beruht, deren sozialer Sinn als ein Verhalten auf Gegenseitigkeit rational einsehbar gemacht werden kann«[13]. Hier werden z. B. die Regeln im kindlichen Zusammenspiel, für die das Kind ein wachsendes Verständnis gewinnt, und die es einhalten oder ablehnen kann, zu einem Faktor für die Entwicklung zur Mündigkeit.

Durch Sozialeinsichten, die das Kind aus dem Umgang mit Gleichaltrigen gewinnt, können mögliche Alternativen zu den familiären sozialen Verhaltensformen geschaffen werden. Die Zulassung ihrer Gegenüberstellung und ihre Diskussion wäre eine erzieherische Aufgabe, die die Familie unter dem Aspekt einer Erziehung zu sozialer Mündigkeit zu erfüllen hätte. Die Einsicht in die Formen und Regeln sozialen Zusammenlebens allein genügt nicht für den Erwerb von Sozialkompetenz. Es muß hinzukommen das Wissen um die fördernde oder hemmende Funktion emotionaler oder affektiver Einflüsse, durch die Einsicht in die ambivalente Rolle der menschlichen Natur.

2.2.4 Die Dimension der rationalen Erhellung affektiver und emotionaler Einflüsse

In diesem Bereich geht es um das Problem,

»wie die Emotionen, Affekte und Triebe des Menschen von Kind an zu der geforderten Selbsterhellung geführt werden können, so daß dieses fähig wird, das Verhalten zu steuern. Hierzu ist als erste Voraussetzung notwendig, daß die elementar-vitalen Bedürfnisse aller Kinder so weit erfüllt sind, daß die Antriebe, die darüber hinaus zur menschlichen Natur gehören, in unserem Fall Aktivität als Leistung und Solidarität als Rücksichtnahme auf den anderen, überhaupt zur Geltung kommen und gleichzeitig entwickelt werden können.«[14]

Möglichkeiten rationaler Aufhellung von Emotionen liegen in den beobachtbaren Vorgängen, in denen ein Kind den Ursachen von Schmerzen dadurch auf den Grund zu kommen sucht, indem es z. B. den angestoßenen Kopf mit langsamen Bewegungen noch einmal anstößt. Wenn das Kind beginnt nach den Ursachen seiner Schmerzen zu fragen, wird die Aufklärung des Gefühlten in Worten und Begriffen möglich. Damit wird jene Distanz geschaffen, durch die zwischen Reiz und Reaktion im Sinne einer Affekthandlung Überlegungen eingeschoben werden können. Diesen Entwicklungsfortschritt, durch den der Heranwachsende lernt, seine Gefühlsbewertungen noch einmal rational zu bewerten, gilt es nach Roth auch in das soziale Feld hinein fortzusetzen. Wenn der Mensch nicht lernt,

»seine Gefühle und Affekte im sozialen Feld aus den Zusammenhängen heraus zu bewerten, die sie verursachen, bleibt er anderen Menschen und Gruppen gegenüber ein Opfer seiner Gefühle, Emotionen, Affekte und Vorurteile«[15].

Hier kann der Prozeß des Umlernenmüssens erzieherisch notwendig werden. Dieser aber kann selbst zu einer Quelle reflektierter Sozialeinsicht werden, indem er den Widerstreit der Wertungsformen von Gefühl und Ratio offenbar macht.

Durch diese Erfahrungen vermag der Heranwachsende ein neues Verhältnis zu sich selbst, zu seinen eigenen Antrieben, Bedürfnissen und Motivationen sowie zu denen seiner Mitmenschen zu gewinnen. Durch die erlangte Fähigkeit zu eigener und fremder Motivbeachtung wird zwischenmenschliches Verhalten in einer anderen Weise einsichtig:

»das Kind lernt vom anderen her denken. Und das ist genau das Ziel, das eine Erziehung im affektiven Bereich sich stellen muß: von früh auf einfühlend vom anderen her denken und fühlen zu lernen ... Hier liegen die Wurzeln für alle Solidaritätsgefühle, ... Alle Gefühle enthalten gleichzeitig Antriebe. Solidaritätsgefühle sind der Anfang sozialer Motivation, um deren Entwicklung und Entwicklungsförderung es uns geht.«[16]

In diesem Zusammenhang ist es erzieherisch bedeutsam, in welchem Grade die Aufklärung über bewußte und unbewußte Motive gelingt, die das Kind, ja den Menschen überhaupt antreiben, sozial oder unsozial zu handeln. Hier kommt es auf die anthropologische Grundannahme an, »daß Eros neben dem Destruktionstrieb eine Chance hat«[17]. Von dieser Ausgangsposition her können erzieherische Maßnahmen eine positive Färbung annehmen, indem sie weniger hemmend, verbietend, strafend und Angst erzeugend sind, sondern mehr ermuntern und erlauben. Roth spricht die Hoffnung aus,

»daß in dieser Weise positiv erzogene Kinder mehr soziale Sensibilität, soziale Sensitivität und soziales Risiko entwickeln als die auf Konkurrenz, soziale Abwehr und und Selbstdurchsetzung hin erzogenen Kinder und Jugendlichen[18].«

2.2.5 Die Dimension der Einsicht in gesellschaftspolitische Abhängigkeiten

Was hinsichtlich der Sozialentwicklung und -erziehung von der ambivalenten Rolle der menschlichen Antriebsstruktur – ihrer hemmenden und fördernden Kraft – gesagt wurde, gilt auch für die Gesellschaft. In der bisher verfolgten Entwicklung des sozialen Verhaltens überwog die Internalisation von Normen durch verschiedene Lernprozesse; gleichzeitig entstand, bei angemessener Entwicklungsförderung durch die Erziehung, ein zunehmendes Fragen nach den Regeln des Zusammenlebens und ihrer Gründe.

Angesichts gesellschaftlicher Regeln nimmt der heranwachsende Jugendliche an der Erörterung und Diskussion ihres Geltungsanspruchs teil und beginnt bewußt, eigene Strebungen und Motive in ihrem Lichte zu betrachten und zu überprüfen.

In dem Maße, in dem sich der Jugendliche seiner sozialen Selbstverantwortung bewußt wird – teils von ihm selbst angestrebt, teils von der Gesellschaft ihm abgefordert – wächst gleichzeitig die Erfahrung der Abhängigkeit von der Gesellschaft. Vorgegebene soziale, gesellschaftliche und politische Strukturen und Zwänge beschränken erfahrbar die eigene Sozialinitiative.

Diese Konfrontation mit der gegebenen gesellschaftlichen Wirklichkeit erfährt der Jugendliche pointiert bei der Übernahme sekundärer Rollen (z. B. als Schüler, Student oder Angehöriger eines bestimmten Berufes). Die Übernahme solcher Rollen stellt ein Erlernen komplexer Verhaltensmuster dar, die durch die Gesellschaft festgelegt sind. Die pädagogische Frage, die in diesem Zusammenhang interessiert, ist die,

»wieviel dem einzelnen Kraft, Fähigkeit und Chancen bleiben, und wie diese durch Erziehung verstärkt werden können, Herr seiner Rolle(n) zu bleiben und nicht ihr

Knecht zu werden, wie er also fähig werden kann, sie individuell mit- und auszugestalten bis hin zu ihrer Erneuerung durch individuelle Motive«[19].

Es entsteht die Frage, inwieweit das Erlernen sekundärer Rollen soziale Mündigkeit erleichtert oder erschwert.

Unter pädagogischem Aspekt geht es darum, daß der Jugendliche die volle Realität der Rollen einsehen und akzeptieren lernt: Rolle als Verhaltensgerüst, das eine Hilfe für das Ich darstellt; Rolle als Möglichkeit, sie in Freiheit zu spielen. Dabei ist es wichtig, daß die Erziehung das Spannungsverhältnis zwischen Rolle und Ich bewußt und die Aufgabe des Bejahens und Aushaltens dieser Spannung erkennbar macht.

»Erziehung muß, wenn sie nicht prägen, sondern erziehen will, die Spannung zwischen Selbst und Rolle wollen. Sie muß Kooperationen und Konflikte zwischen Rollen bejahen, vor allem aber den Konflikt, daß ein Ich nicht gewillt ist, in Rollen aufzugehen.«[20]

Eine weitere erzieherische Aufgabe ist die Einübung des Umgangs mit gesellschaftlichen Gruppen. Roth hebt in diesem Zusammenhang zwei Aspekte hervor, die pädagogische Relevanz besitzen: 1. Die Entlarvung des häufig anzutreffenden Freund-Feind-Stiles im Gruppendenken und ihre Überwindung dadurch, daß neben dem Versuch einer Kooperation der Konflikt bejaht und ausgehalten wird. 2. Bemühungen zur Überwindung des Gruppenegoismus in Richtung auf allgemeine Gegenseitigkeit und Gerechtigkeit.

Das umschriebene sozialeinsichtige Verhalten und Handeln kann ohne eine diese Entwicklungstendenz unterstützende Unterrichtung und Erziehung nicht erreicht werden. Es besteht vielmehr die Gefahr, daß es in Konformismus oder Nonkonformismus untergeht.

3. Erziehung zu sozialer Mündigkeit als Aufgabe des Lehrers

Nachdem im Anschluß an Roth Dimensionen dargestellt wurden, in denen sich Sozialeinsicht ereignen und Sozialkompetenz entwickeln kann, soll in diesem Punkt in Kürze auf konkrete Aufgaben der Schule zur Förderung der Sozialentwicklung und zur Sozialerziehung eingegangen werden.

3.1 Schule als Institution, in der sich Sozialkompetenz entwickeln kann

Die Schule ist nicht die einzige Institution, die am Vorgang der Erziehung zu Sozialkompetenz und sozialer Mündigkeit beteiligt ist. Ihre Möglichkeiten hängen z. T. davon ab, welches Schicksal die frühkindliche Sozialentwicklung und -erziehung bereits erfahren hat.

Von der Schule nun wird gesagt, daß sie erst noch die Aufgabe akzeptieren müsse, »soziale Lernprozesse als schulische Voraussetzung für spätere gesellschaftliche und gesellschaftspolitische Lernprozesse zu verstehen«[21]. Dazu ist erforderlich, daß neben geistes- und naturwissenschaftlichen Bereichen auch gesellschaftswissenschaftliche Lernbereiche einbezogen werden. Die Erkenntnisse der sozialwissenschaftlich orientierten Fächer (wie Psychologie, Soziologie, Politologie und Pädagogik) sollten eine Rückbeziehung auf die Gestaltung des Lebens in Klassen, Gruppen und Schularten haben.

Nach einer Untersuchung von Tausch, werden noch 94% aller Konflikte in der Schule vom Lehrer entschieden. Dadurch wird

»das verfehlt, worauf es eigentlich ankäme, nämlich über soziale Lernprozesse in Richtung auf Gegenseitigkeit die Konflikte selbst zum Anlaß für Lösungsversuche und die erarbeitete Lösung als Modell für demokratische Konfliktlösungen zu nehmen.«[22]

3.2 Aufgaben des Lehrers bei der Erweckung von Sozialeinsicht, Sozialintelligenz und Sozialkompetenz

Die Hauptaufgabe, die sich für die Schule stellt – »über modellvermittelndes Lernen zu kritisch-kreativem Lernen fortzuschreiten«[23] – läßt sich in Teilaufgaben zerlegen, die von den Lehrenden in der Schule hinsichtlich der Sozialerziehung wahrzunehmen sind.

3.2.1 Ausweitung und Erhellung des Identifikationsstrebens von Kindern und Jugendlichen

Durch den Eintritt in die Schule und den Wechsel der Lehrenden werden dem Kind neue Identifikationsangebote mit Erwachsenen gemacht. Unter erzieherischem Aspekt ist es notwendig, daß der Lehrende sich seiner möglichen wirksamen Funktion als Identifikationsperson bewußt ist.

Entsprechend dem Entwicklungsstande läßt sich das kindliche Identifikationsstreben erweitern, indem es auf literarische Vorbildgestalten gelenkt wird. Diese Identifikations-Orientierungsmodelle

»sollen in der Schule nicht einfach emotionale Identifikationsangebote bleiben, sondern Anlaß werden zum Begreifen dessen, was uns an diesen Modellen sozialethisch betrifft, indem es vor allem zum bewußten Erlernen von Bewertungskriterien für soziales Verhalten führt«[24].

Durch die neuen Leitbilder aus dem direkten und indirekten Umgang in der Schule werden das Kind und der Jugendliche gezwungen, über die Leitbilder der Familie hinauszudenken und zu vergleichen.

Damit wird die Autorität, die jedes der Identifikations-Orientierungsmodelle besaß oder besitzt, selbst zum Problem. Die Vielzahl der Leitfiguren für Identifikationen geben Anlaß und zugleich Gelegenheit zu kritischen Vergleichen. Für den Lehrenden bedeutet es, daß er damit in die Situation einer »Experimentiergemeinschaft« (Mollenhauer) mit den Heranwachsenden gerät, die es bewußt zu akzeptieren und durchzuhalten gilt. Die rationale Erhellung und die Bewertung der Merkmale, Eigenschaften und Leistungen von Identifikationspersonen, die das Kind oder den Jugendlichen anziehen, bereiten den Übergang von der Identifikation mit Personen zur Identifikation mit Ideen vor. Sie stellen einen weiteren Schritt dar

»zur Erweiterung der Antizipationsmöglichkeiten auf dem Wege zur rationalen Erhellung dessen, wie Verhalten und Handeln in einer freien und offenen Gesellschaft zu orientieren und normieren ist«[25].

3.2.2 Die rationale Erhellung und Begründung der Regeln auf Gegenseitigkeit in der schulischen Gleichaltrigengruppe

Zunächst gilt es, die durch die Schulorganisation gegebene Gruppierung als eine Situation zu erfassen, die der Förderung des Sozialverhaltens und der Sozialkompetenz dient. In einer sich demokratisch verstehenden Schule sollte das Sozialverhalten sich aus dem Zusammenleben und Zusammenarbeiten der Schüler selbst ableiten. Hier liegt nun eine besondere Aufgabe für den Lehrenden: Es gilt, die Normen, d. h. die Spielregeln für das Verhalten der Schüler auf Gegenseitigkeit bewußt zu machen. Eine Erfahrungsgrundlage dafür können schulische Arbeitsformen bilden, durch die in Gruppen zusammengearbeitet wird. Dadurch wird ein ganzer Komplex von sozialen Verhaltensweisen aktiviert, die dann als Ausgangspunkt für die rationale Erhellung dieser sozialen Vorgänge dienen können. Ich möchte nur einige nennen: Festlegung und Verteilung der Rollen im Arbeitsprozeß, Erstellung der Regeln für die Zusammenarbeit, Artikulation und Diskussion der jeweils besonderen Interessen, Gegensätze und Konflikte aushaltbar und austragbar machen, Einübung in sachliche Diskussion.

Verstärkende Wirkung wird diese Kooperation der Schüler vom Modell einer gegebenen Zusammenarbeit der Lehrer im Kollegium erfahren.

3.2.3 Direkte Förderung der informierenden Einübung sozialen Verhaltens durch schulische Mittel

Hier geht es um den Einsatz sozialer und politischer Rollen-, Plan- und Simulationsspiele. Sie können als Bestandteil in den Fachunterricht, der dafür in Frage kommt, eingebaut werden. Im geschichtlichen oder politischen Unterricht lassen sich z. B. Ereignisse von verschiedenen politischen Standpunkten aus referieren und diskutieren.

Eine besondere Wirkung haben methodische Modelle. In erfundenen Planspielen kann der Prozeß z. B. sozialer bzw. gesellschaftspolitischer Entscheidungen reaktiviert und nachvollziehend erfahrbar gemacht werden.

»Hierbei kann das Risiko erfahren werden, das den Entscheidungen anhaftet, die den Gegenzug des Partners und Gegners gewärtigen müssen. Das simulierte soziale und politische Handeln in solchen Planspielen eröffnet die Möglichkeit, Initiativen zu entwickeln, Alternativen zu entdecken, aus Niederlagen ... unmittelbar zu lernen und die soziale und politische Intelligenz zu schärfen. Zusammenarbeit, Gegnerschaft, Entscheidungszwang, Zugzwang, Fehleinschätzungen des Gegners, eigene Borniertheit und Rigidität werden direkt erfahrbar, und das übertrifft den Wirkungsgrad von nur verbalen Referaten, ja sogar den von Diskussionen. Das entscheidende dabei ist das Erlernen von Kriterien für Entscheidungen, nicht die Nachahmung von Entscheidungen.«[26]

3.2.4 Außer diesen genannten drei Aufgabenbereichen nennt Roth im Hinblick auf amerikanische Versuche noch einen vierten: Kinder Kultur als Aufgabe und Zukunft als Herausforderung an den Menschen verstehen zu lassen[27] durch die Einbeziehung der Kulturanthropologie und Ethnologie in die Geschichtssicht. Mit dem Hinweis auf diesen möglichen Aufgabenbereich möchte ich mich an dieser Stelle begnügen.

4. Konsequenzen des Anspruchs einer Erziehung zu sozialer Mündigkeit für den Lehrenden und seine Ausbildung

Bisher wurden im Anschluß an Roth Dimensionen, in denen sich Sozialkompetenz entwickeln kann, aufgezeigt und weiter die sich daraus ergebenden möglichen Entwicklungsaufgaben für eine Erziehung zu sozialer Mündigkeit durch die Institution Schule, d. h. durch die in ihr Lehrenden, dargelegt. In diesem Punkt wären nun mögliche Konsequenzen zu bedenken, die der Anspruch einer Erziehung zu sozialer Mündigkeit für den Lehrenden und dessen Ausbildung haben könnte.

4.1 Anforderungen dieses Anspruchs an die Sozialkompetenz des Lehrers

Zunächst möchte ich an die zitierte Definition erinnern, nach der jemand sozial kompetent, d. h. zuständig ist, der einen bestimmten Grad an Urteils- und Handlungsfähigkeit für sozial, gesellschaftlich und politisch relevante Sach- oder Sozialbereiche entwickelt hat.

Dieser erreichte Grad an Sozialkompetenz stellt den Grad erreichter Mündigkeit in sozialer Hinsicht dar. Wird Mündigkeit als eine »dynamische Kategorie« (Th. Adorno) verstanden, d. h. als ein lebenslang dauernder Prozeß, in dem der Mensch fortwährend in der Gefahr steht, wieder unmündig zu werden, so wird einsichtig, daß auch der bereits sozial Mündige der fördernden Unterstützung bedarf, um seine Sozialkompetenz zu erhalten, zu festigen und zu erweitern.

Gehört die Erziehung zu sozialer Mündigkeit noch gar zu den spezifisch beruflichen Aufgaben eines Menschen, so erhält die genannte Forderung eine besondere Dringlichkeit.

Die Anforderung, die der Anspruch einer Erziehung zu sozialer Mündigkeit an die Sozialkompetenz des Lehrenden stellt, läßt sich in zwei Problemkreisen umreißen: Es stellt sich 1. die Frage, was sich unter der zu fordernden Sozialkompetenz des Lehrenden möglicherweise verbirgt, und 2. die Frage, in welcher Weise die beschriebene Kompetenz gefördert und weiterentwickelt wird.

4.1.1 Die vom Lehrenden zu erwartende Sozialkompetenz

Einsicht in soziale Sachverhalte und Sozialverhalten auf Grund dieser gewonnenen Einsicht wurden (2.1.1 und 2.1.2) als Faktoren im sozialen Mündigkeitsprozeß genannt. Sie dürften auch die Richtung weisen, in der die spezifische Sozialkompetenz des Lehrenden sich verstehen und umschreiben läßt

1. Einsicht in soziale Sachverhalte

Die im 2.0 Punkt behandelten Dimensionen, in denen sich Sozialkompetenz entwickeln kann, werden unter diesem Aspekt zu Gegenstandbereichen, in denen der Lehrende sich auskennen muß, wenn er ihre Bedeutung für die Sozialentwicklung des jungen Menschen erkennen und die entsprechenden Erziehungsaufgaben bedenken will. Ich möchte diese Dimensionen noch einmal in Erinnerung rufen: Es handelte sich um den Bereich der Interaktionen, der diversen sozialen Lernprozesse (wie Identifikation, Imitation, Internalisation, Lernen durch Sanktionen und Erlernen ganzer Rollen), der Einsicht in die Normierung von Sozialverhalten, der rationalen Erhellung affektiver und emotionaler Einflüsse, sowie der Einsicht in gesellschaftspolitische Abhängigkeiten. Einsicht in die genannten Bereiche sozialer Entwicklung gewinnen, das bedeutet ein intensives Studieren der darin berührten sozial-anthropologischen Fragen. Sie entstammen den Gebieten der Entwicklungs-, Tiefen- und Lernpsychologie, der Soziologie bzw. der Gesellschaftswissenschaften und der Pädagogik. Elementare Kenntnisse der ablaufenden psychischen und sozialen Prozesse sowie das Bedenken und Durchdenken erzieherischer Beeinflussung in Richtung auf zunehmende Mündigkeit – hier im Sozialverhalten und sozialen Handeln – werden zu einer unverzichtbaren Forderung an jeden, der die Sozialentwicklung Heranwachsender gezielt fördern will.

2. Sozialverhalten auf Grund der gewonnenen Sozialeinsichten

Angesichts dieser Überlegung, bei der es sich um das Verständnis der Sozialkompetenz von Lehrenden handelt, ergeben sich zwei Perspektiven für ein durch Einsicht geprägtes Sozialverhalten: a) das Verhältnis zur sozialen Dimension der eigenen Rolle als Lehrender und b) das Verhältnis zur Interaktionsgemeinschaft mit den Heranwachsenden als einer »Experimentiergemeinschaft« (K. Mollenhauer).

a) Das Verhältnis zur sozialen Dimension der eigenen Rolle wird entscheidend dadurch beeinflußt, in wie weit es dem Lehrenden bereits im Verlaufe der eigenen Sozialentwicklung gelungen ist, die jeweils innegehabten Rollen als Lernender und Studierender kritisch zu reflektieren, zu aktzeptieren oder kreativ zu verändern. Ein vertieftes Studium der früher genannten sozial-anthropologischen Probleme müßte ihn weiterführend in die Lage bringen, die selbst durchlaufenen Sozialisationsprozesse in ihrer positiv fördernden oder negativ hemmenden Wirkung im Sozialkontakt zu durchschauen.

Es geht darum, den Stellenwert der eingebrachten eigenen Person richtig einzuschätzen und einzusetzen.

Konkret bedeutet das: Unter dem Aspekt einer positiv fördernd verlaufenen Sozialisation, in der es zu einer echten Integration der Mündigkeitsbereiche gekommen ist, sollte der Lehrende darum wissen, daß er dadurch als Identifikations-Orientierungsmodell für die Heranwachsenden besonders attraktiv sein kann. Das unbewußt durch seine Person gemachte Angebot sollte halten, was es verspricht. Damit ist gemeint, daß er die ihm entgegengebrachte Zuneigung junger Menschen richtig deuten, annehmen und über sich hinausführen kann.

Unter dem Gesichtspunkt der festgestellten negativ verlaufenen eigenen Sozialerziehung ergeben sich eine Reihe von Problemen, die ein hohes Maß an selbstkritischer Wandlungs- und Bildungsbereitschaft erfordern. Es geht um die Einsicht, daß so verlaufene Sozialisationsprozesse den Lehrenden zur Barriere im Sozialkontakt werden lassen. Lehrervorurteile, die sich in der Schülerbehandlung bis hin zur Leistungsbewertung äußern können, haben häufig in einer nicht bewältigten eigenen Vergangenheit ihren Ursprung. Dabei wirkt eine nicht bewältigte Schülerrolle störend in die Lehrerrolle hinein.

Sozialeinsichten können zur Erhellung der eigenen Sozialisation sehr viel beitragen. Ändern wird sich aber nur etwas, wenn mit der Bereitschaft zur Einsicht ein Wandel verbunden ist. Hier liegt eine elementare Verantwortung des Lehrenden für die Sozialentwicklung und -erziehung der Heranwachsenden, die in den Bereich seiner Selbst- und Weiterbildung fällt.

b) Das Verhältnis zur Interaktionsgemeinschaft mit Heranwachsenden als einer »Experimentiergemeinschaft« setzt zunächst die selbstkritische Erkenntnis der eigenen Person hinsichtlich ihrer erreichten Sozialkompetenz voraus. Gleichzeitig gilt es, diese Interaktionsgemeinschaft selbst als einen pädagogischen Aufgabenbereich in der Erziehung zu sozialer Mündigkeit zu begreifen, gleichsam als eine conditio sine qua non.

Was Mollenhauer vom Objektbereich der Erziehungswissenschaft allgemein sagt, läßt sich pointiert auf den Erfahrungsbereich von Interaktionen im Erziehungsprozeß übertragen: Er ist durch ›kommunikative Erfahrung‹ definierbar; der Lehrende gehört der Kommunikationsgemeinschaft, deren Teil, Erziehung – hier soziale Erziehung – er erkennen und intendieren will, selbst an. Die Kommunikationsgemeinschaft, die bewußt und gewollt als ein Bereich für kommunikative soziale Erfahrungen von seiten des Lehrers zugelassen wird, ermöglicht den Heranwachsenden, am konkreten Modell soziales Verhalten und soziale Motive sowie soziale Abhängigkeiten zu studieren und zu überprüfen. »Die ›Kommunikationsgemeinschaft‹ ist« – so Mollenhauer –

»nicht nur der Interaktionszusammenhang derer, die sich über vorgängige Orientierungen im Handeln verständigen, sondern der Möglichkeit nach zugleich eine Experimentiergemeinschaft in der neue Sinnzusammenhänge entworfen, neue Handlungsorientierungen erprobt werden.«[29]

Diese Situation fordert vom Lehrer die Haltung eines distanzierten sozialen Engagements, das mit der Intention eingegangen wird, es selbst zum Experimentiergegenstand im sozialen Erziehungsprozeß werden zu lassen. Durch das Wissen um den Experimentiercharakter dieser Interaktionen lassen sich auftretende Spannungen von seiten des Lehrers leichter auffangen und entschärfen, weil diese Konflikte in ihrer Motivation verstanden und im Dienste der sozialen Mündigkeitserziehung von vornherein bejaht werden. Eine solche distanzierte und akzeptierende Haltung gegenüber einem Sozialkontakt als Experimentiergemeinschaft ist selbst bereits Ausdruck erworbener Sozialkompetenz des Lehrenden.

Das umschriebene soziale Niveau des erwachsenen Partners dürfte sich positiv fördernd auf die Entwicklung der sozialen Handlungsstruktur der Heranwachsenden auswirken.

Die bisherigen Ausführungen berührten sehr stark den Selbstbildungsprozeß, in dem die Sozialkompetenz des Lehrenden aktiviert und selbstkritisch in Frage gestellt wird. Hier legen sich weitere Überlegungen nahe, wie und in welcher Weise diese Kompetenz gefördert und weiterentwickelt werden kann.

4.1.2 Förderung und Weiterentwicklung der Sozialkompetenz für den Lehrberuf

Die bisherigen Überlegungen zur Sozialkompetenz der Lehrenden implizierten bereits eine Kontinuität im sozialen Erziehungsprozeß: daß nämlich auf allen durchlaufenen Entwicklungsstufen eine zunehmende soziale Mündigkeit intendiert und gefördert und somit bereits ein bestimmter Grad an Sozialkompetenz erreicht worden ist.

Diese optimale Voraussetzung wäre zumindest für den Bereich zu hinterfragen, in dem speziell für den Lehrberuf studiert wird; aus naheliegendem Interesse ist das in diesem Zusammenhang die Erziehungswissenschaftliche oder Pädagogische Hochschule.

Da sowohl die alten Pädagogischen Akademien stark berufsbezogen ausgebildet haben als auch die jetzigen Hochschulen ihre Studienpläne curriculumartig durch eine Funktionsanalyse zukünftiger Lehrer erstellen, ist es unumgänglich, zunächst kurz auf das Berufsbild des Lehrers einzugehen. Von dort her läßt sich dann leichter nach dem Beitrag fragen, den Pädagogische Hochschulen zur Förderung der spezifischen Sozialkompetenz zukünftiger Lehrer leisten.

4.2 Rückwirkungen des Anspruchs einer Erziehung zu sozialer Mündigkeit auf das pädagogische Verständnis der Lehrerrolle

Bei diesen Überlegungen möchte ich mich auf die Arbeit von K. E. Nipkow »Beruf und Person des Lehrers. Überlegungen zu einer pädagogischen Theorie des Lehrers« stützen, die 1971 in dem Band »Der Lehrer in Schule und Gesellschaft« erschienen ist.

Die von Nipkow gemachte anthropologisch-pädagogische Grundannahme führt zu einem Verständnis der Erziehung als Hilfe zu mündigem Menschsein und zum Verständnis der Lehrer und Erzieher als Helfer in diesem Prozeß[30]. Aus dem hier genannten Anspruch einer Erziehung zur Mündigkeit wurde im Rahmen dieser Vorlesung die soziologische Dimension zum Gegenstand von Erwägungen gemacht. Es entsteht die Frage, was die Aussagen von Nipkow, in denen der Lehrer als Helfer zu mündigem Menschsein verstanden wird, unter dem Gesichtspunkt einer Erziehung zu sozialer Mündigkeit zum Verständnis der Lehrerrolle beitragen.

Die Pädagogik sollte als Berufswissenschaft dem zukünftigen Lehrer Orientierung und Hilfe geben, ein angemessenes Selbstverständnis oder – wie Mollenhauer formuliert – eine »pädagogische Selbstrolle« zu entwickeln, die es ihm ermöglicht, sich kritisch mit den an ihn herangetragenen Rollenerwartungen auseinanderzusetzen. Diese »pädagogische Selbstrolle« kann nur im Rahmen einer »pädagogischen Theorie des Lehrers« entwickelt werden, die aber nach Nipkow bis heute noch fehlt[31]. Er versucht deshalb, einige Fragestellungen für eine solche Theorie zu skizzieren:

»Rollentheoretisch gesprochen hätte sie – vereinfacht – zwei Seiten: Sie betrifft erstens das Bewußtsein des Lehrers von der pädagogischen Rolle, die er verwirklichen soll, ein Rollenbewußtsein, das durch die Wahrnehmung der aus dem gesellschaftlichen Raum kommenden Rollennormen und -erwartungen sowie durch die Erfahrung der eigenen Rollenausübung beeinflußt wird, das sich in einem speziellen Sinne aber an pädagogischen Grundauffassungen vom Sinne des eigenen Berufs orientiert. Die gemeinte Theorie hat zugleich die immer wieder vorzunehmende Untersuchung des faktischen Vollzuges der Lehrerrolle(n) zum Gegenstand. Sie bezieht sich somit auf das Selbstverständnis des Lehrers wie auf sein tatsächliches Verhalten. In beiden miteinander zusammenhängenden Aspekten dient sie dem Lehrer als Instrumentarium eigener Überlegung und Selbstprüfung.«[32]

In Abwendung von dem früheren idealen Selbstverständnis des Lehrers hat sich unter dem Einfluß von Untersuchungen, die sich mit sozial-historischen, politisch-rechtlichen sowie Status- und Rekrutierungsproblemen der Lehrerschaft befaßten, ein Wandel zur Realbildungsforschung des Lehrers vollzogen. Dieser Wandel wurde nicht zuletzt von sozial- und tiefenpsychologischen Beobachtungen und Erkenntnissen beeinflußt. Die Einbeziehung von Sozialeinsichten, die dem Lehrer durch die Ergebnisse der genannten Forschungen zugänglich sind, ermöglichen ihm sowohl ein kritischeres Selbstverständnis als auch eine kritische Reflexion seines tatsächlichen Verhaltens in der Erziehungssituation.

Indem Nipkow die Theorie des Lehrers auf die Theorie des Unterrichts bezieht, versucht er, differenziertere Fragenbereiche zum pädagogischen Rollenverständnis und -verhalten zu umreißen: 1. Die starke didaktische Sachbezogenheit stellt zwar eine Entlastung für den Lehrenden dar, birgt aber die Gefahr einer Selbsttäuschung, in der die in den Unterricht eingebrachten persönlichen Faktoren übersehen werden. Hier geht es um die Förderung der Bewußtmachung des eigenen Unterrichtsstiles auf Thematik und Methodik hin. 2. Von besonderer Wichtigkeit »ist die Aufhellung der mehr oder weniger bewußten Einstellungen und Erwartungen des Lehrers in seinem Verhältnis zum Schüler«[33]. Diese Einstellungs- und Vorurteilsforschung will Nipkow rückbezogen wissen auf die Frage nach der Selbstaufklärung des Lehrers über die eigene Person im Unterricht. 3. Die Frage nach den Voraussetzungen des Unterrichts in der Person des Lehrers führt zu einem weiteren didaktischen Problemkomplex: der Bedeutung des Lehrers als Identifikationsperson. 4. Angesichts der

»Flut unterrichtstechnologischer Innovationen« stellt Nipkow die Frage, wie weit der Lehrer durch sie ersetzt bzw. wo die Person des Lehrers nicht ersetzt werden kann[34].

Die hier anklingende Problematik wird von besonderer Aktualität, wenn auf Grund vorgenommener Funktionsanalysen der Lehrer unter der Hand zu einem »Fachmann für Unterricht«[35] wird oder gar – wie es im »Strukturplan für das Bildungswesen« heißt – zu einem »Fachmann, der sich auf die Handhabung dieser Medien versteht«[36].

Nipkow, der – wie gesagt – die Theorie des Lehrers als Theorie seines pädagogischen Berufs- und Selbstverständnisses sowie seines Verhaltens mit der Theorie der Schule und des Unterrichts verknüpft wissen will, fordert für die Ausbildung des Lehrers die kritische Reflexion, zu der

»für den Unterrichtenden die entschlossene Kenntnisnahme, Überprüfung und womöglich Korrektur auch der Faktoren, die seine eigene Person betreffen«[37],

gehören. Damit werden aber genau jene Faktoren angesprochen, die unter Punkt 4.1 – Anforderungen an die Sozialkompetenz des Lehrers – behandelt wurden.

4.3 Konsequenzen der pädagogischen Lehrerrolle für die Lehrerbildung

Nach den bisherigen Ausführungen dürfte es einleuchten, wenn H. Roth die Aufgabe des Lehrers als einen Beruf bezeichnet,

»der zu 50% nicht aus Fachwissenschaft besteht, sondern aus Unterricht und Erziehung, Grundkenntnissen in didaktischen, methodischen, entwicklungs- und lernpsychologischen, politischen, gesellschafts- und bildungstheoretischen Fragen«[38].

Nach dieser Aussage steht die zu intendierende bzw. zu fördernde Sozialkompetenz des zukünftigen Lehrers gleichrangig neben der Sach- bzw. Fachkompetenz.

Wie aber die Realität an unseren Erziehungswissenschaftlichen und Pädagogischen Hochschulen aussieht, brauche ich Ihnen nicht zu sagen. Der bereits bestehende Trend zur Vorbetonung einer anzustrebenden Fachkompetenz wird ausdrücklich bejaht im Strukturplan für das Bildungswesen, von dessen Grundkonzeption angenommen werden darf, daß sie die weiteren Reformbestrebungen im deutschen Bildungswesen bestimmen wird. Fachwissenschaftliches und fachdidaktisches Studium für alle Lehrer im Primar- und Sekundarbereich »steht – wenn auch mit unterschiedlichen Gewichten – im Zentrum der Lehrerbildung«[39]. Diese unterschiedliche Gewichtsverteilung zwischen einer anzustrebenden Sach- und Sozialkompenz sieht bei der Verhältnisfestsetzung von fach- und erziehungs- bzw. gesellschaftswissenschaftlichen Studien folgendermaßen aus: für Lehrer im Elementar- und Primarbereich 1:1, für Lehrer im (Primar- und) Sekundarbereich I 5:3, für Lehrer im Sekundarbereich (I und) II 7:3[40].

Am Ende dieser Darlegungen bleibt die Festellung, daß bisher nicht nur die Schule, sondern auch die Erziehungswissenschaftlichen und Pädagogischen Hochschulen die Aufgabe einer Erziehung zur Mündigkeit im Sinne von Sozialkompetenz und sozialer Mündigkeit noch nicht ausreichend begriffen haben. Die gleichwertige Einbeziehung der zu fördernden Sozialkompetenz in das Studium für den Lehrberuf stellt also eine erst noch zu bewältigende Aufgabe dar, ohne deren Lösung die intendierte Fachkompetenz zukünftiger Lehrer erziehungswirksam nicht zum Tragen kommen dürfte, so daß am Ende doch – gewollt oder ungewollt – nur der »Fachmann für Unterricht« übrig bleibt.

5. Thesenartige Zusammenfassung

5.1 Der Anspruch einer Erziehung zu sozialer Mündigkeit wird als ein integrierender Bestandteil der von H. Roth dreidimensional aufgefächerten Mündigkeit als sozial-anthropologisch begründeter durchgängiger Bezugspunkt für erzieherische Einwirkungen entnommen.

5.1.1 Dabei wird Sozialkompetenz (= soziale Mündigkeit) verstanden als die Fähigkeit, für sozial, gesellschaftlich und politisch relevante Sach- oder Sozialbereiche urteils- und handlungsfähig und damit zuständig sein zu können.

Sozialkompetenz wird erworben

5.1.1.1 durch die Erweckung von Sozialeinsicht und

5.1.1.2 durch die Entwicklung von Sozialverhalten aus der erworbenen Einsicht.

5.1.1.3 Sozialeinsicht und Sozialverhalten entwickeln sich ontogenetisch vom instinkthaften Sozialverhalten im Mutter-Kind-Bezug über angelerntes Sozialverhalten hin zu kritischem und kreativem. In diesem Prozeß, der funktional verstanden als Sozialisation abläuft, geht es um die Frage nach den intentionalen erzieherischen Eingriffen.

5.1.2 Dimensionen, in denen sich Sozialkompetenz entwickeln kann, werden durch Zerlegung des Sozialisationsprozesses in Teilvorgänge aufgefunden, von denen sich folgende nennen lassen:

5.1.2.1 die Dimension der Interaktionen (direkte und symbolische Austauschbeziehungen zwischen Mensch und Mensch, Individuum und Gesellschaft),

5.1.2.2 die Dimension der diversen sozialen Lernprozesse (Identifikation, Imitation, Internalisation, Sanktionen, Rollenlernen),

5.1.2.3 die Dimension der Einsicht in die Normierung von Sozialverhalten durch den Umgang mit Gleichaltrigen und das Verstehen von Spielregeln,

5.1.2.4 die Dimension der Erhellung affektiver und emotionaler Einflüsse z. B. durch rationales Nachbewerten von Gefühlsbewertungen und Erkenntnis und Beobachtungen eigener und fremder Motive im Sozialkontakt: durch Selbstverständnis vom anderen her denken lernen.

5.1.2.5 die Dimension der Einsicht in gesellschaftliche und gesellschaftspolische Abhängigkeiten und Zwänge. Die wachsende Sozialinitiative erfährt ihre Beschränkung pointiert bei dem Hineinwachsen in sekundäre Rollen (z. B. als Schüler, Student, Angehöriger eines bestimmten Berufes). Rollenverständnis – ihre Definition, ihre fördernde und hemmende Funktion – und Rollenkritik – Legitimation und Veränderbarkeit der Rolle – werden bedeutsam. Das Verhältnis zu gesellschaftlichen Gruppen, ihre Interessen und Verhaltensstile können Gegenstand kritischer Reflexionen werden.

5.2 Erziehung zu sozialer Mündigkeit stellt sich als Aufgabe des Lehrers, da

5.2.1 die Schule eine der Erziehungsinstitutionen ist, die am Vorgang der Erziehung zu sozialer Mündigkeit beteiligt sind. Diese Erziehungsaufgabe hat die Schule bisher kaum akzeptiert.

5.2.2 Als konkrete Aufgaben des Lehrers in der Schule hinsichtlich der Erweckung von Sozialeinsicht, Sozialintelligenz und Sozialkompetenz wären nach Roth zu nennen:

5.2.2.1 Ausweitung und Erhellung des Identifikationsstrebens von Kindern und Jugendlichen,

5.2.2.2 rationale Erhellung und Begründung der Regeln auf Gegenseitigkeit in der erfahrbaren schulischen Gleichaltrigengruppe,

5.2.2.3 direkte Förderung der informierenden Einübung sozialen Verhaltens durch schulische Mittel wie z. B. soziale oder politische Rollen-, Plan- und Simulationsspiele.

5.3 Konsequenzen des Anspruchs einer Erziehung zu sozialer Mündigkeit für den Lehrenden ergeben sich hinsichtlich seiner bereits erworbenen Sozialkompetenz unter dem besonderen Aspekt seines Berufes. Die vom Lehrenden zu erwartende Sozialkompetenz erfordert

5.3.1 Einsicht in soziale Sachverhalte. Die 5.1.2 genannten Dimensionen werden zu Gegenstandsbereichen, deren sozial-anthropologische Fragen des vertieften Studiums bedürfen.

5.3.2 Sozialverhalten auf Grund der gewonnenen Einsicht. Durch die Ausgangsfrage nach der Sozialkompetenz des Lehrers ergeben sich zwei Perspektiven:

5.3.2.1 das Verhältnis zur sozialen Dimension der eigenen Rolle als Lehrender. Hier wird angesprochen die selbstkritische Reflexion der Berufsrolle und der hemmenden und fördernden Faktoren, die den durchlaufenen eigenen Sozialisationsprozessen entstammen.

5.3.2.2 das Verhältnis zur Interaktionsgemeinschaft mit den Heranwachsenden als einer »Experimentiergemeinschaft«. Die Reflexion der eigenen Rolle und Person vorausgesetzt, geht es hier darum, den Sozialkontakt mit den Schülern als ein Aufgabenfeld der Sozialerziehung selbst in distanzierter Weise zu akzeptieren.

5.4 Konsequenzen des Anspruchs einer Erziehung zu sozialer Mündigkeit für die Ausbildung der zukünftigen Lehrer orientieren sich

5.4.1 an der Lehrerrolle, die im Wandel begriffen ist weg von einem idealen Berufsbild zur realen Erforschung der Lehraufgaben. Nach Nipkow kann die pädagogische Selbstrolle nur im Rahmen einer pädagogischen Theorie des Lehrers entwickelt werden, die es bis jetzt noch nicht gibt. Nipkow nennt zwei Fragestellungen für eine solche mögliche Theorie.

5.4.1.1 Entwicklung eines Rollenbewußtseins, das sich an pädagogischen Grundauffassungen des eigenen Berufes orientiert und

5.4.1.2 die permanente kritische Reflexion des faktischen Vollzugs der Lehrerrolle in ihrer Bezogenheit auf Schule und Unterricht.

Aus diesen Perspektiven ergeben sich weitere Fragenbereiche hinsichtlich des Rollenverständnisses und Rollenverhaltens:

1. Die durch die starke didaktische Sachbezogenheit entstehende Entlastung des Lehrers birgt die Gefahr einer Selbsttäuschung hinsichtlich der eingebrachten persönlichen Faktoren. Erforderlich ist die Bewußtmachung des eigenen Unterrichtsstiles auf Thematik und Methodik hin.

2. Weiter ist von Bedeutung die Aufhellung der eigenen Vorurteile durch unbewußte Einstellungen und Erwartungen im Sozialkontakt mit den Schülern.

3. Von besonderer Wichtigkeit ist die Situation des Lehrers als Identifikationsperson mit ihren hemmenden und fördernden Wirkungen.

4. Die Frage nach der Bedeutung der Person des Lehrers taucht auf angesichts der sich mehrenden unterrichtstechnologischen Mittel.

Diese differenzierten Fragenbereiche aus der Perspektive möglichen pädagogischen Selbstverständnisses und der kritischen Reflexion des faktischen Rollenverhaltens als Lehrer zielen genau in die bereits behandelte Richtung des Verständnisses der Sozialkompetenz von Lehrenden.

5.4.2 Das 5.4.1 im Anschluß an Nipkow schematisch umrissene mögliche Rollenverständnis des Lehrers hat Auswirkungen auf die Ausbildung zukünftiger Lehrer: Sozialkompetenz müßte gleichrangig neben der Fachkompetenz im Studium und durch Studienpläne intendiert werden. Roth fordert ein Verhältnis von 1:1. Die z. Zt. gültigen Studienordnungen wie auch die in der Erarbeitung befindlichen curriculumartigen Studienpläne sehen jedoch ein anderes Verhältnis vor zu Gunsten der Fachkompetenz. Dadurch bleibt die Förderung einer angemessenen Sozialkompetenz zukünftiger Lehrer eine in ihrem vollen Umfang erst noch in Angriff zu nehmende Aufgabe.

6. *Anmerkungen*

1 Roth, H.: Päd. Anthropologie, Bd. II, S. 524
2 ebd. S. 180
3 vgl. ebd. S. 181
4 vgl. ebd.
5 ebd. S. 477
6 ebd. S. 478
7 ebd.
8 vgl. ebd. S. 479
9 ebd. S. 480
10 ebd. S. 485
11 ebd. S. 494
12 ebd S. 497
13 ebd.
14 ebd. S. 507, 508
15 ebd. S. 503
16 ebd. S. 505, 506
17 ebd. S. 509
18 ebd.
19 ebd. S. 515
20 ebd. S. 515, 516
21 ebd. S. 524
22 ebd.
23 ebd. S. 525
24 ebd. S. 524
25 ebd. S. 525
26 ebd. S. 528
27 vgl. ebd. S. 529
28 vgl. Mollenhauer, K.: Erziehung u. Emanzipation, 4. Aufl., 1970, S. 15
29 vgl. ebd. S. 20
30 vgl. Nipkow, E. K.: Beruf und Person des Lehrers, S. 113
31 vgl. ebd. S. 115
32 ebd. S. 116

33 ebd. S. 134
34 vgl. ebd. S. 137
35 Beckmann, H.-K.: Unterrichten u. Beurteilen als Beruf, S. 231–236
36 Deutscher Bildungsrat: Strukturplan für das Bildungswesen, 1. Aufl., 1970, IV.2 – S. 217 –
37 Nipkow, K. E.: a.a.O., S. 138
38 Roth, H.: Erziehungswissenschaft, Erziehungsfeld und Lehrerbildung, S. 357
39 Deutscher Bildungsrat: a.a.O., IV.3.2.1.1 – S. 228 –
40 vgl. ebd. IV. 3.2.1.2 – S. 235 –

7. *Literaturangaben*

Beckmann, H.-K.: Unterrichten und Beurteilen als Beruf. In: Klafki, W. u. a., Funk-Kolleg. Erziehungswissenschaft 1, Frankfurt, Fischer 1971 (FiBü.Bd. 6106)
Deutscher Bildungsrat: Strukturplan für das Bildungswesen. 1. Aufl., Stuttgart, Klett 1970
Mollenhauer, K.: Erziehung und Emanzipation. 4. Aufl., München, Juventa 1970
Nipkow, K. E.: Beruf und Person des Lehrers. In: Betzen, K. u. Nipkow, K. E.: Der Lehrer in der Schule und Gesellschaft. München, Piper 1971, S. 113–139 (Erziehung in Wissenschaft u. Praxis, Bd. 12)
Roth, H.: Erziehungswissenschaft, Erziehungsfeld und Lehrerbildung. Hannover 1967
Roth, H.: Pädagogische Anthropologie. 2 Bde., Hannover, Schroedel 1966/71

Personenregister

(In Klammern angegebene Seitenzahlen beziehen sich auf Anmerkungen bzw. Literaturangaben)

Adorno, Th. 22, 34, 154, 168, 169, 170, 172, 173, 190 (43, 44, 166, 167, 179)
Augustinus, A. 48 (90, 92)

Ballauff, Th. 13, 108, 112, 113 (140, 141, 142, 144, 145)
Becker, A. M. 53 (91, 92)
Beer, U. (90, 92)
Berge, A. 110 (141, 142, 145)
Bittner, G. (145, 146)
Bollnow, O. F. 130 (143, 145, 146)
Buber, M. 13, 14, 15, 104–106, 111, 119, 127 (138, 139, 140, 141, 142, 145, 146)
Buytendijk, F. J. J. 13, 22, 23, 24, 104, 107, 110, 122, 123, 126, 132 (43, 44, 134, 140, 141, 142, 143, 144, 145, 146)

Copei, F. (140, 141, 146)

Erikson, E. H. 25–29, 32, 34, 53, 54, 64, 169, 170 (43, 44, 91, 92 179)
Ewert, O. 54, 55, 70

Fichte, J. G. 94, 96, 104 (132, 134, 138, 146)
Freud, A. 53, 172
Freud, S. 13, 14, 20, 25, 51, 52, 69, 95, 97, 101, 102, 103, 154, 157, 158, 161, 162, 169, 171, 173 (91, 92, 132, 133, 134, 135, 137, 146)
Friedrichs, G. 47 (90, 92)

Görres, A. 161 (142, 146, 167)
Goethe, J. W. v. 46 (90, 92)

Hehlmann, W. (166, 167)
Helming, H. 125 (133, 143, 144, 146)
Hengstenberg, H. E. 107 (140, 141, 146)
Hofstätter, P. R. (90, 92)

Klages, L. 102, 112, 131 (137, 141, 145, 146)
Krappmann, L. 31, 32, 33, 34 (44)
Krueger, F. 98 (133, 135, 146)

Langeveld, J. M. 18, 19, 20, 22, 23, 33, 34, 35, 170, 176 (42, 44, 179)
Lavater, J. C. 48 (90, 92)
Lidz, Th. 159, 160, 163, 169, 173 (166, 167, 179)

McDougal, W. 13, 153
Mead, M. 35, 36, 37 (44)
Meinberg, A. 128 (145, 146)
Mollenhauer, K. 15, 189, 191, 192, 194 (199, 200)
Montessori, M. 13, 14, 15, 23, 24, 35, 37 bis 42, 95, 96, 97, 104, 107, 109, 110, 112, 114, 116, 118–125, 127, 153, 154, 155–157, 161, 162, 163, 164, 165, 169, 174, 175 (43, 44, 132, 133, 136, 137, 138, 140, 141, 142, 143, 144, 145, 146, 147, 166, 167, 179)

Nipkow, K. E. 194, 195, 198, 199 (200)
Nitschke, A. 101, 103 (137, 147)
Nunn, P. 13, 153, 156

Pestalozzi, J. H. 49, 69, 94, 95, 96, 97, 104, 113, 114, 115, 116, 128 (90, 91, 93, 132, 137, 140, 142, 143, 147)
Pfahler, G. 118 (142, 143, 147)
Piaget, J. 29, 30, 31, 32, 34, 184 (43, 44, 45)
Pieper, J. 107 (140, 147)
Portmann, A. 13, 16, 17, 18, 21, 22, 34, 35, 170 (42, 45, 136, 137, 147, 179)

Remplein, H. (91, 92, 93)
Richter, H. E. 175 (179)

Roth, H. 15, 150–153, 154, 155, 164, 180 bis 187, 190, 195, 196, 197, 199 (165, 166, 167, 179, 200)

Sborowitz, A. 101 (137, 147)
Scheler, M. 13, 50, 51, 98–100, 102, 103, 104, 107 (90, 91, 93, 133, 134, 137, 138, 140, 141, 147)
Schlesinger, A. 58 (92, 93, 145, 147)
Schmëing, K. 63, 131 (92, 93, 145, 147)
Schulz, G. 127 (144, 147)
Spitz, R. A. 13, 14, 20, 21, 34, 52, 53, 61, 69, 101, 102, 103, 158–160, 161, 163, 169, 171 (42, 43, 91, 92, 93, 135 136, 147, 166, 167, 179)
Spranger, E. 49, 68 (90, 92, 93, 145, 147)
Spreen, O. (91, 92, 93)
Stern, W. 63, 131 (92, 93, 145, 147)

Tumlirz, O. (92, 93)

Volkelt, H. (133, 148)

Wagenschein, M. 125 (141, 143, 144, 147)
Wellek, A. 101 (133, 137, 148)
Wendt, H. W. 55
Weniger, E. (140, 148)

Sachregister

Affektentwicklung 152 ff.
Aktivität 162
　kindliche 162
　des Erwachsenen 162
Aktivitätsmomente 162
Ambiguitätstoleranz 33
Anpassung 30, 37 f.
　elastische 34, 41, 42
　vitale 37
Anpassung als Lernvorgang 37
Anpassung als Aufgabe der Erziehung 38
Anpassungsbedürfnisse 38
Anpassungsperiode 37
Anpassungsvorgänge 38
Anthropologie 13, 14 f., 16 ff., 150 ff.
Anthropologie, pädagogische 150 ff., 180, 193
Assimilation 156
Aufmerksamkeit 120 ff.

Bedingungsfaktoren abweichenden Verhaltens 150
Bezug, erzieherischer 104–107
Bezug, menschlicher 12, 13, 14, 15, 127
Bildung 103 ff.
　Grundstruktur der – 107–109
　Voraussetzungen für – 109–111
Bildungsbedürftigkeit 18
Bildungsbewegung 108–113
Bildungsfähigkeit 18
Bindung 14, 24, 37, 73, 96
Biologie 12, 13, 14, 15

Dialektik 12, 22, 32 ff., 154
Dialogik 104–106
Distanzierung 46–90, 94–132
Dynamismus 22 f.

Einwirkung, pädagogische 150, 151, 164
Emanzipation 11, 22, 32 ff.
　als lebenslänglicher Prozeß 153
Emanzipationsprozesse 149 ff.

Emanzipationstendenzen 153 ff.
　frühkindliche 155
Empathie 33
Empfänglichkeitsperioden 155
Empirie 58–90
Entwicklung 149 ff.
　des Freiheitsbewußtseins 22 f.
　frühkindliche 149
　psycho-sexuelle 25, 27
　psycho-soziale 25 f.
　soziale 151, 160
　als fördernde Beeinflussung 150
　als lenkbares Geschehen 150
　der Lebenskraft 154
　der Objektbeziehungen 159
　des Menschen 150
　Endzweck der 151
　Ich-Entwicklung 161
Entwicklungsabschnitte 153
Entwicklungsanreiz 151
Entwicklungsaufgabe 151
Entwicklungsförderung 150
Entwicklungshilfe 150
Entwicklungpädagogik 149 ff.
　entwicklungspädagogische Aspekte 149, 152
　entwicklungspädagogische Aufgaben 152
　entwicklungspädagogisches Eingreifen 153
Entwicklungsphasen 149
Entwicklungsprozesse 152
Entwicklungssoll 150
Entwicklungsstand 163
Entwicklungssteigerung 150
Entwicklungstendenzen 151
Entwicklungstheorie, pädagogische 150
Erwachsenenalter 153
Erziehung 151, 168 ff., 180 ff.
　frühkindliche 114 f., 149 f.
Erziehungsaufgaben 163
Erziehungsmomente 163
Erziehungsprozesse 152, 191
Erziehungsstile 195

Erziehungsziele 151
Erziehung zur Mündigkeit 152, 168 ff., 180 ff.
Experimentiergemeinschaft 192, 198

Förderung 118
Freiheit 12
  Begriff der 23
  gelebte 23
  primäre 23
  primitive 23
  sittliche 23

Gehorsam 40 f.
Gehorsamsfähigkeit 40
Gehorsamsforderung 41
Gespräch, erzieherisches 130

Handeln 152
  verantwortliches 152
Handlungsfähigkeit 152
  selbstverantwortliche 152

Ich 136
  kindliches 161
Ich-Bildung 161
Ichstruktur 161
Ich-Veränderung 161
Idealbild 193
Idealbildung 15, 63, 131
Identifikation 46–90, 94–132, 160
Identität 27 f., 64
  Ich- 31, 32, 33
  persönliche 31
  soziale 31, 32
Identitätsbalance 32
Identitätsdarstellung 33
Individualisierung des Lernens 149
Interaktion 13, 14, 15, 30–33, 191
  Experimentiercharakter der 193
Interaktionsgemeinschaft 198
Interaktionszusammenhang 193

Jugend 153

Kindheit 153
  frühe 113–119

  mittlere 119 ff.
  reife 119 ff.
Kindheitsphasen 153, 169
Kommunikation 191
  kommunikative Erfahrungen 192
Kommunikationsfunktionen 155
Kommunikationsgemeinschaft 192
Kommunikationssystem 159 f.
Kompetenz 152
  Ich-Kompetenz 152
  Sach-Kompetenz 152
  Sozial-Kompetenz 152
kontrapunktisch 14, 15
Kontrapunktik 15, 129
Kreativität 19, 22, 182
Kultur 36 f.
  konfigurative 36
  postfigurative 36
  präfigurative 36
Kulturanthropologie 35 ff.
Kulturtradierungsformen 35
Kulturtradition 36

Lehrer 149, 180–199
  im Elementarbereich 149, 196
  in Primarbereich 149, 196
  im Sekundarbereich 196
  Grundschullehrer 149
  als Identifikationsperson 195
  als Helfer zu mündigem Menschsein 194
  Theorie des Lehrers 194 ff.
Lehrerbildung 195 ff.
Lehrerrolle 191 ff.
Lernprozesse, soziale 183 f.
Libidothorie 158
Liste
  Saarbrücker Liste 70–78

Montessori-Material 123
Mündigkeit 22, 150, 168–173, 180, 186
Mündigkeit, intellektuelle 152
  moralische 152
  soziale 152
  als dynamische Kategorie 34, 150, 153, 154
  Definition des mündigen Menschen 34

Ontogenese 13, 113
Ordnung 38 f.
Orientierung 13, 34, 35
Orientierungsmodelle 34, 35

Pädagogik der frühen Kindheit 150 f.
Passung 151
  Problem der Passung 151
Persönlichkeit 152
Persönlichkeitslehren 152
Phasen
  Begriff der Phasen 153 ff.
  biologische Funktion der 153
  psychische Funktion der 153
  soziale Funktion der 153
  sensible 151, 153 ff.
  Beeinflussung der sensiblen Phasen 151
  als Intervalle größerer Entwicklungsabschnitte 153
Psychologie 46–93, 97
  dynamisch 153 ff.
  pädagogische 12 f.

Realbildforschung 194
Realität 39
Reife 151
Reifezeit 128 f.
Rolle
  pädagogische 194
  Ich-Rolle 151
  Altersrollen 159
  Generationsrollen 163
  Geschlechtsrollen 159
  Lehrerrolle 194 ff.
  Selbstrolle 198
  pädagogische 194
  soziale Dimension der Rolle 191
  Internalisation von Rollen 160
Rollenausübung 194
Rollenbewußtsein 194
Rollendistanz 33 f.
Rollenerfahrung 35
Rollenerwartungen 194
Rollengefüge 151
Rollennormen 194
Rollenspiel 197

Rollentheorie 194 f.
Rollenverhalten 194

Schule als Institution 187
Selbstaufklärung 194
Selbstbildung 192
Selbstrolle, pädagogische 194
Selbsttäuschung 194
Selbstverständnis 193
Selbstverwirklichung 154
Sensitivitätspunkte 155
sozial
  anthropologische Fragen 190
  historisch 193
  kulturelles Milieu 34
Sozialanthropologie 191
Sozialbeziehungen 20 f., 158
soziale
  Abhängigkeiten 197
  Dimension 183 f.
  Entwicklung 183 f.
  Handlungsstruktur 193
  Initiative 186
  Intelligenz 187
  Lernprozesse 192
  Mündigkeit 180 f.
  Norm 184
  Rolle 191 f.
  Rollenspiele 188
  Simulationsspiele 199
  Selbstreproduktionen 34
  Erfahrungen 192
  Realitäten 33
  Modelle 33 f.
  Umgebung 33 f.
  Verhaltensweisen 188
Sozial-Identität 31, 32
Sozialisation 15, 22, 25 ff., 32 ff., 160 f.
  primäre 160
  sekundäre 179 ff.
  im engeren Sinne 160
Sozialisationsbegriff 22, 149 ff.
Sozialisationsprozesse 35 f., 149 ff.
Sozialisationszirkel 35, 36
Sozialisierungsbahnen, außerfamiliäre 161
Sozialkontakt 12, 13, 14, 18, 193
Sozialkompetenz 152, 180–199

sozialer
  Rollenplan 188
  Kontakt 20 f.
soziales
  Engagement 193
  Wesen 22, 158
Strukturplan für das Bildungswesen 149

Triebbeherrschung 161
Triebentwicklung 153 ff.
Triebgehorsam 161
Triebhemmung 161
Triebschicksal 161
Triebwahrnehmung 161

Unterricht 124 f., 195
Urmißtrauen 160
Urvertrauen 160

Verantwortung, pädagogische 18, 178
Veränderbarkeit des Menschen 150
Verhalten 152 f.
  instinkthaftes 152
  intelligentes 30
  kindliches 152
  menschliches 152

Werbung 46

Zum erzieherischen Verhältnis

Julius Klinkhardt
Bad Heilbrunn/Obb.

FRIEDRICH W. KRON (Hrsg.)

Das erzieherische Verhältnis

127 Seiten, kartoniert DM 8.–, ab 20 Exemplare DM 7.20

Inhalt: Platon, Sokrates und Lysis – Rousseau, Der junge Herr und sein Hofmeister – Schleiermacher, Mutter und Kind – Pestalozzi, Die verwahrlosten Kinder von Stans und »ihr Vater« – Wyneken, Die Liebe des Lehrers zum Knaben – Buber, Das dialogische Verhältnis – Nohl, Der pädagogische Bezug – Netzer, Die Bedeutung des erzieherischen Verhältnisses in der Gegenwart – Rang, Erwachsener und Kind – Mostar, Der Vater und sein Sohn – Meyer, Die Erzieherin und »ihre« Buben – Langeveld, Das Erziehungsverhältnis der Eltern zum Kinde – Götte, Welche Rolle spielt der Erzieher dem Kinde zu?

FRIEDRICH W. KRON

Theorie des erzieherischen Verhältnisses

174 Seiten, kartoniert DM 14.–

Hier wird ein Grundlagenphänomen der Pädagogik diskutiert, dem seit der Arbeit von H. Hertz (1932) keine größere Publikation mehr gewidmet worden war.

Dabei wird versucht, von verschiedenen Seiten her Zugang zu gewinnen, um eine Antwort auf die Frage zu erhalten, worin denn die erzieherische Bedeutung von Lebensverhältnissen zwischen Erwachsenem und Kind, Lehrer und Schüler überhaupt liegt. Auch der anthropologische Zusammenhang und seine Bedeutung für eine demokratische Erziehung sollen dabei herausgearbeitet werden.